KB145295

와이어샤크 개론 2/e

Korean-language edition copyright ⓒ 2018 by acorn Publishing Co. All rights reserved.

Copyright ⓒ 2017 by Laura Chappell.
Title of English-language original: "Wireshark 101: Essential Skills for Network Analysis 2nd Edition
ISBN (978-1893939752)"

이 책은 Chappell University/Wireshark University와 에이콘출판(주)가 정식 계약하여 번역한 책이므로
이 책의 일부나 전체 내용을 무단으로 복사, 복제, 전재하는 것은 저작권법에 저촉됩니다.

와이어샤크 개론 2/e

네트워크 분석 핵심 기술

이재광 옮김 **로라 채플** 지음

에이콘

어머니와 아버지께 바친다.
두 분 모두 진심으로 보고 싶다.

추천의 글

네트워크에 무슨 일이 일어나는 거지?

이 작은 질문에는 많은 대답을 할 수 있다. 그리고 이 질문은 많은 사람에게 중요한데, 특히 네트워크의 문제가 일상생활에 큰 영향을 끼치는 사람에게는 더욱 그렇다.

초창기에는 네트워크를 분석하기 위해 오실로스코프를 사용하는 사람들을 목격할 수 있었다. 그때는 1980년대였고, 네트워크 분석 도구가 거의 없었다.

오실로스코프는 대학 실험실에서 우리가 가진 전부였고, 네모처럼 생긴 펄스들이 오르내리면서 네트워크상에 전달되는 이더넷 프레임 구성을 보여줬다. 네트워크 관점에서 이것은 아주 작은 것이었지만, 그래도 매혹적이었다.

수년 후, 다른 대학에서 IT 부서에 대한 네트워크의 문제점을 점검했다. 그때서야 tcpdump나 sniffer같이 펄스 대신에 패킷을 제공하는 더 좋은 도구를 사용할 수 있었다. 네트워크는 많은 기술(이더넷Ethernet, FDDI, 토큰 링token ring, IPX, DECnet, IP, 애플토크 AppleTalk 등)의 집합체기 때문에 처음에는 막막했다.

네트워크는 매우 매혹적인 일이기도 했다. 컴퓨터가 서로 이야기하도록 고안한 모든 방법에 맞춰 네트워크를 따라 각 메시지 안에 무엇이 있는가를 볼 수 있었다. 이 매혹은 열정으로 바뀌었고, 아직도 이 열정은 강렬하다.

나중에 ISP에서 "네트워크에 무슨 일이 일어나는 거지?"라는 질문에 대답해야 했다. 익숙해진 훌륭한 도구들을 쓸 수 없게 되자 나는 답답함을 느꼈다.

나는 프로토콜 분석기를 직접 작성하기 시작했고, 이것을 오픈소스 애플리케이션으로 배포했다. 개발자들과 사용자들로 구성된 놀라우리만큼 재능이 많은 팀의 공헌 덕분에 이것은 세계에서 가장 공인된 프로토콜 분석기로 발전했다.

모든 사람이 컴퓨터 네트워크의 기본 사항을 이해해야 한다고 생각한다. 이것은 현대 사회에서 반드시 필요한 것으로, 컴퓨터 네트워크가 어떻게 작동하는가를 아는 것은 매우 중요하다.

와이어샤크만으로는 이러한 이해를 할 수 없다는 점을 아는 것이 중요하다. 다행히도 와이어샤크 주변에는 활기가 넘치는 생태계(개발 팀, 사용자 커뮤니티, 그리고 와이어샤크 관련 제품과 서비스를 제공하는 회사와 로라Laura 같은 강사까지)가 있다. 이 생태계는 프로토콜 분석에 예리한 사람들로 구성돼 있으며, 서로 관심을 갖고 돕기를 희망한다. 그 일부가 되는 것은 영예로운 일이다.

처음 네트워크를 배울 때 이해하기 어렵더라도, 아무렴 어떤가. 이들이 어떻게 작동하는지 이해하는 것을 이 책의 저자 로라가 도와줄 것이다. 당신이 필요로 하는 와이어샤크의 대부분을 당신에게 이해시켜줄 것이다.

당신의 네트워크에는 무슨 일이 일어나고 있는가?

제랄드 콤즈 Gerald Combs

와이어샤크®(구 이더리얼)의 창시자

옮긴이 소개

이재광(jklee@hnu.kr)

광운대학교 전자계산학과 학부와 대학원(석, 박사)을 졸업했고, 한남대학교 컴퓨터공학과 정교수로 재직 중이다. 정보통신과 정보보호 분야를 연구하며, 데이터통신, 컴퓨터 네트워크, 정보통신 보안, 네트워크 프로그래밍 등을 강의한다. 정보처리학회와 정보보호학회에서 활동하고 있다. 번역서로는 『와이어샤크 네트워크 완전 분석』(에이콘, 2011), 『데이터통신과 네트워킹』(한국맥그로힐, 2013) 등이 있다.

옮긴이의 말

우리는 거의 매일 인터넷을 이용한다. 하지만 우리가 이용 중인 웹서핑, 메일, 메신저 등이 실제로 인터넷에서 어떠한 형태로 전달되는지 확인해 본 적이 있는가? 대부분의 학생들이 학교에서 인터넷, TCP/IP, 컴퓨터 네트워크 등에 대해 공부하고 활용하지만, 실제로 주고받는 내용을 본 학생들은 많지 않을 것이다. 그렇지만 실제 주고받는 내용이 어떻게 이뤄지는지 궁금하리라 생각한다.

나 역시 학교에서 데이터 통신, TCP/IP 프로토콜, 컴퓨터 네트워크, 정보통신 보안 등의 강의를 오랫동안 진행해 왔지만, 실제로 인터넷에서 프로토콜에 따라 주고받는 내용은 학생들에게 알려줄 기회가 많지 않았다. 그래서 예전에는 이더리얼^{Ethereal}을 가지고 수업에서 간단한 실습 정도밖에 할 수 없었다.

그러던 차에 이 책을 보고 "바로 이것이다!"라는 생각이 들었다. 이 책을 이용해 방학 동안 연구실 학생들과 세미나를 시작했고, 실제 내용을 실습해봤다. 학생들의 반응도 좋았다. 막연하게 생각만 하던 TCP/IP 프로토콜 이론들을 실제로 확인하니 배워왔던 내용을 잘 정리할 수 있었다는 이야기였다.

와이어샤크는 sectools.org의 TOP 100 네트워크 보안 툴에서 1위를 차지하고 있는 아주 유명한 네트워크 분석 툴이다. 네트워크 분석은 모든 IT 엔지니어들이 갖춰야 할 핵심 기술이며, 와이어샤크를 이용하면 유/무선 트래픽을 수집해 문제점을 해결할 수 있다.

이 책은 IT 전문가들이 문제점 해결, 보안 및 네트워크 최적화를 위해 사용하는 필수 도구인 와이어샤크에 대해 설명한 책 중에서 가장 좋은 책이라고 생각한다. 대부분의 독자들은 IT 업계에 종사하는 분들이겠지만, 인터넷을 공부하려는 학생들과 직장인들에게도 많은 도움이 될 것이라고 생각한다.

이 책을 통해 독자들은 네트워크 분석을 위한 46가지의 핵심 기술을 실습하면서 와이어샤크를 통해 얻을 수 있는 많은 내용을 배우게 될 것이다. 이 책은 2013년에 초판이 나왔고, 2017년 6월에 와이어샤크 2.0을 기준으로 많은 내용을 개정한 2판이 출간돼서 TCP/IP를 배우려고 하는 학생들이나 네트워크 분석을 배우고자 하는 사람들에게 많은 도움이 되리라는 확신을 가지고 번역 작업을 마무리했다. 이 책이 많은 독자들에게 큰 도움이 될 수 있기를 기대해본다.

끝으로 이 책이 출간돼 나오는 데 많은 도움을 주신 에이콘출판사 권성준 사장님께 감사를 드린다. 또한 책의 편집을 맡아 애써주신 박창기 이사님께도 감사를 드린다. 책의 내용 중에 잘못된 부분이 있는 경우에는 좀 더 좋은 책을 만들 수 있도록 옮긴이의 메일로 보내주기를 기대한다.

감사의 글

이 책의 1판과 2판은 실습 기반으로 책의 개념을 세우고, 차례를 구성하고, 각 장을 검토하고, 테스트하는 데 직/간접적으로 많은 사람이 참여했다. 이들의 노력과 수고(검토와 보완은 끝날 수는 없지만)에 진심으로 감사드린다.

Lanell Allen

Jim Aragon

Brenda Cardinal

Tobias Clary

Gerald Combs

Joy DeManty

John Gonder

Jennifer Keels

Jill Poulsen

Erin Shirley

Kayla Smith

John Wright

특히 세심하고 기술적이고 문법적인 전문성을 가진 Jim Aragon에 감사드리고 싶다. Jim은 2판에서도 많은 역할을 해줬다. Jim은 여전히 <미소>에 대한 내 '스타일의 지도자!'다.

와이어샤크로의 여행을 시작하거나 이 책으로 기술을 연마하고자 한 독자들에게 격려의 말을 건네준 사람들에게 고마운 마음을 전하고 싶다.

Lanell Allen, Wireshark Certified Network Analyst™

Richard Bejtlich, Chief Security Officer, Mandiant

Sake Blok, Wireshark Core Developer and SYN-bit Founder

Anders Broman, Wireshark Core Developer and System Tester at Ericsson

Loris Degioanni, Creator of WinPcap and Cascade Pilot®

Betty DuBois, Chief Detective of Network Detectives and Certified Wireshark University Instructor

Tony Fortunato, Senior Network Performance Specialist, The Technology Firm

Lionel Gentil, iTunes Software Reliability Engineer, Apple, Inc.

John Gonder, Cisco Academy Director, Las Positas College

Jennifer Keels, CNP-S, CEH, Network Engineer

Gordon "Fyodor" Lyon, Founder of the opensource Nmap Security Scanner project

Steven McCanne, CTO and Executive Vice President, Riverbed

언제나 그랬듯이 와이어샤크를 필수 도구로 만들어준 와이어샤크 핵심 개발자들에게 진심어린 감사를 드린다.

핵심 개발자의 현재 명단은 wiki.wireshark.org/ Developers에서 찾을 수 있다.

이 감사의 글에서 혹시 빠진 사람이 있다면 진심으로 사과드린다.

지은이 소개

로라 채플 Laura Chappell

와이어샤크 대학과 채플 대학의 설립자이며, 성공적인 네트워크 분석가, 강사, 강연자다. 그의 목표는 사람들이 네트워크 분석에 시간과 돈을 절약하며, 와이어샤크를 '맨 처음 응답하는 도구'로 이해시키는 것이다. 매년 수백 개의 현장 교육과 온라인 훈련 세션을 제공한다. Chappell.com에서 온라인 강좌를 보거나 샘플 강좌의 개요를 보고 현장에서 직접 실습해보기 바란다.

차례

0장 기술: 와이어샤크 핵심 요소와 트래픽 흐름

2장 기술: 최선의 수집 방법 결정과 수집 필터 적용

3장 기술: 특정 트래픽을 위한 디스플레이 필터 적용

6장 기술: 빠른 분석을 위한 트래픽 재조립

7장 기술: 추적 파일과 패킷에 주석 추가

8장 기술: 커맨드라인 도구로 트래픽 수집, 분리, 통합

들어가며

와이어샤크로 통신을 수집하고 분석하는 방법을 배우는 것은 TCP/IP 네트워크가 어떻게 동작하는지 이해하는 데 도움이 될 것이다. 세상에서 가장 많이 사용하는 네트워크 분석 도구인 와이어샤크는 기술에 대한 불평, 기술 표준, 마케팅 문서, 보안 브리핑 등을 읽는 것들에 대해 소비한 시간들을 보상해줄 것이다.

이 책 또는 일반적으로 네트워크 분석을 공부하기 전에 알아야 할 것은 기본적인 네트워크 개념과 TCP/IP 기초에 대한 확실한 이해다. 예를 들면 스위치, 라우터, 방화벽의 목적을 알고 있어야 한다. 마찬가지로 이더넷 네트워킹, 기본적인 무선 네트워킹의 개념과도 친숙해야 하고, IP 네트워크 주소 지정에도 익숙해야 한다.

이 책에는 중요한 내용이 몇 가지 있다. 애플리케이션 디렉터리로 경로를 설정하기 위해 명령어 프롬프트에 접근하는 방법이나 ipconfig/ifconfig, ping, trace route 같은 커맨드라인 도구를 구동하는 것이다. 이런 도구들과 친숙하지 않다면 다양한 플랫폼에서 이들이 어떻게 동작하는지 보여주는 많은 자원이 인터넷에 있다.

책의 뒷부분에서는 네트워크 분석 용어 사전을 볼 수 있다. 이 용어 사전은 이 책에서 언급한 다수의 용어와 기술을 제공한다. 예를 들어 이 책에서 논의된 WinPcap과 친숙하지 않다면 네트워크 분석 용어 사전을 찾아 미리 읽어보자.

이 책의 대상 독자

이 책은 초보 분석가를 위한 것이다. 애플리케이션이 어떻게 동작하는지, 네트워크 성능이 느린 문제점을 어떻게 해결할지, 또는 기계가 악성코드에 감염됐는지 파악하기 위한 트래픽 분석에 관심이 있는 사람에게 이 책은 이상적인 시작점을 제공할 것이다.

또한 기존 분석가도 이 책에서 제공하는 네트워크 분석 기술을 연습할 수 있다.

기본적으로 이 책은 네트워크상에서 무슨 일이 일어나고 있는지 알고 싶어 하는 모든 사람을 위한 것이다.

이 책에서 다루는 와이어샤크 버전

이 책은 와이어샤크 2.x.x 버전을 사용해 작성됐다. 와이어샤크 1.x 버전을 사용하고 있다면 버전을 업데이트해야 한다. Wireshark 2는 매킨토시 사용자를 위한 기본 설치, 인텔리전트 스크롤바, 보다 나은 그래프 기능, 관련 패킷 열 등과 같은 이전 버전에 비해 많은 기능이 추가되었다.

이 책의 추적 파일 다운로드

먼저 www.wiresharkbook.com에서 이 책의 추적 파일과 다른 보조 파일을 다운로드해야 한다. Wireshark 101 book 링크를 클릭하고, 이 2판의 전체 보조 파일을 다운로드한다. 각 절 안에서 다루는 기술을 실습하려면 각 실습을 따라 해야 한다.

이 책의 보조 파일은 .zip 형식으로 제공된다. 사용자의 로컬 시스템에 폴더를 만들어 시스템에 설치하고 해당 폴더에서 파일의 압축을 풀면 된다.

또한 에이콘출판사의 도서정보 페이지 http://www.acornpub.co.kr/book/wireshark101-2e 에서도 전체 보조 파일을 다운로드할 수 있다.

이 책이나 책의 웹사이트에 관해 질문이 있으면 info@wiresharkbook.com으로 메일을 보내주기 바란다. 한국어판에 관한 질문이 있으면 에이콘출판사 편집 팀(editor@acornpub.co.kr)으로 문의해주길 바란다.

와이어샤크와 네트워크 분석에 대한 학습 사이트

All Access Pass 포털(www.lcuportal2.com)에서 로라가 무료로 제공하는 4개 부분으로 된 'Wireshark 101 온라인 코스'를 다운로드하거나 시청할 수 있다.

다른 교육 옵션에 대한 더 많은 정보는 www.chappellU.com에서 Chappell University를 방문하면 볼 수 있다.

0장

기술: 와이어샤크 핵심
요소와 트래픽 흐름

이것은 내가 1998년부터 네트워크 트래픽 분야에서 꾸준히 노력한 것이다. 이것은 이더리얼(Ethereal)에서 와이어샤크(Wireshark)로 이름이 바뀐 패킷 분석이다.

내가 이 분야를 배웠던 미공군의 컴퓨터비상대응팀(AFCERT, Air Force Computer Emergency Response Team)은 와이어샤크 초창기 버전의 얼리어댑터였다. 오늘날 와이어샤크 없이 프로토콜을 검사한다는 것은 상상할 수 없으며, 프로젝트는 계속 개선되고 있다.

리차드 베이틀리히(Richard Bejtlich)/맨디언트 사(Mandiant Corporation)의 최고 보안 전문가

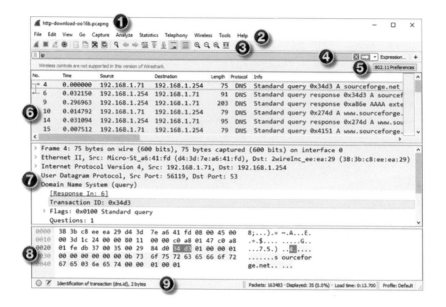

❶ **타이틀 바(Title Bar)** 추적 파일 이름, 캡처 소스 또는 'The Wireshark Network Analyzer'라는 제목이 나타난다.

❷ **메인 메뉴(Main Menu)** 표준 메뉴가 나타난다.

❸ **메인 툴바(Main Toolbar)** 이 아이콘 버튼을 사용하려면 배워야 한다.

❹ **디스플레이 필터 영역과 필터 표현식 영역(Display Filter Area and Filter Expressions Area)** 특정 트래픽에 초점을 맞춘다.

❺ **무선 툴바(Wireless Toolbar)** 802.11 설정을 규정한다.

❻ **패킷 목록 창(Packet List Pane)** 프레임 관련 지시기와 각 프레임을 요약한다.

❼ **패킷 상세 창(Packet Details Pane)** 분석된 프레임들이 나타난다.

❽ **패킷 바이트 창(Packet Bytes Pane)** 16진수와 ASCII 값으로 표현된 상세한 내용이 나타난다.

❾ **상태 바(Status Bar)** 전문가, 주석, 패킷 개수, 프로파일에 대한 액세스가 나타난다.

0.1 와이어샤크의 핵심 기능 이해

와이어샤크가 무엇을 할 수 있는지를 아는 것은, 해당 업무에 대한 확실한 도구인지를 결정하는 데 도움이 될 것이다.

와이어샤크는 매달 평균 수백만회 이상 다운로드되고 있는 세계에서 가장 많이 사용하는 네트워크 분석 도구다. 또한 와이어샤크는 보안 도구[1]로서 전 세계에서 1위로 랭크돼 있다. '언제나 가장 중요한 오픈소스 앱'[2] 중 하나가 된 와이어샤크는 윈도우, 맥 OS X과 *NIX상에서 실행된다. 와이어샤크는 휴대용 앱[3]으로도 실행될 수 있다.

와이어샤크는 wireshark.org에서 무료로 구할 수 있는 오픈소스 소프트웨어 프로그램이다. 와이어샤크는 유선과 무선 네트워크를 살펴볼 수 있는 호스트에서 동작될 때 네트워크 프레임을 수집(또는 캡처)하고 해석해 네트워크 문제점 해결, 최적화, 보안(네트워크 포렌식), 애플리케이션 분석을 위한 이상적인 도구다. 수집된 트래픽은 여러 가지 추적 파일 형식으로 저장할 수 있다(기본 지정 값은 .pcapng 형식이다).

와이어샤크의 해석 프로세스는 해석기dissector를 사용한다. 해석기는 네트워크 프레임의 여러 가지 필드와 값을 식별해 나타낼 수 있다. 많은 실례에서 와이어샤크의 해석기는 프레임 내용에 대한 해석도 제공한다(네트워크 성능의 원인이 되는 장소를 찾거나 보안 관련 내용을 찾아내는 시간을 현저하게 줄여주는 특성이다).

오픈소스 개발 커뮤니티는 네트워크상에서 가장 공통적으로 볼 수 있는 애플리케이션이나 프로토콜을 해석하기 위한 수천 개의 해석기를 개발했다. 와이어샤크 개발자의 핵심부는 이더리얼Ethereal(2006년 5월 이전의 와이어샤크 명칭)의 창시자인 제랄드 콤즈Gerald Combs가 이끌고 있다. 오픈소스 프로젝트로서 와이어샤크의 소스코드는 검토나 개선을 위해 누구에게나 개방돼 있다.

---

1 SecTools.Org: Top 125 Network Security Tools, sectools.org

2 www.eweek.com/c/a/Linux-and-Open-Source/THe-Most-Important-OpenSource-Apps-of-All-Time/5을 참조하라.

3 이 플랫폼에 대해 더 자세한 정보는 portableapps.com을 참조하라.

와이어샤크는 다음 사항을 쉽게 결정하는 데 사용될 수 있다. 네트워크상에서 누가 최상위 대화자인가?, 현재 어떤 애플리케이션이 사용되고 있는가?, 네트워크상에서 어떤 프로토콜protocol이 지원되고 있는가?, 요청이 오류 응답을 수신했는가의 여부, 패킷이 경로에서 폐기되거나 지연되고 있는지 여부 등이다. 여기에 특정 주소(또는 주소 범위), 애플리케이션, 응답 코드, 대화, 주제어 등을 적용할 수 있는 여러 가지 필터가 있다.

와이어샤크 설치 패키지는 여러 가지 도구를 포함하고 있다. 이 도구들은 커맨드라인에서 패킷을 수집capture하거나, 추적trace 파일을 병합하거나, 추적 파일을 분할하는 데 사용된다.

데이비드 휠러David A. Wheeler가 만든 SLOCCountSource Lines of Code Count에 따르면 와이어샤크는 전체 코드량(SLOC)[4]이 240만 라인이 넘고, 와이어샤크를 개발하는 데 든 전체 예상 비용이 9,500만 달러가 넘는다.

다음은 와이어샤크를 이용해 빠르게 수행될 수 있는 작업 목록이다

일반 분석 작업

- 네트워크상에서 최상위 대화자top talker 찾기

- 네트워크 통신을 '평문clear text'으로 살펴보기

- 애플리케이션을 사용하고 있는 호스트 찾기

- 정상적인 네트워크 통신의 기준선

- 적절한 네트워크 동작 검증하기

- 누가 무선 네트워크에 연결하려고 시도하는지 알아보기

- 복수의 네트워크를 동시에 수집하기

---

4 현재 SLOCCount 측정치를 보려면 www.wireshark.org/download/automated/sloccount.txt를 참조하라.

- 의도하지 않은 트래픽 수집 수행하기

- 특정 호스트 또는 서브넷에서/으로 오고가는 트래픽 수집하고 분석하기

- FTP 또는 HTTP를 이용해 전달된 파일을 검토하고 재조립하기

- 다른 수집 도구로부터 추적 파일 읽어오기

- 최소 자원을 이용한 트래픽 수집하기

문제점 해결 작업

- 문제 해결을 위해 기호에 맞게 분석 환경 만들기

- 경로, 클라이언트, 서버 지연 식별하기

- TCP 문제점 파악하기

- HTTP 프록시 문제점 검출하기

- 애플리케이션 오류 응답 검출하기

- 네트워크 문제점에 대한 IO 비율과 폐기 그래프화하기

- 오버로드된 버퍼 식별하기

- 정상적인 기준 속도보다 느린 통신 비교하기

- 중복 IP 주소 찾아내기

- 네트워크상의 DHCP 서버 또는 중계 에이전트 문제점 식별하기

- WLAN 신호 세기 문제점 식별하기

- WLAN 재시도 검출하기

- 문제가 될 수 있는 트래픽 수집하기

- 여러 가지 잘못된 네트워크 구성 검출하기

- 네트워크 세그먼트에 오버로드가 되는 애플리케이션 식별하기

- 성능이 낮은 애플리케이션에서 가장 공통적인 원인 식별하기

보안 분석(네트워크 포렌식) 작업

- 네트워크 포렌식^{forensic}을 위한 고객 맞춤형 분석 환경 생성하기
- 비표준 포트를 사용하는 애플리케이션 검출하기
- 의심스러운 호스트에서/로부터 오는 트래픽 식별하기
- IP 주소를 획득하려고 하는 호스트 찾아내기
- 'phone home' 트래픽 식별하기
- 네트워크 예비 점검 프로세스 식별하기
- 원격 대상 주소의 위치 찾기와 글로벌 지도 만들기
- 의심스러운 트래픽 재지정 검출하기
- 클라이언트와 서버 간의 단일 TCP 혹은 UDP 대화 조사하기
- 악의적으로 형태가 잘못된 프레임 검출하기
- 네트워크 트래픽에서 알려진 주제어 공격 서명 위치 찾기

애플리케이션 분석 작업

- 애플리케이션과 프로토콜이 어떻게 동작하는지 배우기
- 애플리케이션의 대역폭 사용량 그래프로 나타내기
- 링크가 애플리케이션을 지원할 것인가 결정하기
- 업데이트/업그레이드 후의 애플리케이션 성능 조사하기
- 새로 설치된 애플리케이션에서 오류 응답 검출하기
- 어느 사용자가 특정한 애플리케이션을 구동하는지 식별하기
- 애플리케이션이 TCP나 UDP 같은 전송 프로토콜을 어떻게 사용하는지 조사하기

경고

첫 패킷을 수집하기 전에 네트워크 트래픽을 감청할 수 있는 허가를 받아야 한다. IT 담당직원이라면 문제점 해결, 최적화, 보안과 애플리케이션 분석을 위해 네트워크 트래픽을 감청하기 위한 서면 허가를 받아야 한다. 유선과 무선 네트워크의 패킷 수집과 관련된 기관 내부와 국가적인 법률을 이해하기 위해서는 법률 전문가와 상담하라.

0.2 정확한 와이어샤크 버전 확보

당신은 한 위치에서 다른 곳으로, 한 컴퓨터에서 다른 곳으로, 한 운영체제에서 다른 것으로 이동할 수 있기 때문에 어느 시스템에 와이어샤크를 설치할 수 있는가를 아는 것이 최선이다. 와이어샤크는 대부분 공통적으로 사용되는 운영체제에서 동작하는데, 이는 윈도우나 맥 OS X, *NIX 시스템들이다.

www.wireshark.org에서 와이어샤크의 모든 OS 버전을 구할 수 있다. Download 버튼을 클릭하면 사이트는 당신이 사용하고 있는 운영체제를 인식하고 가장 적합한 와이어샤크의 최상위 버전을 눈에 띄게 한다.

와이어샤크 초보자라면 윈도우나 애플 OS X 버전을 다운로드해서 설치하고 사용하는 것을 고려해보라(아주 간단하게 하나의 실행 가능한 설치 파일만 있으면 된다).

현재 와이어샤크 버전 2처럼 윈도우와 애플 OS X 설치 프로세스는 아주 간단하게 설치 프로그램을 이용할 수 있다.

바이너리 패키지는 대부분의 *NIX 배포판에서 사용할 수 있다. 플랫폼에서 바이너리 패키지를 사용할 수 없는 경우 소스를 직접 다운로드해서 구축할 수 있다. 와이어샤크 문서(www.wireshark.org/docs/wsug_html/)를 참조하라.

또한 최신 버전이 아니더라도 칼리 리눅스[Kali Linux](www.kali.org)와 같은 포렌식 도구 배포판에는 와이어샤크가 미리 설치돼 있다.

운영체제 요구 사항의 완전한 목록은 www.wireshark.org/docs/wsug_html_chunked/ChIntroPlatforms.html에서 구할 수 있다.

0.3 와이어샤크가 트래픽을 수집하는 방법

와이어샤크가 트래픽을 어떻게 수집 또는 캡처하는가를 이해하는 것은 와이어샤크의 기능을 어떻게 사용할 것인가에 영향을 미친다. 이 절에서는 그림 1에 나타난 요소들을 참조한다.

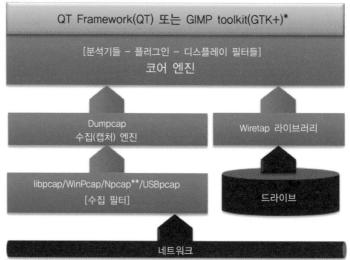

* GTK 지원은 와이어샤크 v2에서 언젠가는 중지될 것이다.
** 와이어샤크 v2의 초기 버전은 Npcap이 포함돼 있지 않다(자세한 정보는 Npcap.org를 방문하라).

그림 1   와이어샤크가 저장된 추적 파일이나 실제 수집에서 트래픽을 처리하는 방법

수집 프로세스는 특수 링크 계층 드라이버에 의존한다

사용자의 컴퓨터가 네트워크에 연결되면 네트워크 인터페이스 카드(이더넷 카드)와 링크 계층 드라이버(Atheros PCI-E 이더넷 드라이버와 같은)를 통해 패킷을 송수신한다.

마찬가지로 와이어샤크도 수집과 분석을 위해 트래픽을 전달하기 위해 네트워크 인터페이스 카드와 링크 계층 드라이버에 의존한다. 수집을 위해 윈도우 호스트에서 WinPcap이나 Npcap(특수 링크 계층 드라이버)을 사용할 수 있다. Libpcap은 *NIX 호스트나 애플 OS X상에서 사용되는 특수 링크 계층 드라이버다. USBpcap은 로컬 USB로/로부터 가는 통신을 수집하는 데 사용된다.

와이어샤크가 트래픽 수집을 시작하면 Dumpcap이라는 도구가 실제 수집을 시작하게 한다. 네트워크에서 온 프레임들은 특수 링크 계층 드라이버 중 하나를 통해 바로 와이어샤크의 수집 엔진으로 전달된다. 수집 필터를 적용하면(예를 들어 브로드캐스트 트래픽만 수집하기) 수집 필터를 경유해 통과된 프레임은 수집 엔진으로 전달된다. 수집 필터는 버클리 패킷 필터링^{BPF, Berkeley Packet Filtering} 문법을 준수한다.

특정 트래픽 유형에 따른 필터링 제거(배제하기) 또는 필터링 통과(와이어샤크로 전달)에 대한 더 자세한 정보는 '작업해야 할 트래픽 총량을 줄여라' 절을 참조하라.

Dumpcap 수집 엔진은 정지 조건을 지정한다

Dumpcap 수집 엔진은 수집 프로세스 구동과 정지 조건을 지정한다. 예를 들면 수집을 50MB 파일 단위 프레임으로 저장하고, 자동으로 6개의 파일이 기록되면 정지하게 설정할 수 있다. 이 파일은 추적 파일로 간주한다.

현재 디폴트 추적 파일 형식은 .pcapng(packet capture, next generation)이다.

TIP

> .pcapng 형식은 메타데이터를 파일로 저장하는 능력을 제공한다. 실제로 추적 파일 내에 패킷 주석(참고)을 저장할 수 있다. 이 프로세스는 7장에서 살펴본다.

코어 엔진은 가장 중요하다

수집 엔진은 프레임을 코어 엔진^{core engine}으로 전달한다. 이것은 와이어샤크의 주요 핵심 기능이다. 와이어샤크는 들어오는 바이트를 사람이 읽을 수 있는 형식의 프레임으로 변환하는 수천 개의 해석기^{dissector}를 제공한다. 해석기는 프레임의 필드를 쪼개서 내용에 대한 분석을 수행한다.

와이어샤크 해석기가 어떻게 동작하는가에 대한 자세한 정보는 1장의 '와이어샤크 해석기 분석' 절을 보기 바란다.

QT 프레임워크는 사용자 인터페이스를 제공한다

와이어샤크 버전 2에서 QT 프레임워크는 와이어샤크를 위한 크로스플랫폼 인터페이스를 제공한다. 하나의 플랫폼에서 동작되는 와이어샤크 시스템을 다른 플랫폼에서 동작되는 와이어샤크 시스템으로 자연스럽게 변경할 수 있다. 기본 인터페이스 요소들은 동일하다.

GTK+ 툴킷은 단계적으로 중지될 것이다

GTK+(GIMP 툴킷)는 와이어샤크 버전 2가 나올 때까지 기본 그래픽 툴킷이었다. 와이어샤크의 초기 버전 2에는 GTK 구성을 설치하기 위한 옵션이 포함돼 있었다. 이 옵션은 단계적으로 중지될 것이다. 이제는 QT 프레임워크를 받아들이고 친숙해져야 할 것이다.

Wiretap 라이브러리는 저장된 추적 파일을 읽는 데 사용된다

Wiretap 라이브러리는 저장된 추적 파일에 대한 입력/출력 기능을 위해 사용된다. 추적 파일(와이어샤크나 또 다른 분석 도구로 수집됐더라도)을 읽을 때 Wiretap 라이브러리는 프레임을 코어 엔진에 전달한다.

> Wiretap 라이브러리는 가장 일반적으로 사용되는 추적 파일 형식으로 이해하고 있다. Wiretap 라이브러리가 지원되지 않는 형식으로 추적 파일을 받으면 .pcap이나 .pcapng 형식이 이용 가능한지 수집 처리를 다시 할 것인지를 결정하기 위한 처리나 수집 도구를 살펴보는 것을 고려하라.

Wiretap 라이브러리에 대한 자세한 정보는 '다른 도구에서 수집된 추적 파일 열기' 절을 참조하라.

0.4 전형적인 와이어샤크 분석 세션 이해

각 분석 세션이 약간 다를지라도 분석 세션 동안에 수행해야 할 기본적인 단계가 있다. 다음은 분석 세션 동안 수행되는 가장 공통적인 작업의 점검 목록이다. 추적 파일을 읽을 때 이 기본적인 작업 점검 목록을 활용하라.

- ✔ 추적 파일에서 누가 통신하고 있는지 알아낸다.

  5장의 '네트워크상에서 대화중인 사람 찾기' 절 참조
- ✔ 사용 중인 애플리케이션이 무엇인지 알아낸다.

  4장의 '네트워크상 보이는 애플리케이션 나열' 절 참조
- ✔ 관심 있는 대화를 필터링한다.

  3장의 '단일 TCP나 UDP 대화 필터링' 절 참조

✔ 처리율에서 폐기^{drop}를 보기 위해 IO를 그래프로 나타낸다.

　5장의 '그래프 응용과 호스트 대역폭 사용' 절 참조

✔ 문제점을 알아내기 위해 전문가^{Expert}를 연다.

　5장의 '네트워크상 TCP 오류 탐지' 절 참조

✔ 경로 전달 지연을 파악하기 위해 왕복 시간을 알아낸다.

　3장의 '통신 지연에 집중하기 위한 필터 사용' 절 참조

이 책은 이 작업들에 대해 다룬다.

> 자, 이제 각자의 작업 점검 목록을 시작할 시간이다. 이 책에 있는 실습을 따라 해보면서 추적 파일이 들어올 때마다 작업은 반복하게 될 것이다. 모든 기술처럼 실습은 한 만큼 가치가 있다.

0.5 프레임과 패킷 구분

프로토콜 분석 세계에서 두 가지 용어가 사용되고 있다. '패킷^{packet}'이라는 용어는 네트워크를 통해 보내진 것들을 설명하는 포괄적인 용어로 사용되는데, 반면에 이 2가지 용어 간에는 분명한 차이가 있다.

프레임 인식

용어 '프레임^{frame}'은 MAC$^{Media\ Access\ Control}$ 계층 헤더(이더넷 헤더와 같은)부터 MAC 트레일러까지 통신을 언급할 때 사용된다. 장치들 간의 모든 통신은 프레임을 사용한다. 그렇지만 이더넷^{Ethernet} 프레임에 대한 문제점 해결이나 분석에 많은 시간을 소비하지 않겠다. 이더넷 헤더 또는 트레일러를 분석하는 데 많이 할당하지 않는데, 이더넷 기술은 상당히 잘 구현돼 있고, 대개 문제가 발생하지 않는다. 그렇지만 무선 기술

분야에서는 문제점 해결 세션에 충분히 집중할 수 있게 WLAN 헤더를 많이 살펴볼 것이다.

트래픽을 분석할 때 이더넷 트레일러를 항상 볼 수 있는 것은 아니다. 어떤 운영체제 는 이더넷 네트워크상에서 트레일러 수집을 지원하지 않는다.

더욱 혼란스럽게 하는 것은, 와이어샤크는 실제 프레임에 대한 추가 정보를 제공하기 위해 '프레임' 섹션을 추가했다. 패킷 상세 창(또는 화면)의 내부를 조사하면 맨 위에 있는 프레임 섹션을 볼 수 있을 것이다. 이 섹션을 확장하면 시간, 컬러링, 그리고 와이어샤크가 프레임에 추가한 정보를 볼 수 있다.

실제 프레임은 '이더넷 II'라는 이름으로 둘째 줄에서 시작한다. 와이어샤크의 프레임 섹션은 프레임(메타데이터)과 관련된 정보만을 포함한다. 여기에는 프레임의 실제 내 용은 들어있지 않다.

그림 2는 메타데이터를 포함하는 프레임 섹션과 함께 실제 프레임의 시작과 끝을 나타 낸다.

패킷 인식

패킷[packet]은 MAC 프레임 내부에 있는 내용이다. TCP/IP 통신에서 패킷은 IP 헤더에서 시작해서 MAC 트레일러 바로 앞까지다. 보통 사람들은 네트워크 분석을 '패킷 분석' 으로 생각한다(이는 분석 작업이 대부분 IP 헤더에서 시작하기 때문이다). 그림 2는 패킷의 시작과 끝을 나타낸다.

세그먼트 인식

이 용어는 네트워크 용어로서 논쟁이 많은 용어다. TCP 데이터 세그먼트[segment]는 TCP 헤더 뒤에 있는 애플리케이션 바이트로 구성된 내용이다. 이것은 HTTP 헤더나 데이 터만을 포함할 수도 있다. 이 용어에 대한 혼돈은 TCP 연결을 설정할 때 일어난다.

TCP 연결 설정 과정에서 각 TCP 피어^{peer}는 최대 세그먼트 크기$^{MSS, Maximum Segment Size}$ 값을 공유한다. 이 예에서 용어 세그먼트는 TCP 헤더가 포함되지 않은 수신 데이터 세그먼트 길이를 규정한다. 그림 2는 TCP 세그먼트의 처음과 끝을 나타낸다.

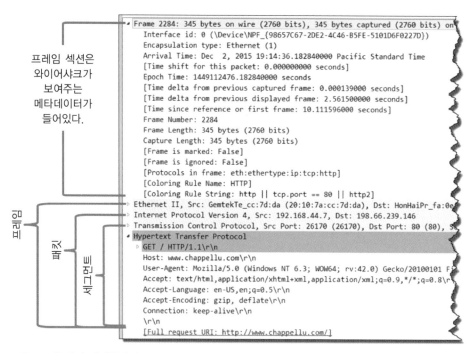

그림 2 가능하면 적절한 용어를 배워서 사용하는 것이 좋다.

이 책에서 패킷 목록 창에 있는 No. (숫자) 열 (프레임 숫자) 안의 값을 언급할 때는 용어 '프레임'을 사용한다.

와이어샤크는 여러 가지 메뉴에서 종종 프레임을 패킷으로 언급하기 때문에 그런 경우에 와이어샤크의 용어를 사용할 것이다. 예를 들면 File 메뉴는 실제로는 프레임을 내보내는 것이지만, Export Specified Packets라는 옵션을 포함한다.

0.6 네트워크를 지나가는 HTTP 패킷 따라가기

훌륭한 분석가가 되려면 TCP/IP를 잘 알아야 한다. 또한 통신 분석에 대한 핵심은 패킷이 어떻게 네트워크를 통과하는가와 다양한 네트워크 장치에 의해 트래픽이 어떻게 영향을 받는가에 대해 이해하는 것이다.

클라이언트와 2개의 스위치switch, 하나의 표준 라우터router, 네트워크 주소 변환NAT을 수행하는 라우터와 서버를 포함하는 네트워크 경로를 조사해보자.

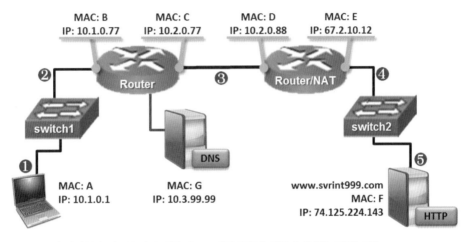

그림 3   이 장치들이 경로를 따라 전달되는 프레임 형식에 어떻게 영향을 끼치는가?

그림 3에서 클라이언트는 HTTP 서버상의 메인 페이지에 대한 HTTP GET 요청을 보낸다. 장치의 MAC 주소(하드웨어 주소)를 나타내기 위해 단순 문자를 사용했다.

장치들이 프레임의 내용에 어떻게 영향을 미치는지 알기 위해 프레임이 스위치, 라우터, 라우터/NAT 장치를 경유하면서 어떻게 변경되는지 살펴볼 것이다.

하나 이상의 위치에서 수집할 필요가 있을 때가 자주 있다. 예를 들면 장치가 프레임의 내용에 어떻게 영향을 미치는지 알고 싶을 때 장치를 통과하기 전과 후에 프레임을 모두 수집할 필요가 있다. 어느 상호 연결 장치가 패킷을 폐기하는지 파악하기 위해서 2개의 위치에서 트래픽을 수집할 때도 있다.

다중 지점에서 수집하는 것이 일반적인 분석 작업이기 때문에 하나 이상의 노트북에 로드되거나 포트 스패닝이나 전이중 탭을 사용해 수집하게 준비된 와이어샤크(또는 최소한 dumpcap)를 가질 필요가 있다. 2장에서 이러한 수집 옵션을 다룬다.

포인트 1: 클라이언트에서 무엇을 볼 것인가?

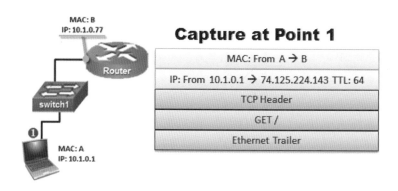

모든 장치는 MAC 헤더 안에 있는 로컬 장비의 하드웨어 주소로만 보낼 수 있다. 경로 상에 있는 첫 번째 라우터에서 MAC 헤더는 벗겨진다(MAC 헤더는 임시적이고, 경로상에서 다음 홉hop에 패킷을 전달하는 데 사용된다). 앞의 IP 헤더 예제에서 패킷은 10.1.0.1 (클라이언트)에서 74.125.224.143(서버)으로 주소 지정이 돼 있다.

분석가 관점 이 시점에서 클라이언트의 GET 요청 이더넷 헤더에는 로컬 라우터의 MAC 주소(B)로 주소 지정이 돼 있다.

포인트 2: 첫 번째 스위치의 뒤쪽에서 무엇을 볼 수 있는가?

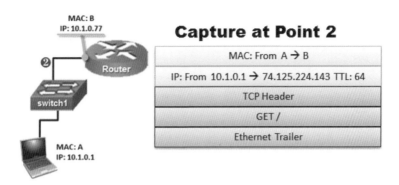

실제 스위치[5]는 프레임의 내용에 영향을 미치지 않는다. 스위치 1은 단순히 목적지 MAC 주소(MAC 주소 B)를 살펴보고 호스트가 스위치 포트에 연결돼 있는지를 판단한다.

스위치 포트[port]가 MAC 주소 B와 관련이 있다는 것을 스위치가 알게 되면 스위치는 프레임을 해당 포트로 보낸다.

분석가 관점 포인트 1에서 봤던 프레임과 일치하는 프레임인 것을 알게 될 것이다.

---

5 실제 스위치는 라우팅 기능을 제공하지 않는다. 실제 스위치의 유일한 목적은 어떤 기계가 연결돼 있는지 알아서(MAC 주소를 기반으로) 트래픽을 포워딩한다.

포인트 3: 라우터의 다른 쪽에서 무엇을 볼 수 있는가?

Capture at Point 3

MAC: From C → D
IP: From 10.1.0.1 → 74.125.224.143 TTL: 63
TCP Header
GET /
Ethernet Trailer

프레임을 수신하자마자 프레임이 변경되지 않았다는 것과 프레임의 주소가 라우터의 MAC 주소로 지정됐다는 것을 검사한 후에 라우터는 이더넷 헤더를 벗겨낸다.

라우터는 패킷 안의 목적지 IP 주소(지금은 프레임이 아닌 패킷을 고려하는 것이다)를 조사하고, 그 패킷을 어떻게 처리할 지를 판단하기 위해 라우팅 테이블을 살펴본다. 라우터가 목적지 IP 주소(패킷을 보낼 기본 게이트웨이를 갖지 않으면)로 가는 경로를 알지 못하면 라우터는 그 패킷을 폐기할 것이고, 라우팅 문제가 발생했다는 메시지를 생성자에게 보낼 것이다. 와이어샤크로 이러한 오류 메시지를 수집할 수 있고, 라우터가 패킷을 목적지로 전달할 수 없다는 것을 탐지할 수 있다.

라우터가 패킷을 전달하는 데 필요한 정보를 갖고 있다면 라우터는 IP 헤더의 TTL^{Time} $^{to\ Live}$(hop count) 필드 값을 1만큼 줄이고, 그 패킷을 라우터/NAT 장치로 보내기 전에 새로운 이더넷 헤더를 적용한다.

분석가 관점 새로운 이더넷 헤더(C에서 D로)를 볼 수 있고, IP 헤더의 TTL 값이 1만큼 줄었다는 것을 볼 수 있다.

포인트 4: 라우터/NAT 장치의 다른 쪽에서 무엇을 볼 수 있는가?

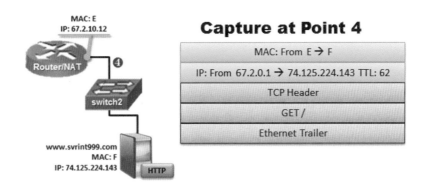

라우터/NAT 장치는 패킷을 전달하기 전에 앞의 라우터와 동일한 라우팅 프로세스를 갖는다. 게다가 라우터/NAT 장치는 발신지 IP 주소(네트워크 주소 변환)와 발신지 포트 숫자를 변경시키면서 원래의 발신지 IP 주소와 발신지 포트 숫자를 표시해둔다. 라우터/NAT 장치는 이 정보를 새롭게 지정된 출구용 IP 주소와 포트 숫자와 연관시킨다.

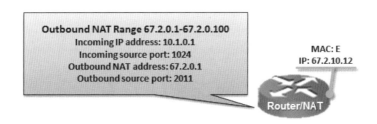

분석가 관점 새로운 이더넷 헤더(E에서 F로)와 IP 헤더의 TTL 값이 1만큼 줄었다는 것을 보게 될 것이다. 또한 발신지 IP 주소와 발신지 포트 숫자가 변경됐다는 것을 알게 될 것이다.

포인트 5: 서버에서 무엇을 볼 것인가?

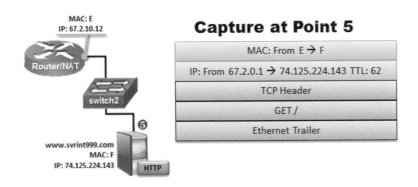

이 시점에서는 포인트 4에서 봤던 것과 동일한 프레임을 볼 것이다. 스위치는 내용을 변경할 수 없다는 것을 명심하라.

트래픽을 어디에서 수집할 것인가?

포인트 1, 2, 3에서 수집한다면 서버의 MAC 주소를 알 수 없다. 마찬가지로 포인트 3, 4 또는 5에서 수집한다면 클라이언트의 MAC 주소를 알 수 없다. 포인트 5에서 수집한다면 역시 클라이언트의 실제 IP 주소를 알 수 없다.

기본적인 스위치의 전달 기능을 인지하라

스위치^{switch}는 MAC 주소를 기반으로 프레임을 전달^{forwarding}한다는 것을 명심하라. 그림 3 안의 스위치에 와이어샤크 시스템을 연결했다면 HTTP 클라이언트와 HTTP 서버 간의 트래픽은 아무것도 볼 수 없을 것이다. 스위치는 브로드캐스트, 멀티캐스트, 그리고 와이어샤크 시스템의 MAC 주소로 지정된 트래픽[6]만을 전달할 것이다.

---

6 하나의 다른 아이템을 스위치 포트로 내려 보낼 수 있다(모르는 MAC 주소로 가는 트래픽). 아무 이상이 없으면 이런 일은 거의 일어나지 않는다. 대상 MAC 주소를 알기 위한 변환 프로세스가 있어서 네트워크에서 사용 중인 MAC 주소만 보게 될 것이다.

스위치는 트래픽의 MAC 주소 또는 IP 주소를 변경하지 않지만, 네트워크 분석에서 중요한 디딤돌이 될 수 있다.

그림 4에서 보여준 예를 생각해보자. 스위치 포트 1에 연결된 기계에 와이어샤크를 설치했다. 네트워크상에 있는 다른 두 개의 장치와 관련된 트래픽을 감청하려면 문제가 있다. 스위치는 이 포트로 전달하지 않을 것이다. 이것은 우리의 MAC 주소로 주소 지정이 돼 있지 않았다.

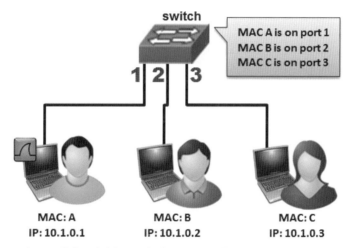

그림 4 스위치는 당신이 보고자 하는 트래픽의 총량에 영향을 미칠 수 있다.

네트워크 트래픽을 청취하기 위해 다른 방법을 모색해야 하는 제약 사항이 이것이다. 1장에서 브라우징이나 파일 다운로드 속도가 느려지는 문제점 해결을 위한 최적의 수집 위치를 결정하는 옵션을 살펴볼 것이다.

미리 수집 방법을 계획하고 시험하라. 사용자, 관리자, CEO가 찾아와 네트워크를 불평하는 동안 수집 방법에 대한 시험을 시작하는 것은 쉬운 과정이 아니다. 준비하고 실행하라.

0.7 와이어샤크 자원 접근

결국에는 해결할 수 없는 문제에 부딪히게 될 것이다. 와이어샤크 기능이나 패킷 구조 문제든지 간에 인터넷상에서 여러 가지 주요 장소에서 지원을 찾을 수 있다.

와이어샤크 위키 프로토콜 페이지를 활용하라

와이어샤크는 위키 프로토콜 페이지에 시리즈를 통한 지원을 제공한다.

wiki.wireshark.org에 방문해서 와이어샤크와 관련된 모든 위키 정보를 살펴보라. 프로토콜에 관한 지원을 위해 URL에 프로토콜이나 애플리케이션 이름을 추가할 수도 있다. 예를 들면 wiki.wireshark.org/Ethernet[7]을 입력할 수 있다.

그림 5에서 보여주는 것처럼 프레임 안에 표시된 어떤 프로토콜을 오른쪽 클릭함으로써 해당 페이지로 갈 수도 있다. 와이어샤크는 선택된 프로토콜을 탐지하고 관련된 위키 페이지를 시작한다.

---

7 URL은 대소문자를 구분한다는 것을 주목하라. wiki.wireshark.org/ethernet(모두 소문자)를 브라우징하면 "This page does not yet exist."라는 메시지를 보게 될 것이다.

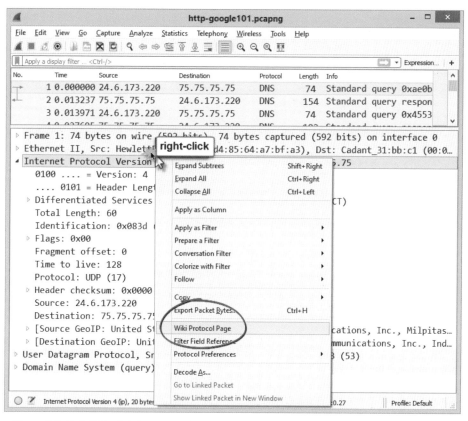

그림 5 패킷 상세 창에 나타난 프로토콜에서 오른쪽 클릭하면 관련된 위키 프로토콜 페이지를 시작한다.
[http-google101.pcapng]

ask.wireshark.org에서 질문에 대한 답을 얻는다

와이어샤크의 창시자인 제랄드 콤즈는 와이어샤크 사용자를 위한 Q&A 포럼을 개설
했다(그림 6 참조). ask.wireshark.org를 방문해서 와이어샤크 커뮤니티에 의문 사항을
입력하라. 여기에 질문을 보내기 위해서는 무료 계정을 등록해야 한다.

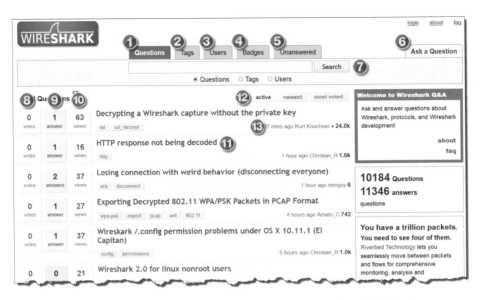

그림 6 검색 기능(❼)을 활용해 ask.wireshark.org에서 의문 사항과 관련된 주제어를 찾는다.

다음은 ask.wireshark.org상의 핵심 영역을 나열한 것이다.

❶ **질문(questions) 탭** All Questions으로 돌아가려면 클릭한다(그림 6 참조).

❷ **태그(tags) 탭** 질문과 관련된 태그의 목록을 보려면 클릭한다(이곳에 유용한 정보가 있는지 살펴보려면 관심 있는 주제와 관련된 태그를 클릭한다).

❸ **사용자(users) 탭** Q&A 포럼에 참여한 사용자를 보려면 클릭한다. 또한 이 영역은 상태 컬러링, 카운트, 관리 상태(다이아몬드)도 포함한다.

❹ **상태(badge) 탭** Q&A 포럼에 참여한 참가자들이 얼마나 많은 공헌을 얻었는지를 보려면 클릭한다.

❺ **응답하지 않은(unanswered) 탭** 아직 대응하지 못하고 고려중인 질문을 보려면 클릭한다. 불행히도 많은 Q&A 참가자들이 질문에 대한 응답이 됐는데도 'answered'를 표시하지 않는다.

⑥ **질문하기(ask a question) 탭** 당신이 질문을 하려면 클릭한다. 아직 여기에 무료 계정이 없으면 계정을 생성하고 새로운 신임장으로 로그인하면 질문이 저장될 것이다.

⑦ **검색 영역과 버튼(search area and button)** 관심 있는 주제를 먼저 검색한다. 이곳은 시작하기 매우 좋은 장소다.

⑧ **투표 개수(vote count)** 포럼 사용자들이 질문에 대한 선호/비선호를 투표할 수 있다.

⑨ **응답 개수(answer count)** 숫자는 질문에 대해 얼마나 많은 응답이 제출됐는지 나타낸다.

⑩ **보기 개수(view count)** 숫자는 질문을 얼마나 많이 봤는지 표시한다. 이것은 주제가 얼마나 관심이 많은지를 결정하는 좋은 지표다.

⑪ **질문 제목(하이퍼링크)와 태그(Question title(hiperlink) and tags)** 질문 페이지로 점프하려면 질문 제목을 클릭한다. 태그는 질문에서 해소된 토픽(들)을 표시한다.

⑫ **버튼으로 점프하기(Jump to buttons)** 활성 중인 질문의 목록, 새로운 질문들, 질문들, 가장 많이 투표한 질문으로 점프하려면 이 버튼을 클릭한다.

⑬ **질문 활동 연혁과 공헌자 정보(Question activity age and contributor information)** 질문이 얼마나 오래됐는가(질문 올리기나 응답, 설명문 등의 최근 활동에 근거해), 누가 최근에 질문에 공헌했는가, 마지막 공헌자의 정보를 이 영역에서 표시한다. 공헌자 정보는 Karma 수준(신뢰 수준)과 관리 수준을 포함한다.

Q&A 포럼에 대한 자세한 사항은 ask.wireshark.org/faq/를 방문하라.

참고 이 책의 초기 작성 단계에서 Q&A 포럼의 가장 활발한 질문과 이슈가 되는 주제를 살펴봤다. 이 목록은 와이어샤크 기술과 네트워크 트래픽 분석을 교육한 수년간의 경험과 함께 이 책에 포함된 주요 기술들이다.

0.8 메인 와이어샤크 뷰를 활용한 트래픽 분석

무엇이 진행되고 있는지 알아보려고 항상 트래픽에 깊숙하게 뛰어들어야 하는 것은 아니다. 메인 와이어샤크 윈도우에 대해 잠깐 살펴보는 것은 원인이나 실마리를 찾는 데 필요한 것일 수 있다.

추적 파일(반드시 메인 툴바를 사용)을 열어라

시작하면 와이어샤크는 시작 페이지를 보여준다. 시작 페이지에서 이용 가능한 많은 기능이 있지만, 와이어샤크에서 항해하는 가장 빠른 방법은 메인 메뉴와 메인 툴바[main toolbar]를 사용하는 것이다. 메인 툴바(그림 7에서 동그라미로 표시)상의 File Open 버튼을 클릭한다. http-google101.pcapng(www.wiresharkbook.com에서 이용 가능)를 연다.

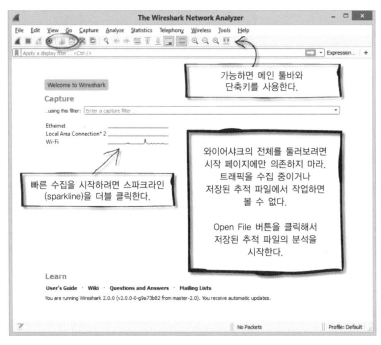

그림 7 와이어샤크를 시작하면 시작 페이지가 나타난다. 가능할 때마다 와이어샤크에서 항해하려면 메인 툴바와 키보드 단축키를 활용하라.

와이어샤크 버전 2에서는 Help › About Wireshark › Keyboard Shortcuts 아래에 있는 단축키 목록을 이용할 수 있다. 단축키는 '단축키 배우기' 절을 보라.

이 추적 파일은 누군가가 메인 웹사이트 페이지를 열었을 때 클라이언트와 www.google.com 서버 간의 트래픽이 들어있다. 당신이 www.google.com에 대한 트래픽을 수집하면 그것은 상당히 다를 것이다. 당신의 트래픽은 다른 MAC와 IP 주소를 가질 것이고, 디스크에 캐시된 Google 사이트의 어떤 요소를 가질 수 있다. 캐시된 내용의 경우에는 디스크로부터 웹사이트 페이지에 있는 부분들이 로드될 것이다(추적 파일에서는 서버에서 보낸 캐시된 내용을 볼 수 없다).

와이어샤크 메인 뷰의 다양한 요소를 탐험하는 동안에 이 추적 파일을 사용해 작업할 수 있을 것이다.

스파크라인을 이용해 수집 시작

스파크라인sparkline은 이용 가능한 인터페이스에 대해 트래픽 레벨을 보여준다. 스파크라인을 빠르게 더블 클릭하면 해당 인터페이스에 대한 캡처를 시작한다.

언제 메인 메뉴를 사용해야 하는지 알아야 한다

우리는 모두 메뉴를 어떻게 사용하는가를 알고 있다. 핵심은 메인 메뉴(그림 8)를 언제 사용하는가와 찾고자 하는 것을 어디에서 찾는가이다. 와이어샤크의 많은 기능은 오른쪽 클릭 방법이나 메인 툴바(아이콘 툴바icon toolbar라고도 함)를 통해 이용 가능하다.

그림 8 Go와 Capture 메뉴 항목에 있는 모든 기능은 메인 툴바를 사용해 더 빠르게 수행할 수 있다.

다음 목록은 메인 툴바 대신에 메인 메뉴를 사용해야 하는 근거를 나타낸다.

- **File** 파일 집합을 열고 패킷의 부분집합을 저장하고, SSL 세션 키와 객체를 내보낸다.

- **Edit** 환경설정을 변경하고, 마크된/무시된 패킷과 시간 참조를 해제한다.

- **View** 툴바와 창을 보이게 하거나/숨긴다. Time 열^{column} 설정을 편집한다. 색상 ^{color}을 재설정한다.

- **Analyze** 디스플레이 필터 매크로를 생성하고, 활성화된 프로토콜을 보여주고, 강제로 디코드된 것을 저장한다.

- **Statistics** 다양한 프로토콜에 대한 그래프를 만들고 통계 창을 연다.

- **Telephony** 텔레포니와 관련된 기능(그래프, 차트, 재실행)을 모두 수행한다.

- **Wireless** 블루투스와 WLAN 기능(장치, 통계)을 수행한다.

- **Tools** Lua 스크립팅 콘솔에 접속하고 자원으로 점프한다.

- **Help** 업데이트를 확인하고 와이어샤크 폴더 정보와 바로가기 정보에 접근한다.

다시 한 번 이 목록은 메인 메뉴에서 가장 필요한 것이다. 작업을 수행하기 위한 가장 빠른 방법을 찾아 효율적인 분석가가 되기 바란다.

가능할 때마다 메인 툴바를 사용하는 방법 배우기

파일을 열거나 필터[filter], 컬러링 규칙[coloring rule], 환경설정[preferences]에 접근하려면 메인 툴바에 있는 버튼을 클릭해서 효율적으로 작업할 수 있다. 이 책에서 메인 툴바에 있는 주요 기능을 대부분 사용한다. 이 기능은 그림 9에 나열돼 있다

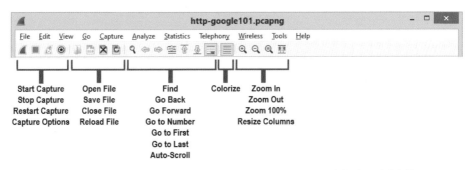

그림 9 메인 툴바의 기능과 친숙해져라(이것이 와이어샤크에서 작업하는 가장 빠른 방법이다).

단축키 배우기

Help > About Wireshark > Keyboard Shortcuts로 사용할 수 있는 단축키 목록을 찾을 수 있다. 또한 와이어샤크의 많은 팝업 창을 마우스 오른쪽 버튼으로 클릭하면 해당 창에 적용할 수 있는 키보드 단축키 목록이 나타난다.

단축키 사용 가능 여부는 사용 중인 와이어샤크 버전과 와이어샤크를 설치한 운영체제에 따라 다르다.

다음은 윈도우용 키보드 단축키 목록이다.

단축키	이름	설명
Ctrl + Shift + C	As Filter	이 항목을 디스플레이 필터로 복사하기
Ctrl + W	Close	이 캡처 파일 닫기
Ctrl + Left	Collapse All	모든 패킷 상세 정보 접기
Ctrl + 1	Color 1	현재 대화를 고유색으로 표시
Ctrl + 2	Color 2	현재 대화를 고유색으로 표시
Ctrl + 3	Color 3	현재 대화를 고유색으로 표시
Ctrl + 4	Color 4	현재 대화를 고유색으로 표시
Ctrl + 5	Color 5	현재 대화를 고유색으로 표시
Ctrl + 6	Color 6	현재 대화를 고유색으로 표시
Ctrl + 7	Color 7	현재 대화를 고유색으로 표시
Ctrl + 8	Color 8	현재 대화를 고유색으로 표시
Ctrl + 9	Color 9	현재 대화를 고유색으로 표시
Ctrl + Shift + A	Configuration Profiles...	구성 프로파일 관리
F1	Contents	도움말 내용
Ctrl + Alt + 1	Date and Time of Day (1970-01-01 01:02:03. 123456)	날짜 및 시간으로 패킷 시간을 보여주기
Ctrl + Shift + D	Description	이 항목의 설명 복사하기
Ctrl + Shift + E	Enabled Protocols...	특정 프로토콜 사용 또는 사용 안 함
Ctrl + Right	Expand All	패킷 상세 펼치기
Shift + Right	Expand Subtrees	현재 패킷 상세 확장하기
Ctrl + H	Export Packet Bytes...	패킷 바이트 내보내기 ...
Ctrl + Shift + F	Field Name	이 항목의 필드 이름 복사하기
Ctrl + N	Find Next	다음 패킷 찾기
Ctrl + F	Find Packet...	패킷 찾기

(이어짐)

단축키	이름	설명
Ctrl + B	Find Previous	이전 패킷 찾기
Ctrl + Home	First Packet	첫 번째 패킷으로 이동하기
Ctrl + G	Go to Packet...	지정된 패킷으로 이동하기
Ctrl + Shift + D	Ignore All Displayed	디스플레이된 모든 패킷 무시하기
Ctrl + D	Ignore/Unignore Packet	이 패킷 무시 또는 무시 해제하기
Ctrl + End	Last Packet	마지막 패킷으로 이동하기
Ctrl + Shift + M	Mark All Displayed	디스플레이된 패킷 모두 표시하기
Ctrl + M	Mark/Unmark Packet	이 패킷 마크 또는 마크 해제하기
Ctrl + Shift + N	Next Mark	다음 마크된 패킷으로 이동하기
Ctrl + Down	Next Packet	다음 패킷으로 이동하기
Ctrl +.	Next Packet in Conversation	이 대화의 다음 패킷으로 이동하기
Ctrl + Alt + N	Next Time Reference	다음 시간 참조로 이동하기
Ctrl + 0	Normal Size	기본 창 텍스트를 표준 크기로 되돌림
Ctrl + O	Open	캡처 파일 열기
Ctrl + K	Options...	캡처 옵션
Ctrl + Shift + P	Preferences...	와이어샤크의 환경설정 관리
Ctrl + Shift + B	Previous Mark	마크된 이전 패킷으로 이동하기
Ctrl + Up	Previous Packet	이전 패킷으로 이동하기
Ctrl +,	Previous Packet in Conversation	이 대화에 있는 이전 패킷으로 이동하기
Ctrl + Alt + B	Previous Time Reference	이전 시간 참조로 이동하기
Ctrl + P	Print...	인쇄...
Ctrl + Q	Quit	와이어샤크 종료
F5	Refresh Interfaces	인터페이스 새로 고치기

(이어짐)

단축키	이름	설명
Ctrl + R	Reload	이 파일 다시 로드하기
Ctrl + Shift + L	Reload Lua Plugins	Lua 플러그인 다시 로드하기
Ctrl + Shift + F	Reload as File Format/Capture	파일 형식/캡처 다시 로드하기
Ctrl + Space	Reset Colorization	색상으로 표시된 대화 재설정하기
Ctrl + Shift + R	Resize Columns	내용에 맞게 패킷 목록 열 크기 조정하기
Ctrl + R	Restart	현재 캡처 다시 시작하기
Ctrl + S	Save	이 캡처 파일 저장하기
Ctrl + Shift + S	Save As...	다른 파일로 저장하기
Ctrl + Alt + 3	Seconds Since 1970-01-01	패킷 시간을 UNIX/POSIX 신기원 이후의 초 단위로 표시하기(1970-01-01)
Ctrl + Alt + 4	Seconds Since Beginning of Capture	날짜와 시간으로 패킷 시간 보여주기
Ctrl + Alt + 5	Seconds Since Previous Captured Packet	이전 캡처된 패킷 이후 패킷 시간을 초 단위로 표시하기
Ctrl + Alt + 6	Seconds Since Previous Displayed Packet	이전에 표시된 패킷 이후 패킷 시간을 초 단위로 보여주기
Ctrl + T	Set/Unset Time Reference	이 패킷에 대한 시간 참조를 설정 또는 설정 해제하기
Ctrl + E	Start	패킷 캡처 시작하기
Ctrl + E	Stop	패킷 캡처 정지하기

필터 툴바 정복

'건초더미에서 바늘 찾기'를 하려면 디스플레이 필터를 사용한다. 조사해야 할 패킷이 수천 개이거나 수십만 개일 때 작업과 관련된 트래픽을 손쉽게 살펴보려면 디스플레이 필터를 사용한다. 예를 들면 누군가의 웹 브라우징 세션에 어려움이 있다면 이메일 세션이나 바이러스 업데이트 트래픽을 제거하는 데 디스플레이 필터를 사용할 수 있다.

그림 10은 필터 툴바에 있는 각 섹션의 목적을 보여준다.

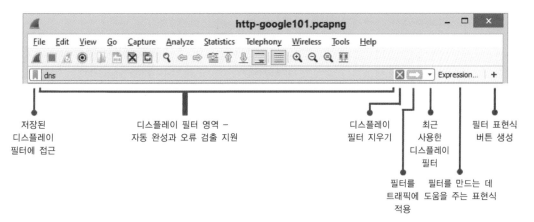

그림 10 트래픽 분석 시간을 줄이려면 디스플레이 필터 툴바의 사용법을 배우라.

패킷 목록 창을 이용한 트래픽 요약

와이어샤크는 3개의 창(윈도우)을 갖는데, 패킷 목록 창Packet List Pane, 패킷 상세 창Packet Detail Pane, 패킷 바이트 창Packet Byte Pane이다.

패킷 목록 창은 맨 위에 있는 창으로 그림 11에 나타나 있다.

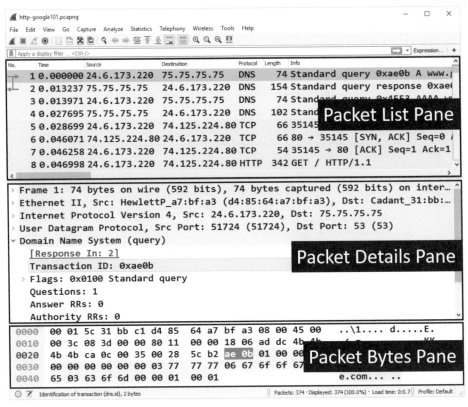

그림 11　패킷 목록 창에 있는 프레임을 선택했을 때 패킷 상세 창과 패킷 바이트 창은 선택된 패킷에 대한 추가적인 정보를 제공한다. [http-google101.pcapng]]

어느 호스트가 통신 중인지, 사용 중인 프로토콜이나 애플리케이션이 무엇인지, 프레임에 관한 일반적인 정보를 보려면 패킷 목록 창을 따라 스크롤한다. 와이어샤크는 컬러링 규칙 집합에 근거해 프레임에 컬러링을 적용한다. 컬러링 규칙에 대한 더 자세한 사항은 4장의 '적용된 컬러링 규칙 확인' 절을 참조하라.

패킷 목록 창에 열column을 추가하거나 특정 열을 기준으로 정렬할 수 있다. 이 정렬sort 기능은 추적 파일 안에서 유사한 패킷이나 커다란 지연을 찾는 데 도움이 된다. 별도로 언급하지 않아도 패킷 목록 창은 프레임 숫자 열(가장 왼쪽의 No. 열)로 정렬된다.

그림 12는 http-google101.pcapng의 패킷 목록 창을 보여준다. 추적 파일 안의 각 패킷은 다음과 같은 디폴트 열 안의 정보를 포함한다.

- **Number("No.") 열** 각 프레임은 숫자가 할당된다. 별도로 언급하지 않아도 트래픽은 No. 열을 기준으로 낮은 것에서 높은 순으로 정렬된다. 원하는 열 머리부를 클릭해 패킷 목록 창을 정렬할 수도 있다. 정렬 순서를 변경하고 패킷 목록 창의 기본 보기로 돌아가려 한다면 이 열로 정렬한다.

  No. 열의 왼쪽에는 관련 패킷 표시기가 있는데, 이는 스트림의 패킷과 요청/응답 간의 관계를 나타낸다. 관련 패킷 표시기는 현재 선택된 패킷이 상주하는 스트림(또는 대화)에 대해서만 활성화된다.

- **Time 열** 별도로 언급하지 않아도 와이어샤크는 각 프레임을 Time 열 안의 처음 프레임과 비교해 도착했을 때를 보여준다. 1장의 'Time 열을 구성해 지연 문제점 찾아내기' 절에서 지연을 찾으려면 이 열을 사용하면 된다.

- **Source와 Destination 열** Source와 Destination 열은 각 프레임 안에서 이용 가능한 최상위 계층 주소를 보여준다. 어떤 프레임은 MAC 주소(예를 들어 ARP 패킷들)만 갖고 있는데, 이 MAC 주소는 Source와 Destination 열에 표시될 것이다. 그림 12에는 모든 프레임이 Source와 Destination 열에 보이는 IP 주소를 갖는다는 것을 알 수 있다.

- **Protocol 열** 와이어샤크는 해당 프레임에 적용된 마지막 해석기를 표시한다. 이것은 사용된 애플리케이션을 알아내는 최적의 장소다. 그림 12에는 이 열 안에 나열된 DNS, TCP, HTTP가 보인다.

- **Length 열** 이 열은 각 프레임의 전체 길이를 표시한다. 이 열을 살펴보면 애플리케이션이 작은 패킷 크기를 사용하는 것도 쉽게 탐지할 수 있다.

- **Info 열** 이 열은 해당 프레임에 관한 기본적인 정보를 제공한다. 추적 파일을 스크롤할 때, 이 열을 살펴보라. 사용자가 Google 메인 페이지를 로드할 때 많은 DNS 질의와 응답, 많은 HTTP GET 요청과 데이터 패킷을 볼 수 있다.

- **Intelligent Scrollbar** 열은 아니지만 패킷 목록 창에서 이 기능을 언급하는 것은 중요하기 때문이다. 인텔리전트 스크롤바는 추적 파일에서 보이는 트래픽 컬러링의 축소판 뷰를 제공한다. 4장의 '지능형 스크롤바에서 수동으로 탐색' 절을 보기 바란다.

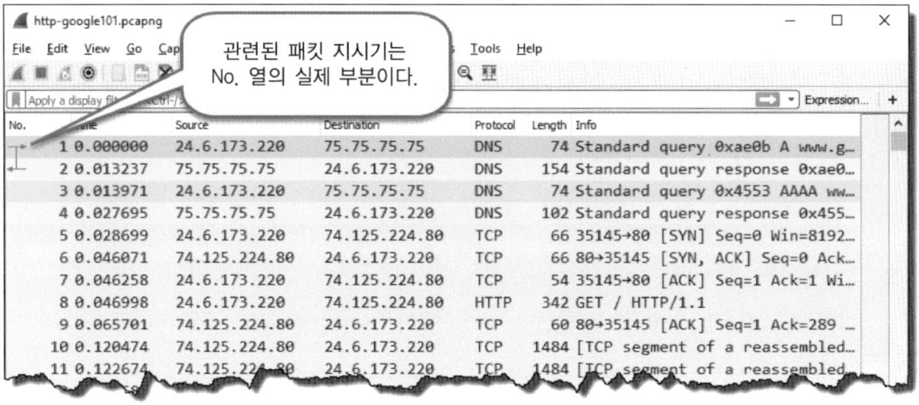

그림 12 패킷 목록 창에 있는 7개의 디폴트 열. [http-google101.pcapng]

관련된 패킷 지시기

No. 열 왼쪽에 관련된 패킷 지시기[packet indicator]를 볼 수 있다. 관련된 패킷 지시기는 스트림(대화라고도 함)에 있는 패킷 간의 관계를 보여준다.

관련된 패킷 지시기는 선택된 패킷에 따른 같은 스트림에 있는 패킷의 관계만 보여준다. 예를 들면 DNS 조회 패킷을 선택하면 관련된 패킷 지시기는 이 패킷을 연관된 DNS 응답과 연결해 준다(추적 파일에 있다면). TCP 스트림에 있는 프레임을 선택하면 선택된 패킷에 의해 확인 응답된 패킷을 가리키는 체크마크와 같은 재미있는 정보를 볼 수 있다.

http-google101.pcapng를 이용해 시도해보라. 프레임 1을 클릭하고 관련된 패킷 지시기가 프레임 1을 프레임 2와 링크시킨 것을 보게 될 것이다. 프레임은 DNS 조회이고, 프레임 2는 관련된 응답이다. 프레임 6을 클릭하면 스트림의 시작을 가리키는 라인을 보게 될 것이고, 선택된 패킷이 프레임 5에 대해 확인 응답한 것을 가리키는 프레임 5 다음에 체크마크를 볼 것이다. 그림 13은 마킹된 여러 가지 관련된 패킷 지시기를 보여준다.

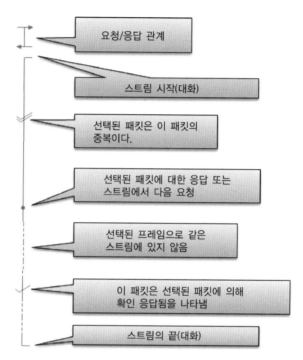

그림 13   관련된 패킷 지시기는 관련 패킷을 빨리 찾는 데 도움이 된다.

패킷 목록 창 안에서 열을 정렬하라

앞에서 이야기한 것처럼 원하는 열 머리부를 클릭하면 패킷 목록 창을 정렬할 수 있다. 예를 들면 http-google101.pcapng를 살펴볼 때 Protocol 열 머리부^{heading}를 클릭하면 와이어샤크는 그림 14에 나타난 DNS, HTTP, TCP(알파벳 오름차순으로)로 프레임을 재정렬한다.

원본 순서(낮은 것에서 높은 순으로)대로 패킷 목록 창을 재정렬하려면 Number ("No.") 열 머리부를 한 번 클릭한다.

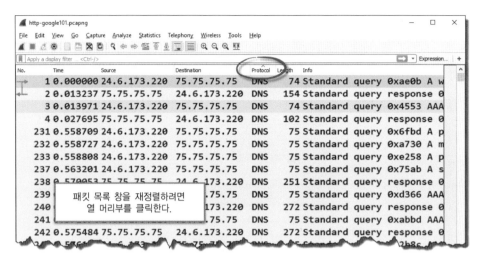

그림 14 어떤 열 머리부를 낮은 것에서 높은 순으로 정렬하려면 한 번 클릭한다(한 번 더 클릭하면 높은 것에서 낮은 순으로 정렬한다). [http-google101.pcapng]

열을 재정렬하기

열 머리부를 클릭하고 오른쪽이나 오른쪽으로 드래그해서 열의 위치를 변경할 수 있다. 그림 14에서 Time 열을 오른쪽으로 이동한다.

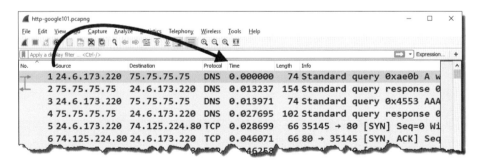

그림 15 열을 재정렬하려면 열 머리부를 클릭하고 왼편이나 오른편으로 드래그하면 된다. [http-google101.pcapng]

열을 숨기거나, 표시하거나, 재명명하거나, 제거하려면 열 머리부 위를 오른쪽 클릭한다

드롭다운 메뉴 안에서 선택 사양을 보려면 해당 열 머리부를 오른쪽 클릭한다. 그림 16에 나타난 것처럼 열 이름을 클릭하면 토글 온/오프된다.[8]

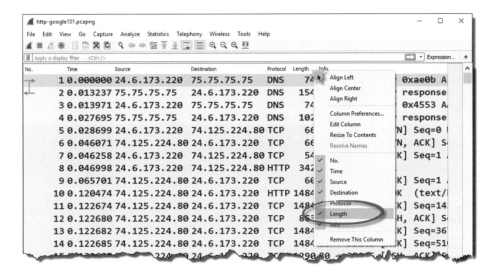

그림 16 열 옵션 메뉴를 보려면 원하는 열이나 머리부를 오른쪽 클릭한다. 열을 보지 않으려면 목록에 있는 열을 해제하면 된다. [http-google101.pcapng]

목록에 있는 열을 제거하려면 Remove This Column을 선택하면 된다.

이용 가능한 옵션을 보려면 패킷 목록 창 안을 오른쪽 클릭한다

와이어샤크 윈도우와 뷰의 대부분은 오른쪽 클릭 기능을 지원한다. 무엇이 가능한지 보려면 그림 16에서 보여주는 것처럼 패킷 목록 창에서 아무 패킷이나 오른쪽 클릭하라.

---

8 다른 열에 들어있는 더 많은 정보를 보도록 하기 위해 이 책의 여러 곳에 열을 감췄다.

이 책에서 필터를 적용하거나, 트래픽에 색상을 나타내거나, 트래픽(follow streams)을 재조립하거나, 와이어샤크에게 다른 방법으로 어떤 것을 분석하거나 하는 등을 위해서는 오른쪽 클릭 기능을 사용한다.

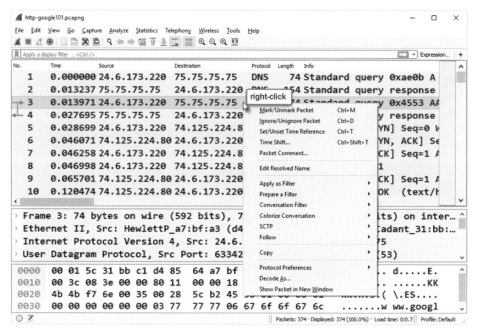

그림 17   이용 가능한 기능을 보려면 패킷 목록 창에서 어떤 패킷이든 오른쪽 클릭하라.

[http-google101.pcapng]

사용자의 편리를 위해 패킷에 색상을 적용한다

와이어샤크는 트래픽 유형을 구분하고 네트워크 문제점을 빠르게 파악하는 데 도움을 주려고 여러 가지 디폴트 컬러링 규칙coloring rule이 있다. 이 컬러링 규칙은 쉽게 변경할 수 있고, 통상적이지 않은 트래픽에 대해 경고를 하기 위한 추가적인 컬러링 규칙을 생성할 수 있다. 4장의 '적용된 컬러링 규칙 확인' 절에 있는 컬러링 규칙으로 작업을 할 것이다.

패킷 상세 창 안으로 깊이 들어가 보자

패킷 목록 창 안의 패킷 위를 클릭할 때 와이어샤크는 패킷 상세 창(중간 화면) 안에 해당 패킷에 대한 상세한 내용을 보여준다. 패킷 상세 창은 와이어샤크 해석기의 능력을 보여준다.

앞에서 이야기한 것처럼 프레임 섹션은 네트워크를 여행하는 동안 패킷의 일부가 아니다(그림 17에서 보여주는 것처럼 와이어샤크는 프레임이 언제 도착했는지, 무슨 컬러링 규칙이 프레임 숫자, 프레임 길이에 적용됐는지와 같은 프레임에 관한 추가적인 정보를 위해 프레임 섹션을 추가한다).

패킷 상세 창으로 이동해서 프레임 섹션을 펼쳐 보려면 ⟩ 지시기를 클릭한다. 다른 방법으로 전체 프레임을 확장(Expand All)하거나 하나의 접혀진 섹션만을 확장(Expand Subtrees)하려면 오른쪽 클릭을 활용할 수 있다.

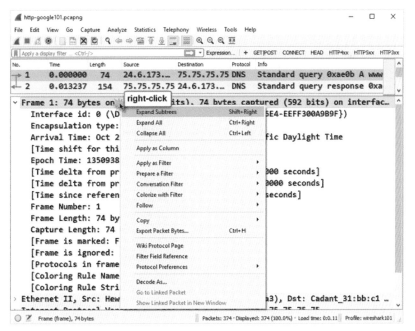

그림 18 프레임 섹션은 도착 타임스탬프, 프레임 숫자, 해당 프레임에 적용된 해석기와 같은 메타데이터를 포함한다. [http-google101.pcapng]

패킷 바이트 창에서 컴퓨터 언어를 보게 된다

이것이 '컴퓨터 언어 화면'이다. 그림 19에서 보이는 것처럼 패킷 바이트 창은 16진수와 ASCII 형식으로 프레임의 내용을 보여준다. 프레임에 읽을 수 있는 문자열이 아무것도 없다면 ASCII 부문은 의미 없는 것처럼 보일 것이다. 와이어샤크가 프레임 안의 '데이터'를 살펴볼 때 이 화면을 조사할 수 있을 것이다.

패킷 상세 창 안의 필드를 집중 조명할 때 와이어샤크는 패킷 바이트 창 안의 해당 필드의 위치와 필드에 포함된 바이트를 집중 조명할 수도 있다. 와이어샤크는 바이트 영역을 살펴볼 때 커서 아래에 직접 필드를 가리킨다.

패킷 바이트 창을 보지 않으려면 창의 맨 밑으로 드래그하면 된다. 다시 이를 보이게 하려면 커서를 아래에서 위로 드래그하면 된다.

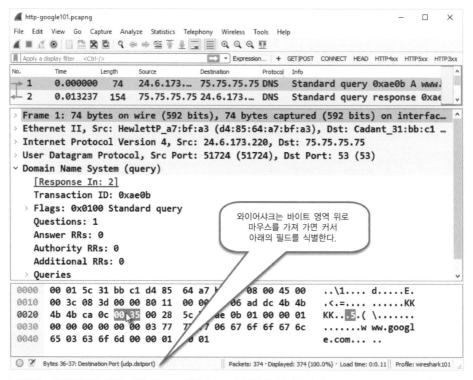

그림 19 패킷 바이트 창은 패킷 안에 포함된 ASCII 문자열을 보여준다. [http-google101.pcapng]

상태 바에 주의를 기울이자

상태 바status bar는 2개의 버튼과 3개의 열로 구성된다. 이 열은 필요에 따라 크기가 조절될 수 있다.

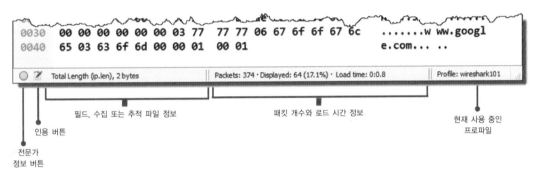

그림 20 상태 바 내용은 패킷 목록 창이나 패킷 상세 창 안에서 무엇을 클릭하는가에 따라 변한다.
[http-google101.pcapng]

Expert Information 버튼으로 문제점을 찾아라

첫 버튼은 Expert Information 버튼 ◯이다. 이 버튼은 Expert Information 창 안에 포함된 정보의 가장 상위 수준을 보여주려고 색상화돼 있다. Expert Information 창은 패킷 설명문처럼 추적 파일 안에 보이는 여러 가지 네트워크 관심사에 대해 경고할 수 있다. 5장의 '상태 바의 Expert Infos 버튼 이용' 절에서 Expert Information 창으로 작업할 것이다.

Annotation 버튼으로 추적 파일에 Notes를 추가한다

두 번째 버튼은 추적 파일 Annotation 버튼 ✍이다. 추적 파일 설명문을 추가하거나, 편집하거나, 보기 위해 이 버튼을 클릭한다. 이 특성은 추적 파일이 .pcapng 형식으로 저장됐을 때만 사용될 수 있다.

첫 번째 열: 필드, 수집, 추적 파일 정보 알아보기

첫 번째 열 안에 보이는 정보(Annotation 버튼의 오른쪽)는 해당 창 안에 무엇이 집중 조명됐는지 또는 라이브 추적 파일을 구동하는지에 따라 달라진다. 그림 20에서 평문 필드 이름, 대응하는 디스플레이 필터 이름과 필드 길이[9]를 보게 된다. 첫 번째 열 내용의 변화를 보려면 패킷 상세 창 안을 클릭한다.

두 번째 열: 패킷 수(총수와 디스플레이된 패킷 수) 알아보기

저장된 추적 파일을 열었을 때 두 번째 열은 파일 안의 전체 패킷 개수, 현재 디스플레이된 (디스플레이 필터가 적용된 경우의) 패킷의 개수와 비율, 마크된 패킷('관심 있는'으로 패킷이 마크됐을 때)의 개수와 비율, 추적 파일을 로드하는 데 필요한 시간의 총량을 표시한다. 라이브 수집 동안 이 열은 수집되고, 디스플레이되고, 마크된 패킷의 개수를 보여준다.

그림 20에서 http-google101.pcapng가 374개의 패킷을 포함하고 디스플레이 필터가 적용된 것을 볼 수 있다. 64개의 패킷만이 디스플레이 필터와 일치했다.

세 번째 열: 현재 프로파일 결정하기

세 번째 열은 현재 프로파일을 나타낸다. 그림 20은 Wireshark101이라는 프로파일에서 작업 중임을 나타낸다. 프로파일은 사용자의 와이어샤크 환경에 맞게 생성됐다.

프로파일에 관한 더 자세한 정보는 1장의 '서로 다른 작업(프로파일)을 위해 와이어샤크 꾸미기' 절을 참조하라.

---

9 이것은 나중에 디스플레이 필터를 생성할 때 중요한 기능이다.

⚠️ TIP

와이어샤크를 사용해 효율성을 높이려면 2가지가 가능하다.

첫째, 오른쪽 클릭 기능이 가능한지 알아보려면 와이어샤크 안의 다양한 패킷, 필드, 윈도우 위에서 오른쪽 클릭을 시도해보라. 많은 작업이 오른쪽 클릭을 할 때만 이용 가능하다. 오른쪽 클릭 방법을 활용해 좀 더 빠르게 수행할 수 있다.

둘째, 와이어샤크의 메인 툴바를 알고 가능할 때마다 이것을 활용하라.

와이어샤크가 시작 페이지로 시작하지만 한번 시작 페이지를 떠나면 추적 파일을 닫거나 와이어샤크를 재시작하지 않으면 시작 페이지로 돌아가지 않는다. 시작 페이지로 돌아가는 대신에 추적 파일로 작업하려면 메인 툴바와 오른쪽 클릭 방법을 활용한다.

🖳 실습 1: 네트워크 구성도를 완성하려면 패킷을 이용하라

트래픽을 분석할 때 패킷을 통해 알게 된 내용을 통해 네트워크 구성도를 파악하도록 노력하라. 패킷을 누가 보내고 있는가? 대상은 누구인가? 이들의 MAC과 IP 주소는 무엇인가? 하나의 장치를 통해 여러 호스트가 대화를 한다면 이것은 라우터일 것이다. 스위치는 투명하지만 클라이언트가 라우터에 도달하려면 스위치를 경유해야 한다는 것을 가정해야 한다.

이 실습에서 네트워크의 구성도를 완성하기 위해 MAC과 IP 주소를 조사할 것이다. 뿐만 아니라 여러 호스트에서 실행 중인 애플리케이션이 무엇인지 파악하려고 Protocol 칼럼을 살펴볼 것이다. 붉은 글씨(eBook 버전만 보인다[10])는 현재 프레임으로 부터 이 정보를 알았다는 것을 표시한다.

와이어샤크를 시작하고 메인 도구 바 위의 File Open 버튼 🔲을 클릭하고, 이 파일을 열기 위해 general101.pcapng를 더블 클릭한다.

---

10 원서를 읽는 사람들은 색상을 보기 위해 와이어샤크에 있는 추적 파일을 열어야 한다. 컬러 인쇄된 책은 가격이 비싸 원서는 흑백으로 인쇄돼 있다. 그러나 ebook 버전은 컬러로 돼 있고, 한국어판도 컬러로 인쇄했다.

프레임 1

```
Frame 1: 134 bytes on wire (1072 bits), 134 bytes captured (1072 bits) on interface 0
Ethernet II, Src: Cadant_31:bb:c1 (00:01:5c:31:bb:c1), Dst: IPv6mcast_01 (33:33:00:00:00:01)
Internet Protocol Version 6, Src: fe80::201:5cff:fe31:bbc1, Dst: ff02::1
```

패킷 목록 창을 살펴본다. 프레임 1은 IPv6를 사용한다. 이더넷 안과 패킷 상세 창(아래에 보이는) 안에 있는 이 프레임에 대한 IP 헤더를 살펴본다. 이것은 IPv6 멀티캐스트(목적지 이더넷 주소 필드의 IPv6mcast 목적지를 주목하라)로 보인다.

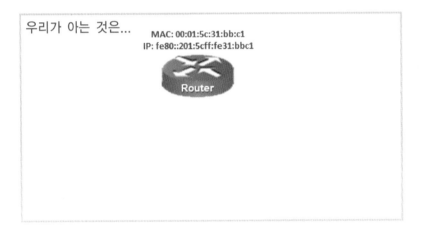

프레임 2

```
Frame 2: 60 bytes on wire (480 bits), 60 bytes captured (480 bits) on interface 0
Ethernet II, Src: Cadant_31:bb:c1 (00:01:5c:31:bb:c1), Dst: Broadcast (ff:ff:ff:ff:ff:ff)
Address Resolution Protocol (request)
```

프레임 2는 ARP 패킷이다. 이더넷 헤더 안을 살펴보고 난 후에 패킷의 ARP 부문을 살펴본다. 이ARP 요청은 목적지 IP 주소의 MAC 주소를 알기 위해서 보낸 것이다.

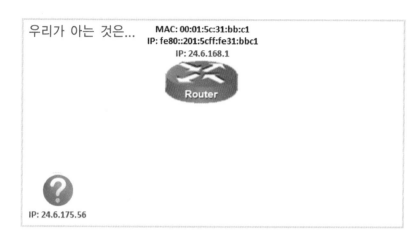

프레임 3

```
Frame 3: 66 bytes on wire (528 bits), 66 bytes captured (528 bits) on interface 0
Ethernet II, Src: HewlettP_a7:bf:a3 (d4:85:64:a7:bf:a3), Dst: Cadant_31:bb:c1 (00:01:5c:31:b|
Internet Protocol Version 4, Src: 24.6.173.220, Dst: 216.168.252.157
Transmission Control Protocol, Src Port: 41865, Dst Port: 80, Seq: 0, Len: 0
```

프레임 3은 HTTP 포트에 대한 TCP 핸드셰이크 패킷이다. 다시 한 번 네트워크의
구성도를 완성하기 위해 이더넷 헤더와 IP 헤더를 살펴본다. 타겟이 응답하지 않았으
므로 타겟이 그곳에 있다고 말할 수 없다. 네트워크상에서 응답할 때까지 물음표로
표시할 것이다.

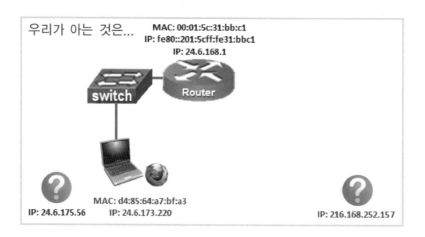

우리가 아는 것은...
MAC: 00:01:5c:31:bb:c1
IP: fe80::201:5cff:fe31:bbc1
IP: 24.6.168.1

switch
Router

MAC: d4:85:64:a7:bf:a3
IP: 24.6.175.56   IP: 24.6.173.220   IP: 216.168.252.157

프레임 4

```
Frame 4: 66 bytes on wire (528 bits), 66 bytes captured (528 bits) on interface 0
Ethernet II, Src: Cadant_31:bb:c1 (00:01:5c:31:bb:c1), Dst: HewlettP_a7:bf:a3 (d4:85:64:a7:b
Internet Protocol Version 4, Src: 216.168.252.157, Dst: 24.6.173.220
Transmission Control Protocol, Src Port: 80, Dst Port: 41865, Seq: 0, Ack: 1, Len: 0
```

프레임 4는 프레임 3에 대한 응답이다. 이제 구성도에 새로운 HTTP 서버를 그릴 수 있다. 프레임 4 안의 발신지 MAC 주소를 살펴보자. 이것은 발신지 서버가 아닌 라우터에서 왔다.

라우터는 수신된 MAC 헤더를 벗겨내고 새로운 MAC 헤더를 적용한다는 점을 명심하라. 새로운 MAC 헤더에는 새로운 발신지 MAC 주소로서 이 네트워크에 있는 라우터의 인터페이스 주소와 새로운 목적지 MAC 주소로서 목적지 장치의 주소를 포함한다. 이것이 라우터가 패킷을 전달하는 방법이다. 로컬 네트워크상에서 로컬 라우터의 MAC 주소로 오는 많은 서로 다른 IP 주소를 가진 트래픽을 볼 수 있다 .

프레임 5는 TCP 3 방향three-way 핸드셰이크를 종료한다.

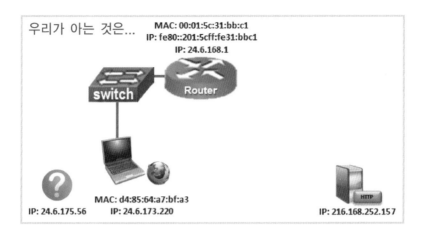

프레임 6

```
Frame 6: 152 bytes on wire (1216 bits), 152 bytes captured (1216 bits) on interface 0
Ethernet II, Src: HewlettP_a7:bf:a3 (d4:85:64:a7:bf:a3), Dst: Broadcast (ff:ff:ff:ff:ff:ff)
Internet Protocol Version 4, Src: 24.6.173.220, Dst: 255.255.255.255
User Datagram Protocol, Src Port: 17500, Dst Port: 17500
```

프레임 6은 클라이언트로부터 온 DB-LSB-DISC^{Dropbox LAN Sync Discovery Protocol} 패킷이다.
이 패킷은 브로드캐스트 주소로 보낸 것이다.

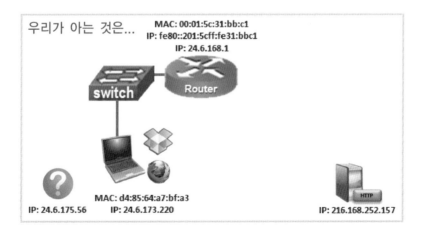

프레임 7

```
Frame 7: 66 bytes on wire (528 bits), 66 bytes captured (528 bits) on interface 0
Ethernet II, Src: AsustekC_19:9e:19 (c8:60:00:19:9e:19), Dst: Cadant_31:bb:c1 (00:01:5c:31:b
Internet Protocol Version 4, Src: 24.6.169.43, Dst: 199.59.150.9
Transmission Control Protocol, Src Port: 58403, Dst Port: 80, Seq: 0, Len: 0
```

프레임 7은 또 다른 TCP 핸드셰이크 패킷이지만 새로운 발신지와 목적지를 갖는다. 이제 새로운 발신지 MAC 및 IP 주소와 새로운 목적지 IP 주소를 그릴 수 있다. 타겟이 분명히 거기에 있다고 말하기 전에 타겟이 패킷을 보낼 때까지 기다려야 한다.

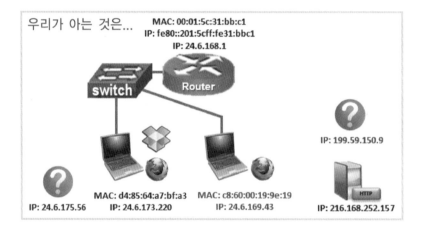

프레임 8

```
Frame 8: 66 bytes on wire (528 bits), 66 bytes captured (528 bits) on interface 0
Ethernet II, Src: Cadant_31:bb:c1 (00:01:5c:31:bb:c1), Dst: AsustekC_19:9e:19 (c8:60:00:19:9
Internet Protocol Version 4, Src: 199.59.150.9, Dst: 24.6.169.43
Transmission Control Protocol, Src Port: 80, Dst Port: 58403, Seq: 0, Ack: 1, Len: 0
```

프레임 8은 HTTP 서버(199.59.150.9)에서 오는 응답이다. 이 서버가 유선상에서 대화하는 것을 이제 알 수 있다. 프레임 9는 TCP 핸드셰이크의 마지막 부분이다.

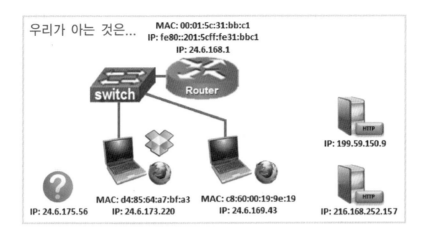

프레임 10

```
Frame 10: 66 bytes on wire (528 bits), 66 bytes captured (528 bits) on interface 0
Ethernet II, Src: AsustekC_19:9e:19 (c8:60:00:19:9e:19), Dst: Cadant_31:bb:c1 (00:01:5c:31:b
Internet Protocol Version 4, Src: 24.6.169.43, Dst: 107.21.109.41
Transmission Control Protocol, Src Port: 58405, Dst Port: 443, Seq: 0, Len: 0
```

프레임 10은 또 다른 로컬 호스트가 다른 서버에게 연결을 시도한다는 것을 표시한다.
이번에 타겟은 HTTPS 포트인 포트 443이다.

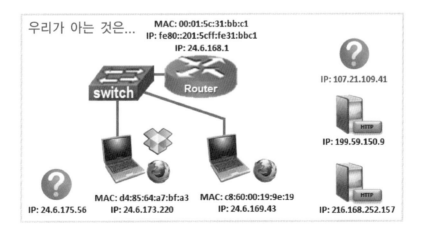

프레임 11

```
Frame 11: 66 bytes on wire (528 bits), 66 bytes captured (528 bits) on interface 0
Ethernet II, Src: Cadant_31:bb:c1 (00:01:5c:31:bb:c1), Dst: AsustekC_19:9e:19 (c8:60:00:19:9
Internet Protocol Version 4, Src: 107.21.109.41, Dst: 24.6.169.43
Transmission Control Protocol, Src Port: 443, Dst Port: 58405, Seq: 0, Ack: 1, Len: 0
```

프레임 11은 타겟으로부터 온 응답이다. 이제 타겟이 동작 중이라는 것을 가정할 수 있다. 프레임 12는 TCP 핸드셰이크와 추적 파일에서 처음 몇 개의 패킷을 조사함으로써 발견될 수 있는 네트워크의 구성도 그리기를 마무리한다.

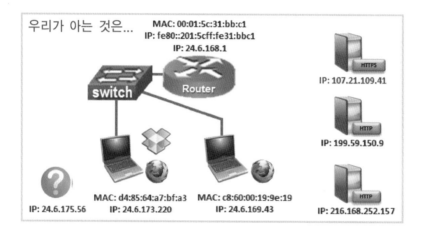

보다시피 서로 다른 대화는 대부분 동시에 일어난다. 우리가 살펴본 패킷을 기반으로 네트워크의 구성도를 완성할 수 있다. 트래픽을 기반으로 네트워크의 구성도를 완성하는 것은 분석에서 사용되는 공통 작업이다.

0.9 전형적인 네트워크 트래픽 분석

'전형적인 네트워크 트래픽'은 무엇인가? 이것이 제기된 질문이다. 모든 네트워크는 다르다. 다른 애플리케이션을 지원할 수 있고, 다른 네트워크 설계를 가질 수 있다. 그렇지만 대부분 로그인 절차와 웹 브라우징 세션 동안에 볼 수 있는 약간의 공통 패킷이 있다. 네트워크상에서 통상적으로 볼 수 있고, 일어나는 약간의 기본적인 TCP/IP 문제도 있다.

전형적인 웹 브라우징 프로세스에서 볼 수 있는 것을 간단하게 살펴보자. 그리고 볼 수 있는 백그라운드 트래픽 유형을 살펴보자.

웹 브라우징 트래픽 분석

http-google101.pcapng[11]를 열고 누군가가 www.google.com[12]을 방문할 때 생성되는 트래픽을 따라가면서 살펴보자.

전형적인 웹 브라우징 세션에서 추적 파일은 호스트 이름('A' 레코드로 언급된다)을 IP 주소로 변환하기 위한 DNS 요청(프레임 1)을 포함할 것이다. DNS 응답은 최소한 해당 호스트 이름과 관련된 하나의 IP 주소(프레임 2)를 돌려보낼 것이다.

클라이언트가 IPv4와 IPv6를 모두 지원한다면 IPv6 주소('AAAA' 레코드로 언급된다)를 찾기 위한 요청을 발견할 것이다(프레임 3). DNS 서버는 IPv6 주소나 부가적인 정보 (프레임 4) 중 하나로 응답할 것이다.

---

11 이 책에서 언급된 이 추적 파일과 다른 모든 추적 파일은 www.wiresharkbook.com에서 이용 가능하다.

12 사용자가 www.google.com과의 웹 브라우징 트래픽은 상당히 다를 것이다. 최근에 접속한 적이 있다면 브라우저는 캐시에 구글 웹사이트의 일부를 갖고 있을 것이다. 구글 서버로부터 보낸 요소들은 보지 못할 것이다.

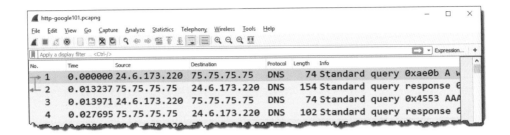

다음에 클라이언트와 웹 서버(프레임 5, 6, 7) 간의 TCP 3 방향 핸드셰이크를 보고, 그 후에 메인 페이지(‘/’)를 GET하기 위한 클라이언트의 요청을 본다(프레임 8). 서버는 요청의 수신을 확인 응답하고(프레임 9), OK 회신을 보낸다(프레임 10).[13] 이제 서버는 클라이언트에게 메인 페이지를 보내기 시작한다(프레임 11).

```
 5  0.028699 24.6.173.220 74.125.224.80 TCP    66 35145 → 80 [SYN] Seq=0 Win=8
 6  0.046071 74.125.224.80 24.6.173.220 TCP    66 80 → 35145 [SYN, ACK] Seq=0
 7  0.046258 24.6.173.220 74.125.224.80 TCP    54 35145 → 80 [ACK] Seq=1 Ack=1
 8  0.046998 24.6.173.220 74.125.224.80 HTTP  342 GET / HTTP/1.1
 9  0.065701 74.125.224.80 24.6.173.220 TCP    60 80 → 35145 [ACK] Seq=1 Ack=2
10  0.120474 74.125.224.80 24.6.173.220 HTTP 1484 HTTP/1.1 200 OK  (text/html)
11  0.122674 74.125.224.80 24.6.173.220 TCP  1484 80 → 35145 [ACK] Seq=1431 Ac
```

주기적으로 클라이언트는 동일 서버인 www.google.com 페이지(프레임 36)의 다른 요소를 요청한다.

```
35  0.157371 24.6.173.220 74.125.224.80 TCP    54 35145 → 80 [ACK] Seq=289 Ack
36  0.217660 24.6.173.220 74.125.224.80 HTTP  602 GET /images/icons/product/ch
37  0.218226 24.6.173.220 74.125.224.80 TCP    66 35146 → 80 [SYN] Seq=0 Win=8
38  0.221804 24.6.173.220 74.125.224.80 TCP    66 35147 → 80 [SYN] Seq=0 Win=8
39  0.235776 74.125.224.80 24.6.173.220 TCP    60 80 → 35145 [ACK] Seq=29675 A
40  0.236830 74.125.224.80 24.6.173.220 HTTP 1484 HTTP/1.1 200 OK  (PNG)[Unrea
41  0.237959 74.125.224.80 24.6.173.220 TCP   779 80 → 35145 [PSH, ACK] Seq=31
```

---

13 프레임 10에 OK 대신에 [TCP segment of a reassembled]가 나타나면 염려하지 마라. 와이어샤크는 디폴트로 클라이언트에게 보내진 데이터 부분에 OK 응답이 포함된 것은 재조립된 메시지를 나타낸다.

뿐만 아니라 www.google.com상에 또 다른 웹사이트로 링크가 있을 때 클라이언트는 그다음 사이트(예를 들어 프레임 231, 232, 233에서처럼)에 대한 DNS 질의를 만들 것이다. 이러한 DNS 질의는 자바스크립트 메뉴바가 로드될 때 트리거된다. DNS 요청을 클릭하면 관련 패킷 지시기는 DNS 응답을 가리킨다.

```
  231 0.558709 24.6.173.220  75.75.75.75    DNS    75 Standard query 0x6fbd A plu
  232 0.558727 24.6.173.220  75.75.75.75    DNS    75 Standard query 0xa730 A map
  233 0.558808 24.6.173.220  75.75.75.75    DNS    75 Standard query 0xe258 A pla
  234 0.560238 24.6.173.220  74.125.224.80 HTTP   590 GET /images/nav_logo114.png
  235 0.561255 24.6.173.220  74.125.224.80 HTTP   952 GET /csi?v=3&s=webhp&action
  236 0.561458 24.6.173.220  74.125.224.80 HTTP   576 GET /favicon.ico HTTP/1.1
  237 0.563201 24.6.173.220  75.75.75.75    DNS    75 Standard query 0x75ab A ssl
  238 0.570053 75.75.75.75   24.6.173.220   DNS   251 Standard query response 0x6
  239 0.570888 24.6.173.220  75.75.75.75    DNS    75 Standard query 0xd366 AAAA
```

다음에 나타난 것처럼 DNS 조회와 메뉴 간의 연관 관계를 볼 수 있을 것이다.

메인 Google 페이지를 열었을 때 네트워크를 따라 전달되는 트래픽에 대한 느낌을 갖도록 추적 파일 전반을 계속 살펴본다.

백그라운드 트래픽 예제 분석

당신의 네트워크상에서 약간의 '백그라운드 트래픽'을 확실하게 볼 수 있을 것이다. 백그라운드 트래픽은 자동화된 프로세스들이 구동될 때 생성된다(사용자 상호작용은 필요하지 않다). 백그라운드 트래픽은 자바가 업데이트를 살펴보거나, 당신의 바이러스 탐지 도구가 업데이트를 살펴보거나, 드롭박스가 체크인하거나, IPv6가 IPv6 라우터를 발견하려고 노력할 때 등의 상황에서 발견된다.

백그라운드 트래픽과 친숙해지면 문제점을 해결할 때 이를 인식할 수 있다. 문제점과 아무런 상관이 없는 백그라운드 프로세스의 문제를 해결하려고 시간을 낭비하지 않는다.

mybackground101.pcapng를 열어 실습 장비 중 하나에서 온 백그라운드 트래픽을 살펴본다. 실험실 호스트에 대한 백그라운드 트래픽의 해석은 다음과 같다.

- 프레임 1에서 시작해 67.217.65.244로 가는/로부터 오는 트래픽을 본다(주소를 검사하려고 DomainTools.com과 같은 IP 주소 검색 사이트를 사용하고, 이것이 Citrix 임을 알게 된다). 그것으로 충분하다. 이 실습 호스트는 모두 Citrix가 소유한 GoToAssist, GoToMeeting, GoToMyPC 애플릿을 구동하고 있다.

- 프레임 25에서 실습 호스트(이것은 윈도우 7 호스트다)상에서 활성화된 IPv6 스택에서 생성된 ICMPv6 Neighbor Notifications를 본다.

- 프레임 27에서 Local Master Announcement를 본다. 패킷 상세 창을 확장하면 실습 호스트는 VID02라고 불린다는 것을 안다.

- 프레임 28에서 시작해 javadl-esd-secure.oracle.com를 위한 약간의 DNS 질의를 볼 수 있다. 호스트는 Akamai 호스트(패킷 상세 창을 확장해 바로 tidbit에 대한 DNS 회신 내부를 조사한다)에서 자바를 업데이트하고 있는 것 같다.

- 프레임 33은 네트워크상에 IPv6 라우터가 있다는 것을 알려준다(ICMPv6 라우터 광고 패킷을 본다).

- 프레임 83은 네트워크상으로 브로드캐스트하는 DHCP ACK다(그것은 도메인이 comcast.net이라는 것을 표시한다). 음, 그것이 실습 네트워크를 서비스하는 ISP다.

- 프레임 95는 192.168.1.105에게로의 SNMP get 요청이다(추적 파일 안에서 응답을 볼 수 없다). 이것은 흥미로운 것이다. 이것은 실습 호스트가 그 주소의 네트워크 프린터를 조사하게 구성됐다는 것으로 보인다. 그러나 그런 프린터는 존재하지 않는다(그 기계를 제거할 필요가 있다고 추측된다).

- 프레임 96에서 시작해 실습 호스트는 Dropbox도 구동하고 있다는 것을 알 수 있다(그곳에서 약간의 Dropbox LAN Sync 발견 프로토콜 트래픽을 본다).

- 프레임 118에서 시작해 실습 호스트는 백업을 위해 Memeo도 구동하고 있다는 것을 알 수 있다. 약간의 HTTP 트래픽이 www.memeo.info(패킷 상세의 확장된 HTTP 부분 안의 프레임 121)와 api.memeo.info(패킷 상세의 확장된 HTTP 부분 안의 프레임 134)로 가고 있다는 것을 알 수 있다.

백그라운드 트래픽 분석 세션의 느낌이 무엇인지가 바로 이것이다(트래픽 조사를 통해 '정상'이 무엇인지 정의한다). 무엇이 정상인지 안다면 무엇이 비정상인지 탐지하는 것을 알 수 있다.

예를 들면 프레임 411은 백그라운드 추적 파일 안에서 보려고 기대한 일상적인 트래픽과 일치하지 않는다.

그림 21에서 기대하지 않은 들어오는 TCP 연결 시도(SYN)를 볼 수 있다(이것은 서버가 아니라 클라이언트다). 패킷 상세 창에서 패킷이 보안 셸^{Secure Shell} 포트(22)로 보내지는 것을 볼 수 있다(이것은 관심 있는 대상이다). TCP 헤더와 관련해 약간 잘못됐다고 와이어샤크가 표시한 것도 볼 수 있다(Acknowledgment Number 필드 안에 비정상 값이 있다).

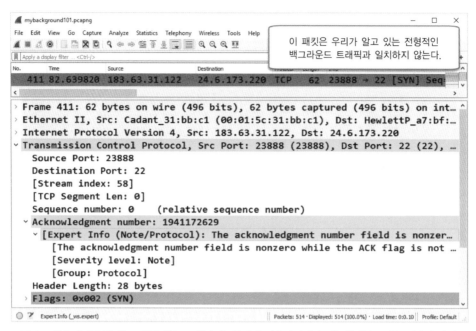

그림 21 건초더미를 잘 알고 이를 옆으로 옮길 수 있다면 건초더미에서 바늘을 찾는 것은 어렵지 않다.
[mybackground101.pcapng]

그래서 이 183.63.31.122 호스트는 누구인가?

발신지 IP 주소를 연구하면 다음과 같은 정보를 얻을 수 있다.

inetnum: 183.0.0.0 - 183.63.255.255

netname: CHINANET-GD

descr: CHINANET Guangdong province?network

descr: Data Communication Division

descr: China Telecom

country: CN

status: ALLOCATED PORTABLE

remarks: service provider

물론 이 주소는 호스트의 포트 22에서 스캔된 293,000개가 넘는 보고서로 가득 찬 인터넷 스톰 센터Internet Storm Center[14]에서 팝업했다.

네트워크는 다양한 백그라운드 프로세스들이 구동돼서 매우 소란스러울 수 있지만, '정상'적인 것과 친숙해지도록 약간의 시간을 소비할 수 있다면 실제 범인을 찾으려고 애쓰지 않아도 된다.

TIP

> 이 책에서 필터링에 대해 많이 배울 것이다. 무엇이 '정상'인지 안다면 이 관점에서 정상 트래픽을 제거하기 위한 필터를 구성하는 것을 고려하라. 필터링으로 제거한 후에 남는 것은 하나 이상의 반짝이는 바늘로서 훌륭한 트래픽일 것이다.

실습 2: 사용자 자신의 백그라운드 트래픽 수집과 분류

한숨을 돌리고 나서 이 절 안에서 우리가 한 것처럼 사용자 자신의 백그라운드를 수집해보자. 수집을 완료했을 때 결과로 나타나는 추적 파일을 연구해서 키보드를 건드리지 않았을 때 당신의 기계로/로부터의 모든 트래픽을 특성화할 수 있는지 알아본다.

1단계   와이어샤크를 제외하고, 당신의 시스템에서 구동되는 모든 정상 백그라운드 애플리케이션을 닫는다.

2단계   메인 툴바 위의 Capture Option 버튼 ⊙을 클릭한다.

3단계   스파크라인sparkline에서 활성 중인 트래픽을 나타내는 인터페이스를 선택한다. 스파크라인에서 액티비티가 보이지 않으면 참고 기다리거나 또 다른 호스트로 ping하려는 명령어 프롬프트를 토글하거나 트래픽을 생성하기 위해 인터넷을 브라우징한다.

---

14 isc.sans.edu/ipinfo.html?ip=183.63.31.122를 보라.

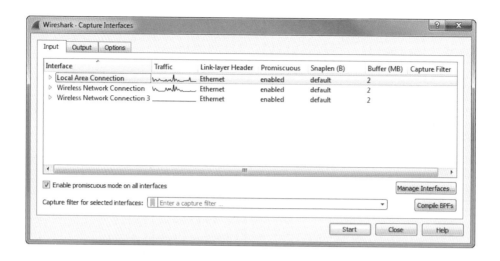

4단계   Start를 클릭한다. 최소한 5분(기다릴 수 있다면 그 이상) 동안 수집하도록
한다.

5단계   메인 툴바 위의 Stop Capture 버튼 ■을 클릭한다.

시스템의 백그라운드에서 구동되는 애플리케이션을 식별하도록 추적 파
일에 약간의 시간을 준다. Protocol 열과 Info 열에 집중한다.

애플리케이션을 인식하지 못했다면 시스템이 통신하는 IP 주소에 대해 약
간의 연구를 수행한다. 대부분 네트워크상의 다른 호스트로부터의 브로드
캐스트 또는 멀티캐스트 트래픽을 볼 수 있을 것이다.

6단계   이 파일을 저장하려면 메인 툴바 위의 Save 버튼 ▦을 클릭하고, 대상
디렉터리로 찾아가서 파일을 background1.pcapng로 명명한다.

자신의 백그라운드 트래픽을 인식하는 것은 비정상 통신을 조사할 때 이 종류의 고려
사항을 제거하는 데 도움이 될 것이다. 문제 해결을 할 때 참조할 수 있게 '정상' 트래
픽을 추적 파일로 저장하는 것을 고려하라.

0.10 다른 도구에서 수집된 추적 파일 열기

와이어샤크가 패킷 수집과 분석 도구 분야에서 산업 표준으로 간주되기는 하지만, 이용 가능한 다른 도구가 많다. 어떤 도구가 와이어샤크와 상호 동작할 수 있는지 아는 것은 중요하다.

일부 트래픽 캡처 도구들은 와이어샤크의 기본 .pcapng 형식의 파일이 아닌 다른 형식으로 파일을 저장한다. 와이어샤크는 자신의 Wiretap 라이브러리를 사용해 와이어샤크가 표시할 수 있는 형식으로 변환한다. 예를 들면 Sun Snoop(.snoop 파일 확장자를 가진)을 사용해 수집한 추적 파일을 받았다면 와이어샤크는 Wiretap 라이브러리를 사용해 입력/출력 기능을 수행한다(분석을 위해 프레임을 와이어샤크에 전달한다).

메인 툴바 위의 File Open 버튼 을 클릭한다, Files of type 영역의 옆에 있는 화살표 위를 클릭한다. 그림 22에서처럼 와이어샤크는 인식된 모든 파일 유형을 나열한다.

그림 22 Files of type 옆의 화살표를 클릭해 와이어샤크가 인식하는 모든 종류의 추적 파일 형식을 본다.

TIP

누군가가 추적 파일을 보냈는데 와이어샤크가 형식을 인식할 수 없으면 먼저 파일 확장자를 .pcap(구형의 기본 추적 파일 형식)으로 변경하고, 와이어샤크에서 이를 여는 시도를 한다. 동작하지 않으면 트래픽를 수집하는 데 어떤 도구를 사용했는지 물어본다! 와이어샤크는 상당히 많은 형식을 이해하기 때문에 인식할 수 없는 형식으로 된 추적 파일을 받는 것은 매우 드물다.

📺 실습 3: 네트워크 모니터 .cap 파일 열기

이 실습에서 와이어샤크의 Wiretap 라이브러리를 사용해 마이크로소프트의 네트워크 모니터에서 수집된 파일을 여는 데 사용할 것이다.[15]

1단계   메인 툴바 위의 File Open 버튼 📄을 클릭한다.

2단계   당신의 추적 파일 디렉터리로 찾아가서 http-winpcap101.cap을 클릭한다. 다음 그림에 나타난 것처럼 와이어샤크는 추적 파일 내부를 살펴 트래픽을 수집하는 데 사용된 도구를 식별한다. 이 파일은 마이크로소프트의 네트워크 모니터(NetMon) v3.4를 사용해 수집됐지만, 와이어샤크는 그것이 형식 v3.4로 저장됐으므로 이를 NetMon v2로 표시한다.

---

15 마이크로소프트 네트워크 모니터는 마이크로소프트 메시지 분석기로 대체됐다. 그러나 메시지 분석기는 여전히 네트워크 모니터 .cap 형식으로 추적 파일을 저장할 수 있다.

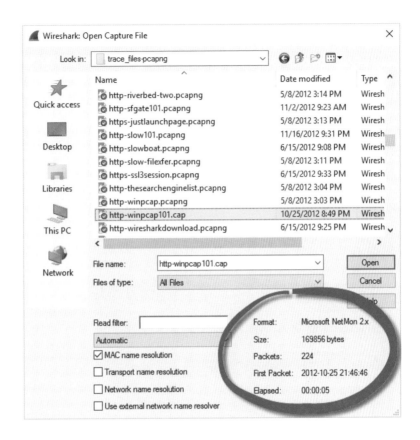

3단계   Open을 클릭한다. 파일이 열리면 File > Save As를 선택하고, Files of
        Type 옆의 드롭다운 메뉴 화살표를 클릭한다. Wireshark – pcapng
        (*.pcapng.gz;*.pcapng.gz;*.ntar;*.ntar.gz)와 파일 이름 http-winpcap101.
        pcapng를 선택한다.

와이어샤크는 대부분의 다른 산업 도구에서 생성된 추적 파일을 인식할 수 있고 열
수 있다. 한 번 열면 이 추적 파일이 네트워크 모니터로 수집됐다는 사실을 분명히
알게 될 것이다.

도전 과제

challenge101-0.pcapng를 열고 도전 과제에 답하기 위해 0장에서 설명한 기술을 이용하라. 해답은 부록 A에 있다.

메인 와이어샤크 뷰를 기반으로 통신에 관해 무엇을 배울 수 있는지에 집중할 것이다.

질문 0-1   이 추적 파일에는 얼마나 많은 패킷이 있는가?

질문 0-2   IP 호스트는 무엇으로 프레임 1, 2, 3 안에서 TCP 연결을 만드는가?

질문 0-3   프레임 4로 보낸 HTTP 명령어는 무엇인가?

질문 0-4   이 추적 파일 안에서 가장 긴 프레임 길이는 얼마인가?

질문 0-5   어떤 프로토콜이 Protocol 열에 보이는가?

질문 0-6   HTTP 서버가 보낸 응답은 무엇인가?

질문 0-7   이 추적 파일 안에 IPv6 트래픽이 있는가?

1장

기술: 와이어샤크 뷰와 설정 맞춤화

내게 있어 네트워크 분석은 스키나 골프처럼 스포츠를 즐기는 것과 같다. 처음 시작할 때는 힘들고 어렵지만, 인내를 갖고 실습하다 보면 놀라운 결과를 얻을 수 있다. 마스터가 된다는 것은 기술력을 높임과 동시에 도구를 사용해 최선의 것을 얻게 된다는 점을 명심하라. 처음에는 약간 어렵게 느껴질지라도 용기를 잃지 말라. 빠른 시간 안에 터득할 것이고 나중에는 웃음이 가득하게 될 것이다!

로리스 데조아니(Loris Degioanni)/WinPcap과 Cascade Pilot 개발자

빠른 참조   wireshark.org의 개요

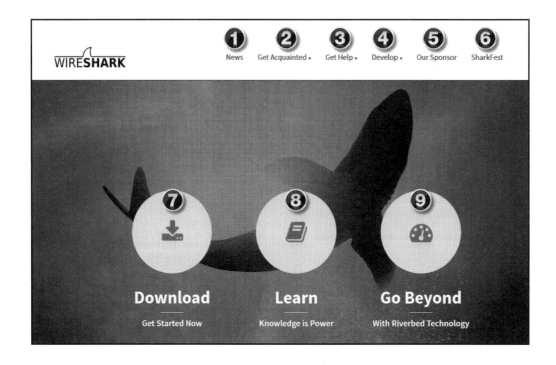

① **News**   일반 뉴스와 이벤트 목록

② **Get Acquainted**   와이어샤크 다운로드 영역, 제랄드 콤즈의 블로그

③ **Get Help**   Q&A 포럼, FAQ, 문서, 메일링 리스트, 온라인 도구, 위키 페이지,
버그 추적기

④ **Develop**   개발자 가이드, 코드 브라우즈, 최근 구축된 개발 내용

⑤ **Our Sponsor**   리버베드 사이트 오픈

⑥ **SharkFest**   매년 열리는 와이어샤크 사용자 및 개발자 컨퍼런스에 관한 모든 것

⑦ **Download**   다운로드 페이지(사용하는 OS 자동 탐지)에 대한 메인 링크

⑧ **Learn**   교육, 문서, 비디오, 개발 정보에 대한 링크

⑨ **Go Beyond**   와이어샤크 상표 소유권자인 리버베드사에 대한 링크

1.1 패킷 목록 화면에 열 추가

와이어샤크는 기본적인 정보를 제공하는 열^{column}들의 집합을 포함하고 있다. 그렇지만 특정한 이슈에 집중하려면 행위 패턴을 빠르게 탐지할 수 있게 도와주는 열을 추가할 수 있다.

패킷 목록 창에 열을 추가하는 2가지 방법(쉬운 방법과 어려운 방법)이 있다. 쉬운 방법을 사용해 생성될 수 없는 열이 가끔 있어서 2가지 방법을 모두 알아야 한다.

오른쪽 클릭 > Apply as Column(쉬운 방법)

패킷 상세 창은 프레임에 포함된 필드와 값을 보여준다. 예와 같은 http-espn101. pcapng 추적 파일을 열고 패킷 상세 창 안의 Internet Protocol 섹션 위를 오른쪽 클릭한다. IP 헤더의 모든 필드를 보려면 Expand Subtrees를 선택한다.

어떤 필드를 열에 추가하려면 그림 23처럼 필드를 오른쪽 클릭하고 Apply as Column를 선택한다. 이 예제에서 IP Time to Live^{TTL} 열이 빠르게 생성됐다.

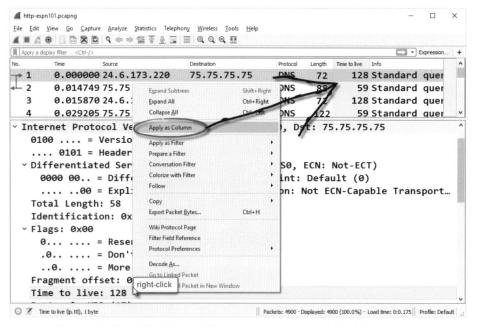

그림 23 원하는 프레임 필드 위를 오른쪽 클릭하고, Apply as Column을 선택한다. [http-espn101.pcapng]

Edit ＞ Preferences ＞ Columns(어려운 방법)

원하는 필드에 오른쪽 클릭 방법을 포함한 패킷이 없다면 열을 만들기 위해 어려운 방법을 사용해야 한다. Edit ＞ Preferences ＞ Columns를 선택해 기존의 열을 보고 열의 순서를 변경하고, 열을 추가한다.

새로운 열 항목을 만들기 위해 Add 버튼을 클릭한다. 새로운 열 행에서 Title 영역을 더블 클릭하고 **Time to Live**라는 이름을 지정한다. Type 영역을 더블 클릭하고 드롭 다운 목록에서 Custom을 선택한다. Field Name 영역에 **ip.ttl**을 입력한다. Field Occurrence 번호 0을 입력해 필드의 모든 항목을 보라. 이제 열을 클릭해 Info 열 위에 끌어다 놓은 다음 OK를 클릭한다.

IP TTL 필드를 마우스 오른쪽 버튼으로 클릭하고 Apply as Column을 선택하는 것이 훨씬 쉽다.

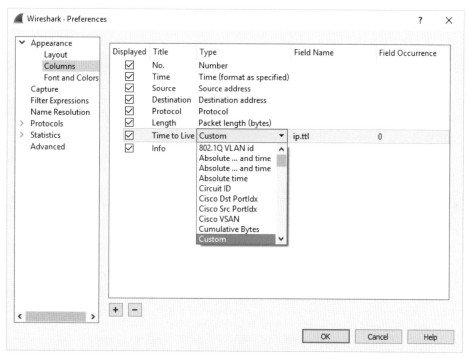

그림 24 Preferences 창 안에서 열을 추가하고, 편집하고, 재배열할 수 있다. Info 열 위에 이것을 위치시키려면 Time to Live 열을 클릭하고 드래그한다.

열의 숨김, 삭제, 재배열, 편집

열 위에서 기능을 수행하려면 Preferences 창을 사용할 수 있지만, 열로 작업하는 것이 가장 빠른 방법은 아니다. 맞춤을 지정하거나, 열 제목을 편집하거나, 열을 일시적으로 숨기거나(또는 표시하거나), 열을 삭제하려면 Preferences 창을 닫고 패킷 목록 창 안의 열 머리부를 오른쪽 클릭한다. 이것을 재정렬하려면 클릭하고 윈도우를 왼쪽이나 오른쪽으로 드래그한다.

예를 들면 그림 25에서는 http-espn101.pcapng으로 작업하고 있다. 이용 가능한 열 옵션의 내용을 보려면 새로운 Time to live 열 위를 오른쪽 클릭한다. 이 열을 다시 사용하지 않으려면 Remove This Column을 선택할 수 있다.

TIP

트래픽 특성을 비교할 때 패킷 목록 창에 열을 추가하는 것이 많은 시간을 절약할 수 있다. 그렇지만 열이 너무 많아 혼란스럽게 되지 않도록 주의하라. 와이어샤크는 추적 파일을 열거나 디스플레이 필터를 적용할 때 디스플레이되거나 감춰진 모든 열을 처리할 것이다. 30개의 서로 다른 열을 생성하고 감췄다면 와이어샤크는 열을 제거하고, 그 열이 필요할 때 다시 생성하는 데 비해 속도가 아주 느릴 것이다.

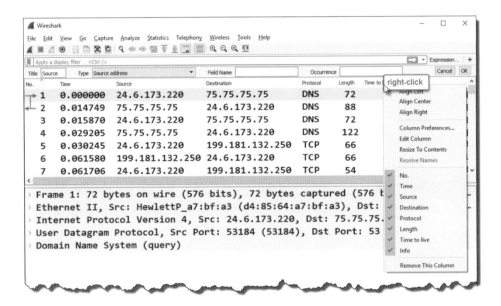

그림 25 기본적인 열 기능을 수행하려면 열 머리부를 오른쪽 클릭한다. [http-espn101.pcapng]

열 내용 정렬

열은 분석 프로세스를 더 빠르게 하지만, 열을 생성하는 두 가지의 큰 이유는 열을 정렬할 수 있고, 열 데이터를 내보내기 할 수 있기 때문이다.

낮은 것에서 높은 순으로 정렬하려면 열 머리부를 한 번 클릭하고, 다시 한 번 클릭하면 높은 것에서 낮은 순으로 정렬한다. 패킷 간의 지연을 보여주는 열을 추가했다면 추적 파일에서 가장 큰 지연을 빨리 찾으려고, 이 열을 정렬할 수 있다. 'Time 열을 구성해 지연 문제점 찾아내기' 절에서 이 기술을 사용할 수 있을 것이다.

예를 들면 그림 25에서 http-espn101.pcapng를 열었고, 열을 낮은 것에서 높은 순으로 정렬하려고, Time to live 열 머리부를 오른쪽 클릭했다. 추적 파일의 최상위로 스크롤해서 추적 파일에서 가장 낮은 TTL 값이 44라는 것을 확인했다.

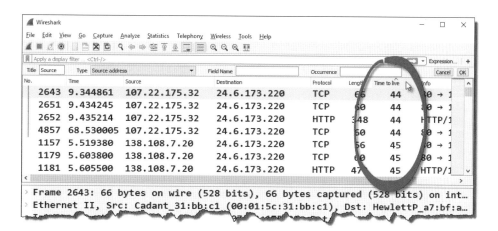

그림 26 추적 파일에서 가장 낮은 TTL 값을 찾으려고, Time to live 필드를 정렬했다. [http-espn101.pcapng]

열 데이터 내보내기

패킷 목록 창에 열을 추가하는 또 다른 중요한 이유는 다른 도구를 이용해 이 열을 분석하기 위해 내보내는Export 것이다. 예를 들면 Time to Live 열을 추가했다면 File ➤ Export Packet Dissections를 선택하고 AS CSVcomma-separated value 형식을 지정할 수 있다. 패킷 요약 라인(열 머리부 포함)만 내보내기 하려고 선택하면 새로운 열 데이터가 들어있는 CSV 파일이 될 것이다. 이제 데이터를 더 조작하기 위해 스프레드시트에서 이 CSV 파일을 열 수 있다. 실습 30과 실습 41에서 CSV 형식으로 내보내는 실습을 할 것이다.

■ 실습 4: 열에 HTTP 호스트 필드 추가

브라우징 세션 동안 HTTP 클라이언트는 하나 이상의 HTTP 서버에게 HTTP 객체에 대한 요청을 보낸다. 각 요청에서 클라이언트는 대상 HTTP 서버 이름이나 IP 주소를 지정한다. 이것은 매우 명확한 것이다.

참고 와이어샤크가 IP 헤더 검사합의 유효성을 검사하게 설정돼 있다면 24.6.173.220에서 오는 모든 프레임은 검은색 바탕에 붉은색 글씨로 나타날 것이다. 실습 5에서 이 특성을 비활성화할 것이다.

1단계   메인 툴바 위의 File Open 버튼 ▢을 클릭하고 http-disney101.pcapng 를 연다.

2단계   먼저 Time to Live 열을 숨긴다(이 책의 이전 절에 따라 작성한 경우). Time to Live 열 머리부를 마우스 오른쪽 클릭하고 드롭다운 메뉴에서 해당 열의 선택을 취소한다. 해당 열을 나중에 다시 보고 싶으면 열 머리부를 마우스 오른쪽 클릭하고 열 목록에서 해당 열을 클릭해 활성화한다.

3단계   패킷 목록 창에서 스크롤다운하고 프레임 15를 선택한다.

4단계   패킷 상세 창은 프레임 15의 내용을 보여준다. 프레임의 이 섹션을 확장하려면 Hypertext Transfer Protocol 앞에 있는 +를 클릭한다.

5단계   Host 라인(www.disney.comrn\r\n을 포함하는)을 오른쪽 클릭하고 Apply as Column을 선택한다. 새로운 Host 열은 Info 열의 왼쪽에 나타난다. 열을 넓히거나 좁게 하려면 열 모서리를 클릭하고 드래그할 수 있다.

6단계   높은 것에서 낮은 순으로 정렬하려면 Host 칼럼을 두 번 클릭한다.

7단계   정렬된 추적 파일의 최상단으로 점프하려면 Go to Top 버튼 ⬆을 클릭한다. 다음 그림에 나타난 것처럼 이제 클라이언트에게 요청을 보낸 모든 호스트를 쉽게 볼 수 있다.

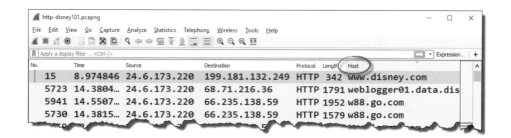

8단계 실습 완료 새로운 Host 열 머리부를 오른쪽 클릭하고 열 목록으로부터 체크를 해제한다. 이 열을 다시 보기 원한다면 아무 열이나 머리부를 오른쪽 클릭하고 열 이름을 클릭한다. 원래의 정렬 순서로 되돌아가려면 No. 열을 한 번 클릭한다.

열을 추가하는 것과 정렬하는 것은 분석 시간을 현저하게 줄일 수 있는 2가지 핵심 작업이다. 와이어샤크는 필요한 정보를 빨리 모아 디스플레이할 수 있는데, 왜 수천 개의 패킷을 검색하는가?

1.2 와이어샤크 해석기 해부

패킷 해석packet dissect은 와이어샤크의 가장 강력한 특징 중 하나다. 해석 프로세스는 바이트 스트림byte stream을 이해할 수 있는 요청, 응답, 거절, 재전송 등으로 변환한다.

프레임은 수집 엔진이나 Wiretap 라이브러리에서 코어 엔진Core Engine으로 전해진다. 코어 엔진은 '다른 블록을 함께 갖고 있는 접착 코드glue code'로 알려져 있다. 이곳이 실제 작업이 시작되는 곳이다. 와이어샤크는 수천 개의 프로토콜과 애플리케이션에서 사용된 형식을 이해한다. 와이어샤크는 필드를 구분해 이들의 의미를 읽을 수 있는 형식으로 나타내기 위해 다양한 해석기를 호출한다.

예를 들면 HTTP GET 요청을 웹사이트에게 발행하는 이더넷 네트워크에 있는 호스트를 생각해보자. 이 패킷은 5개의 해석기에 의해 처리될 것이다.

프레임 해석기

프레임 해석기[frame dissector](그림 27 참조)는 각 프레임에 대해 타임스탬프 집합과 같은 추적 파일의 기본적인 정보를 조사해서 보여준다. 그런 다음에 프레임 해석기는 프레임을 이더넷 해석기에 넘긴다.

```
⌄ Frame 9: 346 bytes on wire (2768 bits), 346 bytes captured (2768 bits) on i…
    Interface id: 0 (\Device\NPF_{98657C67-2DE2-4C46-B5FE-5101D6F0227D})
    Encapsulation type: Ethernet (1)
    Arrival Time: Dec 17, 2015 14:19:25.392346000 Pacific Standard Time
    [Time shift for this packet: 0.000000000 seconds]
    Epoch Time: 1450390765.392346000 seconds
    [Time delta from previous captured frame: 0.000199000 seconds]
    [Time delta from previous displayed frame: 0.000199000 seconds]
    [Time since reference or first frame: 0.446373000 seconds]
    Frame Number: 9
    Frame Length: 346 bytes (2768 bits)
    Capture Length: 346 bytes (2768 bits)
    [Frame is marked: False]
    [Frame is ignored: False]
    [Protocols in frame: eth:ethertype:ip:tcp:http]
    [Coloring Rule Name: HTTP]
    [Coloring Rule String: http || tcp.port == 80 || http2]
```

그림 27 프레임 해석기는 프레임에 대한 메타데이터(추가 정보)를 보여준다. [http-chappellu101.pcapng]

TIP

가끔은 해석기 버그가 나타날 수 있다. 이것은 보통 패킷 목록 창의 Info 열 안에 'exception occurred'로 나타난다. 버그의 유효성을 확인하고 싶으면 bugs.wireshark.org/bugzilla/의 와이어샤크 버그 데이터베이스에서 핵심 단어를 사용해 프로토콜에 대한 검색을 할 수 있다.

이더넷 해석기 역할

이더넷 해석기ethernet dissector는 유형 필드type field의 내용을 기반으로 이더넷 II 헤더의 필드를 해석하고 디스플레이하며, 패킷을 다음 해석기에 넘겨준다. 그림 28에서 유형 필드 값 0x0800는 IPv4 헤더가 뒤따른다는 것을 나타낸다. 이 시점에서 유의할 것은 해석기가 이더넷 프레임을 제거할 때 '패킷'을 사용한다는 점이다.

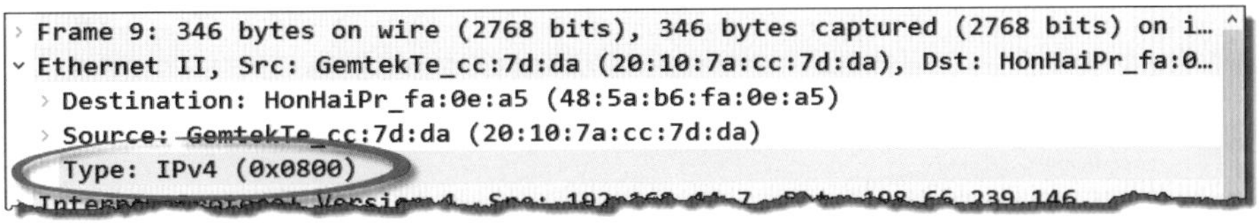

그림 28 이더넷 해석기는 다음에 필요한 해석기를 결정하기 위해 유형 필드를 살펴본다.

[http-chappellu101.pcapng]

IPv4 해석기 역할

IPv4 해석기는 프로토콜 필드의 내용을 기반으로 IPv4 헤더의 필드를 해석하고, 다음 해석기에 넘겨준다. 그림 29에서 프로토콜 필드 값 6은 TCP가 뒤따른다는 것을 보여준다.

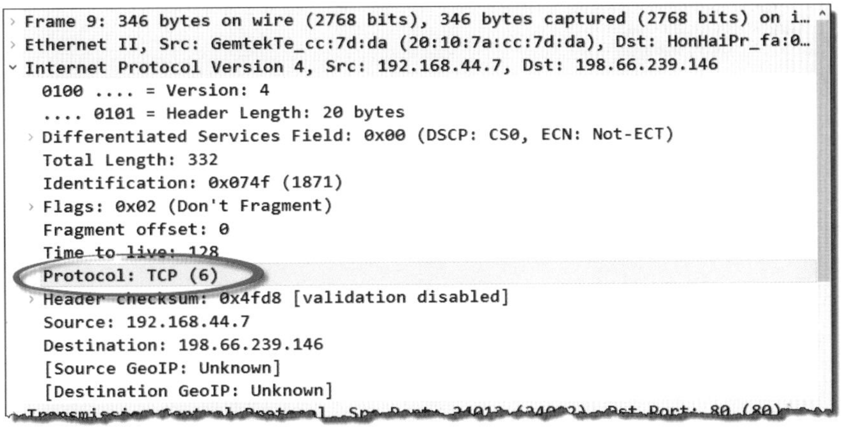

그림 29 IPv4 해석기는 다음에 필요한 해석기를 결정하기 위해 프로토콜 필드를 살펴본다.

[http-chappellu101.pcapng]

TCP 해석기 역할

TCP 해석기는 포트 필드^{port field}의 내용을 기반으로 TCP 헤더의 필드를 해석하고, 패킷을 다음 해석기에 넘겨준다. 그림 30에서 목적지 포트 값 80은 HTTP를 따른다는 것을 보여준다. 다음 절에서 비표준 포트 번호로 운영되는 트래픽을 와이어샤크가 어떻게 처리하는지를 볼 것이다.

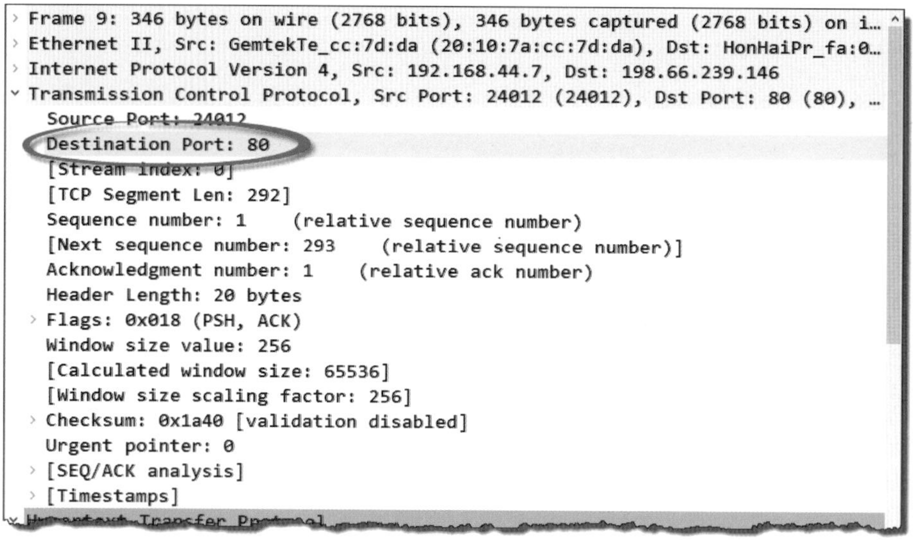

```
> Frame 9: 346 bytes on wire (2768 bits), 346 bytes captured (2768 bits) on i…
> Ethernet II, Src: GemtekTe_cc:7d:da (20:10:7a:cc:7d:da), Dst: HonHaiPr_fa:0…
> Internet Protocol Version 4, Src: 192.168.44.7, Dst: 198.66.239.146
v Transmission Control Protocol, Src Port: 24012 (24012), Dst Port: 80 (80), …
      Source Port: 24012
      Destination Port: 80
      [Stream index: 0]
      [TCP Segment Len: 292]
      Sequence number: 1      (relative sequence number)
      [Next sequence number: 293      (relative sequence number)]
      Acknowledgment number: 1      (relative ack number)
      Header Length: 20 bytes
   > Flags: 0x018 (PSH, ACK)
      Window size value: 256
      [Calculated window size: 65536]
      [Window size scaling factor: 256]
   > Checksum: 0x1a40 [validation disabled]
      Urgent pointer: 0
   > [SEQ/ACK analysis]
   > [Timestamps]
v Hypertext Transfer Protocol
```

그림 30 TCP 해석기는 다음에 필요한 해석기를 결정하기 위해 포트 필드를 살펴본다.
[http-chappellu101.pcapng]

HTTP 해석기 역할

이 예제에서 HTTP 해석기는 HTTP 패킷의 필드를 해석한다. HTTP 패킷 안에 내장된 프로토콜이나 애플리케이션이 없으므로, 그림 31에 나타난 것처럼 이것이 프레임에 적용되는 마지막 해석기다.

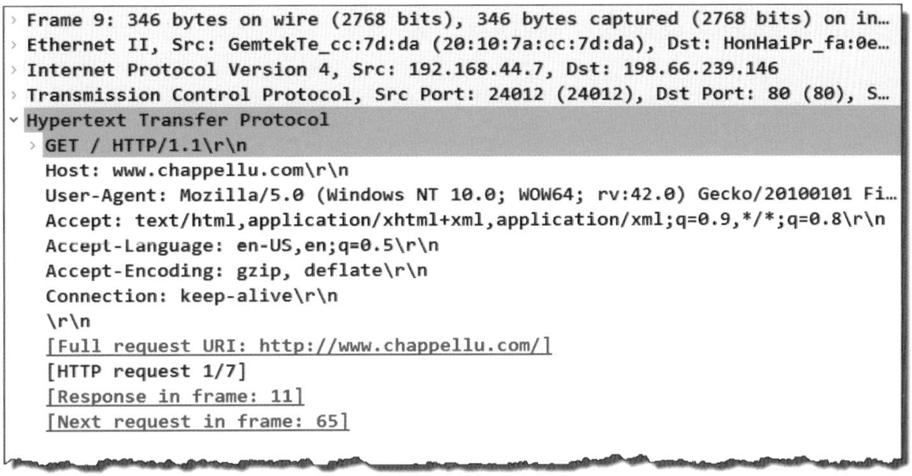

```
> Frame 9: 346 bytes on wire (2768 bits), 346 bytes captured (2768 bits) on in...
> Ethernet II, Src: GemtekTe_cc:7d:da (20:10:7a:cc:7d:da), Dst: HonHaiPr_fa:0e...
> Internet Protocol Version 4, Src: 192.168.44.7, Dst: 198.66.239.146
> Transmission Control Protocol, Src Port: 24012 (24012), Dst Port: 80 (80), S...
v Hypertext Transfer Protocol
  > GET / HTTP/1.1\r\n
    Host: www.chappellu.com\r\n
    User-Agent: Mozilla/5.0 (Windows NT 10.0; WOW64; rv:42.0) Gecko/20100101 Fi...
    Accept: text/html,application/xhtml+xml,application/xml;q=0.9,*/*;q=0.8\r\n
    Accept-Language: en-US,en;q=0.5\r\n
    Accept-Encoding: gzip, deflate\r\n
    Connection: keep-alive\r\n
    \r\n
    [Full request URI: http://www.chappellu.com/]
    [HTTP request 1/7]
    [Response in frame: 11]
    [Next request in frame: 65]
```

그림 31 HTTP 해석기는 패킷을 다른 해석기에게 넘긴다는 것에 대한 아무런 표시도 없다.
[http–chappellu101.pcapng]

다음 절에서 와이어샤크가 비표준 포트 번호로 구동되는 트래픽을 어떻게 처리하는
가를 살펴본다.

1.3 비표준 포트 번호를 사용하는 트래픽 분석

비표준 포트 번호를 사용해 실행되는 애플리케이션은 애플리케이션이 의도적으로 비
표준 포트 번호를 사용하게 설계됐거나 또는 네트워크에서 식별을 회피하려고 시도하
는 등 네트워크 분석가에게 항상 관심의 대상이 돼 왔다.

와이어샤크는 트래픽에 해석기를 적용할 수 있는 방법을 알아내기 위해 정적 방법static
method과 경험적 방법heuristic method이라는 두 가지 기본적인 방법을 사용한다. 정적 방법
에서 와이어샤크는 앞의 헤더를 검사해 다음에 사용할 논리 해석기logical dissector를 결정
한다. 경험적 해석기는 다음에 있어야 할 해석기가 무엇인지를 추측한다.

비표준 포트를 사용하면 일어나는 일

애플리케이션이 비표준 포트를 통해 실행되면 와이어샤크는 트래픽에 잘못된 해석기를 적용하거나(정적 방법 사용), 적절한 해석기를 사용해 적용하거나(경험적 방법을 사용해), 또는 임의의 해석기를 적용하지 않을 수 있다(두 가지 방법 모두 사용에 적합한 해석기를 결정하지 못하는 경우).

그림 32에서는 포트 번호 137을 통해 실행되는 FTP 통신이 있다. 와이어샤크는 포트 137이 사용 중이지만 트래픽이 NetBIOS 이름 서비스 트래픽 동작과 일치하지 않는다고 본다.

이 경우 와이어샤크는 TCP 해석 후에 트래픽을 계속 해석하지 않는다. 패킷에 적용된 마지막 해석은 Protocol 열에 나열된다(TCP).

참고 이 추적 파일에 대한 작업을 수행할 때 색상 ≣을 해제할 수 있다. 패킷은 16진수 편집기로 편집됐으며, 이더넷 검사합^{ethernet checksum}은 다시 계산되지 않는다. 기본적으로 와이어샤크는 검사합 오류 컬러링 규칙을 패킷에 적용한다. 실습 5에서는 이더넷 검사합 확인을 비활성화할 것이다.

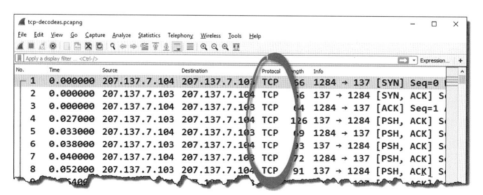

그림 32 와이어샤크가 이 추적 파일을 애플리케이션에 적용할 적절한 해석기를 확인할 수 없는 경우 TCP에서 해석을 중단한다. 이 추적 파일로 작업하는 동안 색상 표시가 해제돼 있다. [tcp-decodeas.pcapng]

경험적 해석기가 작동하는 방식

그림 33에 나타난 것처럼 와이어샤크가 간단한 정적 방법을 이용해 데이터에 대한 해석기를 적용할 수 없을 때 와이어샤크는 여러 경험적 해석기 중 첫 번째 해석기에 데이터를 넘겨준다. 각 경험적 해석기는 어떤 유형의 통신이 패킷에 포함돼 있는가를 추정하려고 데이터에서 인식할 수 있는 패턴을 찾는다. 경험적 해석기가 아무것도 인식하지 못하면 와이어샤크에게 실패 표시를 반환한다. 그런 다음 와이어샤크는 데이터를 다음의 경험적 해석기에게 건네준다. 와이어샤크는 (a) 경험적 해석기가 성공 표시를 나타내고 트래픽을 해석하거나, 또는 (b) 와이어샤크는 다음 경험적 해석기가 없을 때까지 데이터를 경험적 해석기에게 넘겨주는 처리를 계속한다.

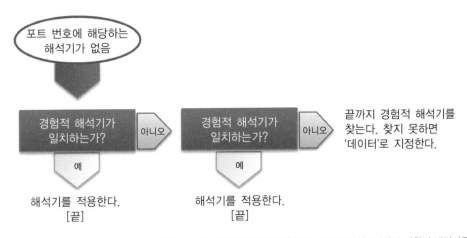

그림 33 와이어샤크는 성공 또는 해석할 수 없는 바이트를 '데이터'로 단순하게 표시할 때까지 경험적 해석기를 적용한다.

트래픽에 대해 수동으로 해석기 강제 적용

트래픽에 대해 수동으로 해석기를 강제 적용하고자 하는 다음과 같은 두 가지 이유가 있다. (1) 비표준 포트가 이미 해석기와 연관돼 있기 때문에 와이어샤크가 잘못된 해석기를 적용하는 경우, (2) 와이어샤크가 트래픽 유형에 대해 경험적 방법이 없는 경우 트래픽에 대해 수동으로 해석기를 강제 적용하려면 패킷 목록 창에서 해석할 수 없거나[undissected] 부정확하게 해석된[incorrectly dissected] 패킷을 마우스 오른쪽 클릭하고 Decode As를 선택한다. Value 열에서 강제로 해석하고 싶은 포트를 선택한다. 마지막으로 현재 열에서 현재 추적 파일에 적용하기 원하는 해석기를 선택한다.

수동으로 적용한 해석기 설정을 해제하려면 메인 메뉴에서 Analyze > Decode As를 선택한다. 해당되는 수동 해석기를 선택하고 삭제 버튼 ▬을 클릭한다.

애플리케이션 선호도 설정을 이용한 해석 조절(가능하다면)

HTTP 트래픽과 같은 특정 트래픽이 네트워크상의 비표준 포트에 적용된다는 것을 알면 해당 포트를 HTTP 프로토콜 선호도[preference] 설정에 추가할 수 있다. 예를 들어 와이어샤크가 포트 81을 HTTP 트래픽으로 해석하기 원한다고 하자. 그림 34에 나타난 것처럼 Edit > Preferences ▷ Protocols > HTTP를 선택하고 포트 목록에 81을 추가한다.

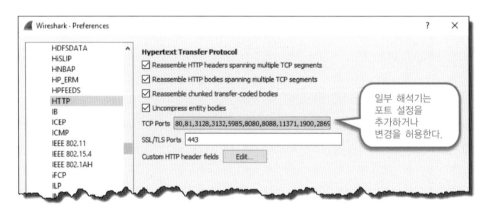

그림 34 TCP 포트 목록에 포트 81을 추가했는데, 이는 HTTP 트래픽으로 해석된다.

모든 프로토콜 선호도가 구성 가능한 포트 값을 갖는 것은 아니다. 프로토콜이 Protocols 섹션에 나열되지 않거나, 프로토콜이 포트 설정을 추가하거나 변경하는 것을 허락하지 않으면 '트래픽에 대해 수동으로 해석기 강제 적용' 절에서 보였던 것처럼 수동으로 트래픽 해석기를 강제 지정할 필요가 있다.

Statistics ❯ Protocol Hierarchy를 선택해 프레임의 일부를 와이어샤크가 해석기에 적용할 수 없게 하고, TCP나 UDP 섹션에서 '데이터'를 찾는 것으로 지정할 수 있다. 이에 대해서는 5장의 '네트워크상에 보이는 애플리케이션 나열' 절에 있는 Protocol Hierarchy 창에서 작업할 것이다.

1.4 특정 트래픽 유형을 디스플레이하는 방법 변경

와이어샤크는 잘 만들어진 작품이다. 그렇지만 와이어샤크를 설치하면 기본 설정 상태에 있다. 와이어샤크를 기호에 맞게 설정하면 분석 세션을 더욱 효율적으로 할 수 있을 것이다.

preferences 설정을 사용해 열을 추가하는 방법을 배웠지만, 할 수 있는 것이 더 많다. 이제 핵심 preference 설정을 살펴보자.

사용자 인터페이스 설정 지정

인터페이스를 위한 기본 preferences의 많은 부분을 변경하려면 Edit ❯ Preferences ❯ Appearance를 선택한다. 실습 5에서 2개의 User Interface 설정을 변경할 것이다.

캡처 설정 적용

기본 Preferences를 변경하기 위해 Edit ❯ Preferences ❯ Capture를 선택하고 다른 캡처 매개변수를 적용한다.

- **무차별 모드로 패킷 캡처** 어댑터가 무차별 모드로 캡처하는 경우 해당 어댑터는 로컬 하드웨어 주소뿐만 아니라 모든 하드웨어 주소로 지정된 패킷을 캡처해 전달한다. 이것은 네트워크 분석에서 필수적인 기능이다.

- **pcapng 형식으로 패킷 캡처** .pcapng 형식은 패킷 캡처의 새로운 형식이다. .pcapng 형식으로 직접 캡처한 추적 파일에는 수집 프로세스 및 수집 프로세스 중에 적용됐을 수 있는 수집 필터에 대한 메타데이터가 포함된다.

- **실시간으로 패킷 목록 업데이트** 패킷을 보기 위해 캡처를 중지할 때까지 기다리지 않고, 이 설정은 패킷이 캡처되는 동안에 트래픽 분석을 시작할 수 있다.

- **실시간 캡처에서 자동 스크롤** 이 기능은 패킷 목록 창을 스크롤해 가장 최근에 캡처한 패킷을 항상 볼 수 있다. 트래픽이 많은 네트워크에서는 수천 개의 패킷이 화면에서 스크롤되기 때문에 라이브 분석을 수행하지 못할 수도 있지만, 이 방법은 트래픽이 적은 네트워크나 필터링이 필요할 때 유용하다.

일반적으로 이 모든 항목은 기본 설정으로 유지된다.

Filter Expression 버튼 지정

추적 파일에 대해 더 빨리 적용하려고 선호하는 디스플레이 필터를 버튼으로 저장하려면 Edit > Preferences > Filter Expressions를 선택할 수 있다. 그렇지만 이 버튼을 생성하는 더 빠른 방법이 있다. 3장의 '핵심 디스플레이 필터를 버튼으로 변경' 절에서 Filter Expression 버튼을 생성하는 과정을 다룬다.

이름 변환 설정 지정

와이어샤크가 MAC 주소, 포트, IP 주소 변환을 처리하는 방법을 보거나 변경하려면 Edit > Preferences > Name Resolution을 선택한다.

- **MAC 이름 변환** 기본적으로 와이어샤크는 MAC 주소의 첫 3바이트(OUD)를 와이어샤크 프로그램 파일 디렉터리 안의 manuf 파일을 사용해 친숙한 이름으로 변환한다.

- **Transport 이름 변환** 포트 21 대신에 'ftp'처럼 Transport 이름은 와이어샤크 프로그램 파일 디렉터리 안의 services 파일을 사용해 변환한다.

- **네트워크(IP) 주소 변환** 와이어샤크가 호스트 이름을 변환하기 원한다면(예를 들어 IP 주소 대신에 www.wireshark.org로 보여주는) 네트워크 이름 변환을 활성화한다. 네트워크 주소 변환을 위한 추가적인 환경설정 옵션은 다음과 같은 5가지가 있다.

  - **캡처된 DNS 패킷 데이터를 사용해 주소 변환** 가능한 경우 와이어샤크는 추적 파일의 모든 이름 변환 패킷(예, DNS)을 검사하고 해당 정보를 사용해 호스트 이름을 변환한다. 이것은 네트워크에 조회를 전송하지 않고 이름을 변환하는 좋은 방법이다.

  - **외부 네트워크 이름 변환기 사용** 가능한 경우 와이어샤크는 DNS 캐시, hosts 파일 또는 이미 추적 파일에 있지만 전송되지 않은 DNS 패킷과 같은 소스로부터 얻을 수 없는 경우 호스트 이름을 얻기 위해 DNS 포인터(PTR) 조회를 전송한다. 이 추가 트래픽은 추적 파일에 나타나며, DNS 서버에 대한 추가 작업을 생성할 수 있다(아래 '최대 동시 요청 수' 참조).

  - **동시 DNS 이름 변환 활성화** 이 기능은 와이어샤크에서 여러 DNS 조회를 보내 이름 변환 프로세스 속도를 높인다. 이것은 외부 이름 변환이 사용 가능한 경우에만 사용된다.

  - **최대 동시 요청 수** 이 숫자는 DNS 서버로 보낼 수 있는 동시 조회 수를 나타낸다. 이 숫자를 낮게 유지하면 DNS 서버의 로드가 줄어든다.

  - **프로파일 'hosts' 파일만 사용** 이것은 DNS 정보를 이용해 변환할 수 없는 내부 호스트의 이름을 변환하는 좋은 옵션이다. IP 주소와 이름이 나열돼 있는 hosts라는 간단한 텍스트 파일을 만들어야 한다. Help 〉 About

Wireshark ﹥ Folders를 이용해 프로필 디렉터리를 찾을 수 있다. 프로파일 작업에 대한 자세한 내용은 '프로파일의 기본 사항' 절을 참조하라.

- **SNMP 변환 옵션** 추적 파일에 포함된 SNMP^{Simple Network Management Protocol} 정보를 변환할 수 있는 몇 가지 옵션이 있다. 와이어샤크는 MIB^{Management Information Base}와 PIB^{Policy Information Base} 객체를 읽을 수 있는 형태로 변환할 수 있는 기능이 있지만, 원하는 경우 추가 PIB/MIB 모듈과 경로를 추가할 수 있다.

- **GeoIP 데이터베이스 디렉터리** 와이어샤크는 GeoIP 데이터베이스 파일을 사용해 세계 지도에 IP 주소를 나타낼 수 있다. MaxMind(www.maxmind.com)[16]에서 Geo*.dat 파일을 구할 수 있다. 실습 32에서 이 기능을 활성화/비활성화할 수 있는 기회가 주어진다.

View ﹥ Name Resolution을 통해 이름 변환을 설정할 수도 있다. 그러나 이것은 임시 설정일 뿐이다. Preferences 창에서 변경된 설정은 현재 프로파일에 들어있다.

프로토콜과 애플리케이션 설정 지정

편집 가능한 설정을 포함한 모든 프로토콜과 애플리케이션을 보려고 Edit ﹥ Preferences ﹥ Protocols를 설정할 수 있지만, 오른쪽 클릭 방법이 프로토콜 설정을 지정하는 데 가장 빠른 방법이다. 실습 5에서 여러 가지 프로토콜 설정을 보거나 변경하려고 오른쪽 클릭 방법을 사용하게 될 것이다:

- **TCP 스트림을 재조립하기 위해 보조 해석기 허용하기** 이 설정은 기본적으로 활성화돼 있지만, HTTP 트래픽을 분석할 때 문제가 발생할 수 있다. HTTP 서버가 클라이언트 요청에 대해 응답 코드(200 OK와 같은)로 응답하고 패킷 안에 요청된 파일의 일부를 포함한다면 와이어샤크는 응답 코드를 표시하지 않는다.

---

16 이 책이 출시되었을 때 필요한 Geo*.dat 파일을 얻기 위한 전체 URL은 http://dev.maxmind.com/ geoip/legacy/geolite/이다. 물론 이 URL은 바뀔 수 있다.

대신에 와이어샤크는 '[TCP Segment of a Reassembled PDU]'(Protocol Data Unit)를 표시한다. 또한 HTTP 응답 시간 측정은 요청에서 응답까지보다는 요청에서 파일 다운로드 끝까지 측정한다. 그러면 다음과 같은 올바른 패킷에 대한 응답 코드를 보게 될 것이다.

TCP 재조립이 활성화됨: ^{Info}
                            [TCP segment of a reassembled PDU]

TCP 재조립이 비활성화됨: ^{Info}
                            HTTP/1.1 200 OK

HTTP 통신(6장의 '추적 파일에 있는 모든 HTTP 객체 살펴보기' 절 참조) 안에서 전달된 파일을 내보내기를 원할 때까지 TCP 재조립 선호 설정을 비활성화할 수 있다.

- **빠르게 지나가는 많은 바이트 추적하기** TCP 연결을 통해 보내진 데이터 바이트들이지만, 아직 확인 응답되지 않은 것은 '빠르게 지나가는 바이트들'로 간주된다. TCP 통신에서 현재 확인 응답되지 않은 데이터가 얼마나 있는지 보여주도록 와이어샤크를 설정할 수 있다. 그 수가 '상한선'을 초과하면 약간의 TCP 설정으로 데이터 흐름 능력을 제한할 수 있다. 이 설정을 활성화할 때 패킷 상세 창에 TCP header [SEQ/ACK analysis] 섹션(아래 참조)이 추가된다. TCP 연결이 설정될 때까지는 이 새로운 필드는 보이지 않을 것이다.

  빠르게 지나가는 많은 바이트 추적하기가 활성화됨:

```
v [SEQ/ACK analysis]
    [iRTT: 0.000574000 seconds]
    [Bytes in flight: 1766]
```

- **대화 타임스탬프 계산하기** 이 TCP 설정은 각 TCP 대화에 대한 시간 값을 추적한다. 이것은 단일 TCP 대화의 첫 프레임이나 단일 TCP 대화 앞의 프레임에 근거하는 타임스탬프 값을 획득하게 한다. 이 설정을 활성화하면 패킷 상세 창안의 TCP header 섹션에 새로운 섹션(아래 참조)이 추가된다.

```
∨ [Timestamps]
    [Time since first frame in this TCP stream: 0.010411000 seconds]
    [Time since previous frame in this TCP stream: 0.009710000 seconds]
```

실습 6에서 이 설정을 활성화하고, 와이어샤크 패킷 목록 창과 패킷 상세 창에서 이에 대한 효과를 살펴본다.

💻 실습 5: 핵심 와이어샤크 선호도(중요한 실습)[17] 설정하기

와이어샤크는 분석 세션을 강화하기 위해 여러 가지 핵심 선호도 설정을 제공한다. 이 실습에서 메인 툴바 위의 Edit > Preferences 버튼을 사용할 것이고, 오른쪽 클릭 방법을 사용해 선호도 설정을 보거나 변경할 것이다.

이 실습에서 작업할 설정들은 다음과 같다.

- 와이어샤크가 기억하는 디스플레이 필터
- 와이어샤크가 기억하는 최근에 열린 파일
- 이더넷 IP, UDP, TCP 검사합 유효성
- TCP Calculate conversation timestamps 설정
- TCP Track number of bytes in flight 설정
- TCP Allow subdissector to reassemble TCP streams 설정

참고 와이어샤크 시스템은 다양한 실습 과정에서 작업할 TCP Allow subdissector to reassemble TCP streams 설정을 제외하고 모든 설정을 유지해야 한다.

1단계   http-pcaprnet101.pcapng를 연다.

2단계   메인 메뉴에서 Edit > Preferences를 선택한다.

3단계   filter entries와 recent files 설정을 모두 30으로 변경한다.

---

17 이 책의 나머지 실습에서는 이 실습이 성공적으로 완료됐다고 가정한다.

이 2개의 설정은 최근의 필터 설정과 열어본 파일을 빠르게 알게 하는 것을 허용한다.

Show up to

30 filter entries

30 recent files

4단계 　 OK를 클릭한다. 이것은 자동으로 Default 프로파일에 설정을 적용하고 저장하며, Preferences 창을 닫는다. 그런 다음 IP, UDP, TCP 설정을 검사하고 변경하기 위해 오른쪽 클릭 방법을 사용할 것이다.

이더넷 검사합 유효성을 비활성하는 것으로 시작할 것이다(기본 설정에 의해 가능).

그런 다음 IP, UDP, TCP 검사합 유효성을 비활성화하는 것이다.[18] 이전 설정이 유지되는 동안 와이어샤크를 갱신하지 않았다면 이 3개의 검사합 유효성 검사는 이미 비활성화돼 있어야 한다.

---

18 대부분의 시스템은 검사합 오프로딩을 지원한다. 검사합 값을 계산되기 전에 와이어샤크가 아웃바운드 프레임의 복사본을 얻으면 검사합이 유효하지 않음을 표시한다. 이것은 검사합 오프로딩을 지원하는 호스트에서 직접 트래픽을 캡처할 때 오탐지된 것이다.

5단계 패킷 목록 창에서 선택된 프레임 1을 가지고 패킷 상세 창의 Ethernet II 섹션을 오른쪽 클릭하고 드롭다운 메뉴 위의 Protocol Preferences 옵션을 유지한다. 이 설정이 활성화돼 있다면(확인) Validate the Ethernet checksum if possible을 클릭해 비활성화한다.

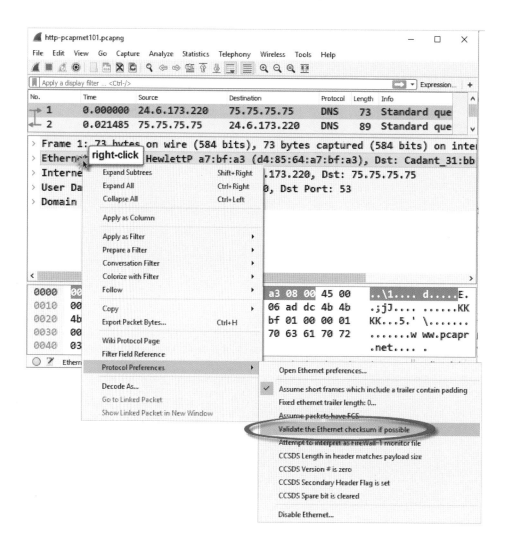

6단계 다시 한 번 프레임 1에서 패킷 상세 창의 Internet Protocol 섹션을 오른쪽 클릭하고 드롭다운 메뉴에서 Protocol Preferences 옵션을 유지한다. 이것이 현재 활성화돼 있으면 Validate the IPv4 checksum if possible 설정을 클릭해 비활성화한다.

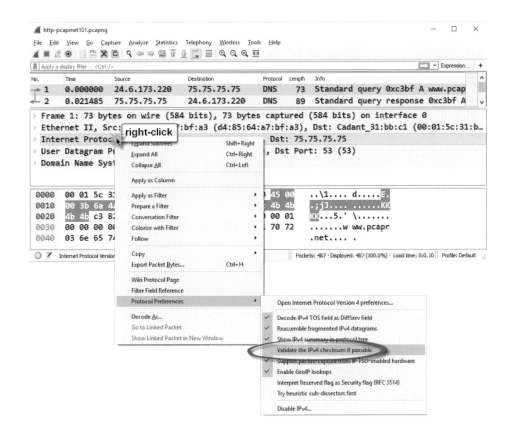

7단계   다시 한 번 프레임 1에서 패킷 상세 창의 User Datagram Protocol 섹션을 오른쪽 클릭하고 드롭다운 메뉴에서 Protocol Preferences 옵션을 유지한다. 이것이 현재 활성화돼 있으면 Validate the UDP checksum if possible 설정을 해제한다.

8단계   패킷 목록 창 안의 프레임 5를 선택한다. 패킷 상세 창에서 Protocol Preferences 아래의 Transmission Control Protocol 섹션을 오른쪽 클릭하고 이것이 현재 활성화돼 있다면 Validate the TCP checksum if possible을 비활성화한다.

9단계   옵션을 선택한 후에 와이어샤크가 TCP 프로토콜 설정 메뉴를 닫았으므로 아래의 추가적인 설정을 변경하려면 패킷 상세 창의 Transmission Control Protocol 섹션을 오른쪽 클릭해야 한다.

- Allow subdissector to reassemble TCP streams를 비활성화한다.

- Track number of bytes in flight를 활성화한다.

- Calculate conversation timestamps를 활성화한다.

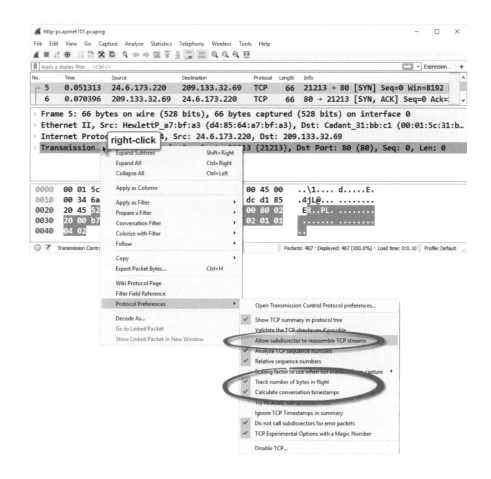

10단계   이제 이 설정이 패킷 디스플레이에 어떻게 영향을 미치는지 살펴보자. http-pcaprnet101.pcapng 안의 프레임 8을 클릭한다. 패킷 상세 창의 Transmission Control Protocol line, SEQ/ACK analysis, Timestamps 섹션을 확장한다.

와이어샤크에서 TCP 검사합의 유효성 검사를 하지 않는다는 것과 287바이트 데이터가 보내졌지만, 확인 응답되지 않았다는 것을 볼 수 있다. 추가로 이 프레임이 TCP 대화의 첫 프레임(TCP 스트림으로 알려진) 후의 대략 20밀리초(0.020초)와 이 TCP 대화의 앞 프레임 후에 778밀리초(0.000778초)에 도달하는 것을 볼 수 있다.

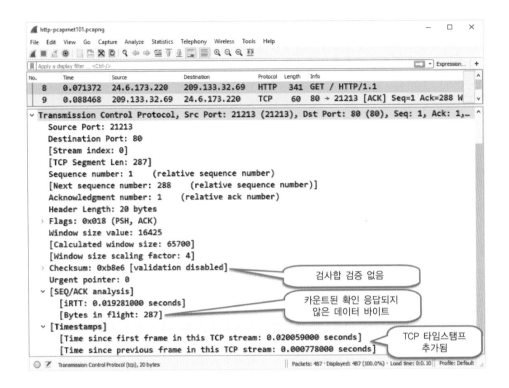

각 TCP 대화 안의 추적 시간이나 대화 안의 확인 응답되지 않은 바이트 수처럼 protocol preferences를 변경하려면 오른쪽 클릭 방법으로 쉽게 할 수 있다. Preferences 창에서 오른쪽 클릭 방법을 통해 설정될 수 있는 여러 가지 서로 다른 애플리케이션과 프로토콜 선호도 설정이 있다.

1.5 서로 다른 작업(프로파일)을 위해 와이어샤크 꾸미기

어떤 맞춤형 설정은 네트워크 포렌식 작업에 적합할 수 있지만, 문제 해결 작업에 적합한 특정 맞춤형 특성이 있다. 프로파일을 사용하면 이러한 서로 다른 분석 프로세스에 대해 별개의 와이어샤크 구성을 지정할 수 있다.

프로파일의 기본 사항

프로파일은 각 프로파일에서 작업하기 위해 선택할 때 와이어샤크가 로드하는 와이어샤크 구성과 지원 파일이 들어있는 기본 디렉터리다. 예를 들면 보안 관심사에 집중한 프로파일을 만들 수 있다. 이 '보안 프로파일'은 클라이언트(서버와는 반대로) 방향으로 전달되는 모든 ICMP 트래픽이나 연결 시도를 디스플레이하기 위한 필터나 알려진 서명을 포함하는 의심스러운 트래픽을 집중 조명하는 컬러링 규칙을 포함할 것이다.

새로운 프로파일 생성

상태 바에 있는 Profile 열을 오른쪽 클릭하고 New를 선택해 새로운 프로파일을 생성하고, 이를 **Troubleshooting**으로 이름을 부여하고 Enter 키를 누른다. 새로운 프로파일이 작업을 시작하도록 OK를 클릭한다. 이제 설정된 모든 수집 필터 설정, 디스플레이 필터 설정, 컬러링 규칙, 열, 선호도 설정은 Troubleshooting 프로파일에 저장될 것이다.

다른 방법으로는 Edit > Configuration Profiles를 선택하고 새로운 프로파일[19]을 생성하기 위해 Add 버튼 ⊞을 클릭한다.

작업하는 프로파일의 이름은 상태 바의 오른편 열에 나타난다. 그림 35는 Troubleshooting 프로파일에서 작업하고 있다. 보안 분석, WLAN 분석, 수행해야 할 다른 유형의 분석 기능은 프로파일을 별도로 생성하는 것을 고려한다.

---

19 Edit > Configuration Profiles에 있는 Copy 버튼 🗎을 사용해 기존 프로파일에 기초한 새로운 프로파일을 생성할 수 있고, Status Bar 위의 영역에서 Profile을 오른쪽 클릭하고 New를 선택하고 목록에서 기존 프로파일을 선택한 다음 Copy 버튼 🗎을 클릭한다. 실습 6에서 디폴트 프로파일에 기초한 신규 프로파일을 생성할 것이다.

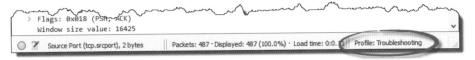

그림 35 상태 바 안의 오른쪽 열은 사용 중인 프로파일을 표시한다.

프로파일은 선호도 설정, 수집 필터, 디스플레이 필터, 컬러링 규칙 등을 정의한 단순 텍스트 파일의 모음이다. 프로파일의 일부나 전체를 또 다른 와이어샤크 호스트에게 복사하려면 단순하게 프로파일 디렉터리(또는 프로파일의 디렉터리 안의 개별적인 파일)를 다른 호스트로 복사한다.

📖 실습 6: 디폴트 프로파일을 기반으로 신규 프로파일 생성

프로파일은 트래픽을 분석할 때 맞춤형 설정으로 작업하는 것을 가능하게 한다. 이 실습에서는 'wireshark101'이라는 새로운 프로파일을 생성할 것이다. 이전에 설정한 모든 설정을 새로운 프로파일에 확실하게 복사하기 위해 디폴트 프로파일을 기반으로 할 것이다.

1단계   상태 바 안의 Profile 열을 오른쪽 클릭하고 Manage Profiles를 선택한다 (현재 프로파일 열에 어떤 프로파일이 있든 상관없이).

2단계   이용 가능한 프로파일의 목록에서 Default를 선택하고 Copy 버튼 📑을 클릭한다. 프로파일을 wireshark101로 이름을 부여하고 OK를 클릭한다.

와이어샤크는 이제 상태 바 안에 새로운 프로파일을 나타낸다.

실습 5에서는 디폴트 프로파일 안에 있는 약간의 핵심 선호도 설정(빠르게 전송되는 바이트의 추적 숫자와 대화 타임스탬프 계산하기와 같은)을 갖고 작업했다. 새로운 프로파일은 디폴트 프로파일을 기반으로 이러한 선호도 설정은 wireshark101 프로파일 안에도 설정된다.

와이어샤크는 이것이 재시작할 때 사용했던 마지막 프로파일을 기억한다. 또 다른 프로파일로 변경하려면 상태 바의 Profile 영역을 클릭하고 또 다른 프로파일을 선택한다.

1.6 핵심 와이어샤크 구성 파일 위치 알아내기

와이어샤크 구성^{configuration} 설정은 2개의 장소에 저장되는데, 이는 글로벌^{global} 구성 디렉터리와 개인^{personal} 구성 디렉터리다. 와이어샤크가 설정이 저장돼 있는 위치를 아는 것은 설정을 빨리 변경하거나 다른 사람 또는 다른 와이어샤크 시스템과 함께 개별적인 구성을 공유할 수 있게 한다.

이 디렉터리의 위치는 와이어샤크가 설치된 운영체제와 설치 과정에서 선택한 와이어샤크 위치에 따라 다를 수 있다. 그림 36에서처럼 시스템에서 디렉터리의 위치를 알아내기 위해 Help > About Wireshark > Folders를 선택한다.

그림 36 Help ﹥ About Wireshark ﹥ Folders를 사용해 구성 파일을 찾는다.

글로벌 구성 디렉터리

글로벌 구성 디렉터리는 와이어샤크를 위한 디폴트 구성을 포함한다. 새로운 프로파일(기존 프로파일을 복사하지 않고)을 생성할 때 와이어샤크는 글로벌 구성 디렉터리에 있는 파일에서 기본 설정을 가져온다.

다음의 사항들은 구성 디렉터리에서 찾을 수 있는 파일 목록의 일부다.

- cfilters는 프로파일을 위한 수집 필터를 포함한다.

- colorfilters는 프로파일을 위한 컬러링 규칙을 포함한다.

- dfilters는 프로파일을 위한 디스플레이 필터를 포함한다.

- Io_graphs는 IO 그래프에 대한 기본 설정을 포함한다(5장의 '그래프 응용과 호스트 대역폭 사용' 절에서 IO 그래프를 살펴본다).

- Preferences는 별도의 구성 파일이 없을 경우 Edit ﹥ Preferences를 선택할

때 규정된 설정을 포함한다. 여기에는 이름 변환 설정, 필터 표현식 버튼 설정과 프로토콜 설정을 포함한다.

- Recent는 열 너비, 확대/축소 수준, 툴바 표시 여부와 추적 파일 로드에 사용된 최근 디렉터리와 같은 여러 가지 설정이 포함돼 있다.

개인 구성(프로파일) 디렉터리

Default 프로파일에 변화를 주거나, 다른 프로파일을 생성하거나, 기호에 맞게 꾸미기를 했을 때 와이어샤크는 이 변경을 개인 구성 디렉터리에 저장한다.

Default 프로파일에 만들어진 맞춤형 설정에 대한 모든 구성 파일은 개인 구성 디렉터리에 있게 된다. 처음으로 맞춤형 프로파일을 만들 때 와이어샤크는 개별 구성 디렉터리에 profiles 디렉터리를 생성한다.

이 profiles 디렉터리 내에서 맞춤형 프로파일 각각에 대해 하나의 디렉터리를 보게될 것이다. 그림 37은 troubleshooting, wireshark101이라는 이름을 가진 2개의 맞춤형 프로파일을 갖는 와이어샤크 시스템의 디렉터리 구조를 보여준다.

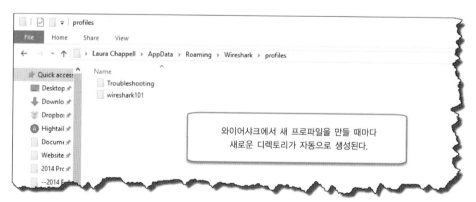

그림 37 맞춤형 프로파일(그리고 구성 파일)은 프로파일 디렉터리 안에 저장된다.

TIP

구성 파일을 편집하는 것을 두려워하지 마라. 이들은 텍스트 편집기를 사용해 변경할 수 있는 텍스트 파일이다. 이제 Notepad 같은 텍스트 편집기에서 colorfilters 파일을 열었다면 주의하라, 이 파일의 최상단에 '# DO NOT EDIT THIS FILE! It was created by Wireshark'라고 써진 메시지를 볼 것이다. 이 메시지는 무시하라(텍스트 편집기에서 이 파일 편집을 하지 않을 이유가 없다). 수작업 변경은 프로파일을 다시 로드했을 때 보일 것이다.

실습 7: DNS/HTTP Errors 프로파일 불러오기

여러 가지 유형의 HTTP 또는 DNS 문제점을 탐지하는 좋은 프로파일을 생성했다면 그 프로파일을 다른 와이어샤크 시스템에 설치하는 것을 고려해보자. 와이어샤크는 텍스트 파일에 기반을 둔 프로파일이기 때문에 이는 단순한 과정이다.

1단계   www.wiresharkbook.com을 방문하고 예제 프로파일 (httpdnsprofile101v2. zip)을 다운로드한다. 이 새로운 프로파일의 디렉터리와 내용은 하나의 파일에 압축돼 있다.

2단계   Help > About Wireshark > Folders를 선택한다. 개별적인 구성 폴더 위를 더블 클릭해 디렉터리 구조를 조사한다.

3단계   앞에서 언급한 것처럼 와이어샤크는 처음에 맞춤형 프로파일을 구축할 때(실습 6에서 한 것처럼) profiles 디렉터리를 생성한다. 이 시점에서 profiles 디렉터리를 볼 수 없으면 수동으로 하나를 생성하거나 혹은 돌아가서 실습 6을 완료한다. profiles 디렉터리를 연다.

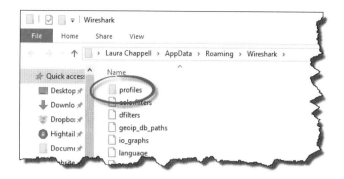

4단계   httpdnsprofile101v2.zip 파일을 압축 해제하고, 이 profiles 디렉터리에 파일을 위치시킨다. HTTP-DNS_Errors라는 새로운 디렉터리를 볼 것이다. 이 새로운 디렉터리를 살펴서 profiles에 포함된 와이어샤크 구성 파일을 찾는다.

5단계   와이어샤크로 돌아가서 상태 바의 Profile 열을 클릭한다. 새로운 프로파일이 나열된 것을 보게 될 것이다. HTTP-DNS_Errors 프로파일을 클릭해 이 새로운 프로파일을 조사한다.

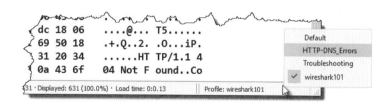

6단계   HTTP-DNS_Errors 프로파일에서 작업하는 동안 dns-nmap101.pcapng를 연다. 추적 파일에서 약간 흥미로운 색상과 디스플레이 필터 영역에서 2개의 새로운 버튼을 보게 될 것이다.

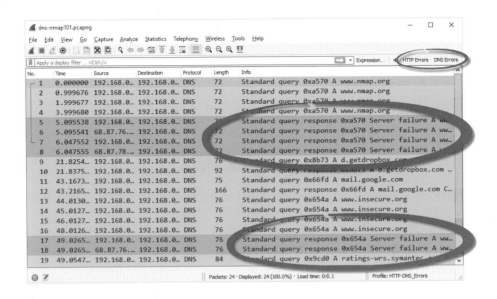

7단계 실습 완료 상태 바의 Profile 열을 클릭하고, wireshark101 프로파일을 선택한다. 뒤의 장들에서 wireshark101 프로파일을 계속 보완할 것이다.

프로파일은 단순 구성 텍스트 파일의 모음이기 때문에 프로파일의 단순 요소(또는 전체의 프로파일)를 다른 장비로 이전하는 것은 쉽다. 문제점 해결 팀과 함께 작업하는 경우 전체 팀에서 사용할 수 있는 공통 와이어샤크 프로파일을 만드는 것이 좋다.

> ## 🛈 TIP
>
> 이러한 유형의 구성 파일을 동일한 디렉터리 경로가 없는 다른 시스템으로 옮길 때 와이어샤크 시작 오류가 발생한다. 이 파일을 다른 시스템으로 이동하거나 대상 시스템의 디렉터리 구조와 일치하도록 관련 구성 파일을 편집하지 않아도 된다.

1.7 Time 열을 구성해 지연 문제점 찾아내기

대기 시간[latency](또는 전달 지연)은 시간 지연을 나타내는 데 사용되는 척도다. 호스트는 요청을 보내고 응답을 기다리므로, 여기에는 항상 약간의 대기 시간이 있다. 과도한 대기 시간은 경로나 종단점에 따라 문제점이 야기될 수 있다.

Time 열과 Info 열은 3개의 특정 유형의 대기 시간(경로, 클라이언트, 서버)을 검출하는 데 사용될 수 있다.

경로 대기 시간 표시와 원인

경로 전달 지연은 종종 RTT[Round Trip Time](왕복 시간) 전달 지연으로 언급된다. 이것은 어떤 패킷이 전송되고 응답을 수신하는 데 시간이 얼마나 걸리는지 측정하기 때문이다. 이 측정 프로세스를 이용해서 낮은 성능이 아웃바운드 방향에서 발생하는지 인바운드 방향에서 발생하는지 알 수 없다. 우리가 단순히 아는 것은 이것이 2개의 장치 사이에 있는 경로 어딘가에서 속도가 느리다는 것이다.

경로 전달 지연은 트래픽의 우선순위(서비스 품질)를 조절하는 대규모 라우터와 같은 기반 구조 장치에 의해 야기될 수도 있다. 낮은 우선순위의 트래픽이 높은 우선순위를 갖는 트래픽이 지나갈 때 해당 장치에 도달했다면 트래픽은 높은 우선순위의 데이터가 지나갈 때까지 잠시 동안 큐에 쌓일 것이다.

경로 전달 지연과 패킷 손실은 네트워크상의 대역폭에 병목현상이 있을 때 생길 수 있다. 예를 들면 2개의 과부하된 기가비트 네트워크를 10Mbps 링크에 함께 연결했다면 2개의 소방 호스를 정원 호스[20]에 연결하는 것과 같다.

그림 38에서처럼 와이어샤크에서 단순히 TCP 3 방향 핸드셰이크의 첫 2개 패킷을 살펴보고 경로 전달 지연을 알 수 있다. 클라이언트의 수집을 종료하고 클라이언트가

---

20 이것을 보고 웃지 마라(이런 일이 일어나는 것을 본 적이 있다). IT 팀에서 잘못 구성하고 정력적인 인턴이 네트워크를 땅속으로 끌고 간다. 이제 많은 경로 지연이 발생하고 엄청난 패킷 손실이 일어나게 된다.

서버에게 SYN 패킷을 보내는 것을 본다. SYN/ACK에 이를 때까지 시간이 얼마나 지났는가? 높은 경로 전달 지연을 갖는 추적 파일을 이 절에서 살펴볼 것이다.

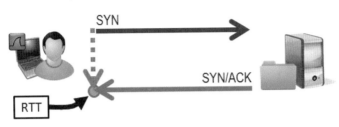

그림 38 TCP 3 방향 핸드셰이크의 SYN과 SYN/ACK 간의 RTT(Round Trip Time)을 살펴보고, 경로 전달 지연을 식별한다.

클라이언트 전달 지연 표시와 원인

높은 클라이언트 전달 지연은 사용자, 애플리케이션 또는 자원이 충분하지 못해서 야기될 수 있다. 자연스럽게 '사람에 의해서 야기된' 전달 지연(화면 위의 무언가를 사용자가 클릭하기를 기다릴 때)이 있지만, 이에 대해 할 수 있는 것은 많지 않다. 이제 느린 클라이언트 애플리케이션에 의해 야기되는 클라이언트 전달 지연 문제점을 찾아볼 것이다.

언급된 3개의 전달 지연 문제(경로, 클라이언트, 서버 전달 지연) 중에서 이것이 가장 일어나지 않는 것 중 하나다. 대부분의 애플리케이션은 통신 서버 쪽에 부하가 많이 생긴다. 그렇지만 클라이언트와 서버 간의 작업 부하에 대한 균형을 맞추는 애플리케이션을 갖고 있다면 클라이언트 응답 시간을 고려해야 한다.

그림 39에서처럼 와이어샤크에서 클라이언트 전달 지연은 클라이언트(사용자 상호작용에 의한 지연은 무시한다)에서 확인 응답 패킷 전에 커다란 지연이 있을 때 나타난다.

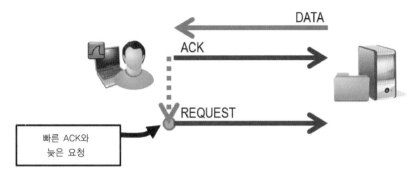

그림 39 클라이언트 요청 전의 지연은 살피지만, 키보드로 사용자가 무언가 입력하는 것을 기다리는 동안의 지연은 고려하지 않는다.

서버 전달 지연 표시와 원인

서버 전달 지연은 서버가 들어오는 요청에 대해 느리게 응답할 때 일어난다. 이것은 서버에서 처리 능력 부족, 결함이 있는(또는 잘못 작성된) 애플리케이션, 응답 정보(다중 계층이나 미들웨어 구조에서)를 얻으려고 다른 서버와 협의하는 요구 사항, 또는 어떤 다른 유형의 서버 응답을 지연시키는 간섭 등으로 생길 수 있다.

그림 40처럼 와이어샤크에서 서버로 가는 클라이언트 요청 헤더나 서버로부터 빠른 확인 응답, 그리고 요청된 정보가 수신되기 전에 엄청난 대기 시간을 살펴보고 서버 전달 지연을 식별할 수 있다. 안타깝게도 필요한 업그레이드를 하지 않고 많은 애플리케이션을 지원하는 것이 서버에게 필요하기 때문에 이것은 네트워크에서 일반화되고 있다.

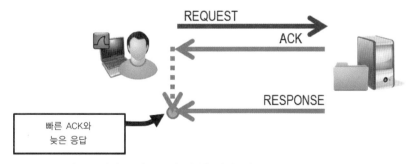

그림 40 서버 ACK와 응답 간의 전달 지연을 살펴본다.

Time 열 설정을 변경으로 전달 지연 문제점 검출

디폴트 Time 열 설정은 수집 시작 이후의 초 단위다. 본질적으로 와이어샤크는 첫 패킷의 도착을 0.000000000으로 표시한다. 첫 번째 이후의 각 패킷에 대한 Time 열 값은 수집 프로세스 동안 얼마나 늦게 도착하는 가에 기초한다.

커다란 시간차(한 패킷 끝에서 다음 패킷 끝까지의 시간)에 집중하려면 View ❯ Time Display Format ❯ Seconds Since Previous Displayed Packet을 선택한다. 이 설정은 작업하는 동안 프로파일로 남게 된다.

이 설정을 바꾼 후에 Time 열을 더블 클릭해 높은 것에서 낮은 순으로 정렬해 추적 파일의 큰 지연을 찾는다.

그림 41에서 http-openoffice101b.pcapng를 열었고, Time 열을 Seconds Since Previous Displayed Packet으로 설정하고, Time 열을 높은 것에서 낮은 순으로 정렬했다. 나타난 첫 패킷은 SYN/ACK인데, TCP 핸드셰이크의 두 번째 패킷이다. 이 추적 파일은 클라이언트에서 가져왔고 이것은 경로 전달 지연의 완벽한 예다.

본질적으로 SYN/ACK 패킷 앞의 지연은 HTTP 서버에 도달해 돌아오는 데 거의 ¼ 초(.226388초)가 소요됐다는 것을 표시한다. 이것은 차라리 걸어서 갔다 오는 것이 나을 것이다![21]

---

21 맞아, 걷는 것이 선택 사항은 아니야(길고 긴 대기시간을 줄이려고 노력하지 않으면 HTTP 서버에서 파일을 다운로드하려고 할 것이다).

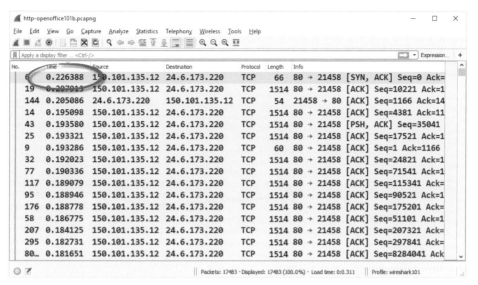

그림 41 Seconds Since Previously Displayed Packet으로 설정한 후에 Time 열을 정렬한다.
[http-openoffice101b.pcapng]

이 방법은 추적 파일에 단순 대화만 있을 때는 훌륭하지만, UDP/TCP 대화가 많이 있다면 Seconds Since Previous Displayed Packet은 문제점을 숨길 수 있다.

예를 들면 추적 파일에 서로 교차된 5개의 대화가 있을 때 이 열이 무엇을 나타낼 것인가를 고려해보자. Time 열은 지금 이곳에 5개의 교차된 대화가 있다는 사실과는 무관하게 각 패킷 간의 시간차를 측정하고 있다. 이제 개별적인 대화의 지연을 살펴보려고 한다.

새로운 TCP Delta 열로 전달 지연 문제점 탐지

실습 5에서 Calculate conversation timestamps TCP 선호도를 활성화했다. 실습 6에서 디폴트 프로파일에 기초해 wireshark101 프로파일을 생성했다. 그래서 이미 이 설정이 지정돼 있다. 이제 그 선호도 설정에 기초한 열을 어떻게 생성하는지 살펴볼 것이다. 그래서 각 TCP 대화마다 델타 시간^{delta time} 값을 얻을 수 있다.

TCP 델타 시간 값을 위한 열을 추가하려면 TCP 헤더를 확장한다. 그림 42에서처럼 Time since previous frame in this TCP stream을 오른쪽 클릭하고 Apply as Column을 선택한다. 패킷 목록 창에 새로운 열이 생긴다.

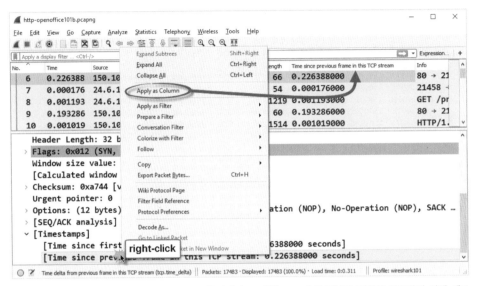

그림 42 Calculate conversion timestamp를 활성화하고, 개별 TCP 대화 내부의 지연에 집중하기 위해 새로운 열을 추가한다. [http-openoffice101b.pcapng]

이 새로운 열 이름은 너무 길다. 열의 이름을 바꾸려면 열 머리부를 오른쪽 클릭하고 Edit Column을 선택한다. 제목 필드 안에 새로운 열 이름을 입력하고 OK를 클릭해 새로운 이름을 저장한다. 그림 43에서 새로운 열을 TCP Delta로 이름 지었다.

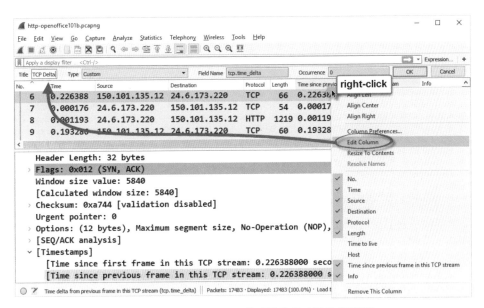

그림 43 열 머리부를 오른쪽 클릭하고 Edit Column을 선택해 열 이름을 변경한다.
[http-openoffice101b.pcapng]

이제 Time 열 값과 새로운 추적 파일에 있는 TCP Delta 열의 차이를 살펴볼 것이다.

그림 44에서 http-pcaprnet101.pcapng를 열었고, 그 위를 클릭했으며, 새로운 TCP Delta 열을 기존 Time 열의 오른쪽으로 드래그했다. Time 열을 높은 것에서 낮은 것으로 정렬해 Time 열과 TCP Delta 열 사이의 시간 값 차이를 살펴본다.

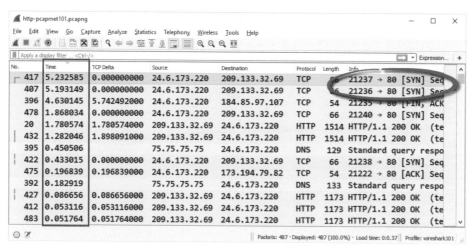

그림 44 SYN 패킷은 이 추적 파일에서 높은 전달 지연이 있는 것처럼 보이지만, 긍정 오류이다. [http-pcaprnet101.pcapng] 이다

개별적인 TCP 대화 내부의 지연을 찾기 위해 TCP Delta 열을 정렬하기 전에 약간의 지연들이 왜 정상으로 간주되는지 살펴보자.

신경 쓰지 마라: 약간의 지연은 정상이다

일부 지연은 최종 사용자가 알아채지 못한다(예, .ico 파일 로딩, 브라우저 탭의 아이콘). 다른 지연은 단지 '정상적인' 것으로 간주돼 받아들여질 수 있다. 이러한 유형의 패킷에 대한 지연 문제 해결에 시간을 많이 소비하지 마라.

- **.ico 파일 요청**file requests은 결국 브라우저 탭에 있는 아이콘을 누름으로써 브라우저에 의해 시작된다.

- **SYN 패킷**은 TCP 피어와 새로운 연결을 설정하기 위해 보내진다. 수집하기를 시작할 수 있고, 그 후 사용자에게 웹 서버로 연결을 요청한다. TCP 연결(SYN 패킷)의 첫 패킷 앞에 지연이 있을 것이다.

- **FIN 또는 RST 패킷**은 연결을 은연중에 또는 명시적으로 종료하기 위해 보내진

다. 브라우저는 이러한 패킷을 다음과 같은 경우에 보낸다. 또 다른 탭 위를 클릭 할 때 또는 사이트에 최근의 활동이 없을 때 또는 브라우징 세션이 페이지가 로드된 후에 자동으로 닫도록 구성됐을 때다. 사용자는 이러한 지연을 알지 못한다.

- **GET 요청**은 사용자가 다음 페이지를 요청하려고 링크 위를 클릭했을 때 생성될 수 있다. 다른 시점에 어떤 GET 요청은 우선순위가 없는(.ico 파일의 GET 요청처럼) 백그라운드 프로세스들에 의해 생성될 수 있다.

- **DNS 쿼리**[queries]는 웹 브라우징 세션 동안 여러 가지 시점에서 보내질 수 있다. 예를 들면 많은 수의 하이퍼링크를 가진 페이지가 클라이언트에서 로드될 때 등이다.

- **TLSv1 암호화된 경고**[encrypted alerts]는 연결 닫기 프로세스(TCP 리셋) 바로 전에 가끔 보인다. 암호화됐지만, 경계는 TLS 닫기 요청과 유사하다.

그림 44에서 가장 큰 지연은 SYN 패킷과 FIN 패킷보다 우선한다. 사용자가 파일을 요청하기를 기다리거나 연결의 최종 타임아웃 프로세스가 발생할 때까지 기다릴 수 있으므로 이러한 지연 문제를 해결하는 데 시간을 낭비하지 마라.

그림 45는 http-pcapmet101.pcapng에서 계속 작업하고 있다. 앞에서 Time 열을 기반으로 정렬했다. 이제 TCP Delta 열을 높은 것에서 낮은 순으로 정렬할 때 3개의 백그라운드 그래픽이 요청되기 전에 18초의 지연이 있음을 알았다. 이 공통 지연은 백그라운드 프로세스에서는 일반적이다. FIN/ACK 패킷은 TCP 연결을 타임아웃하도록 백그라운드에서 투명하게 발생하기 때문에 관심을 갖지 못한다.

프레임 20와 432[22]에 있는 OK 응답은 실제 관심거리다. 이것은 높은 서버 전달 지연이다. 이 추적 파일 안에서 조사할 가치가 있는 1.898091초와 1.780574초의 지연이

---

22 패킷 432와 20이 [TCP segment of a reassembled PDU]처럼 나타난다면 TCP 선호도 설정에서 Allow subdissector to reassemble TCP streams을 비활성화하게 변경할 필요가 있다. 이것을 설정하려면 Edit > Preferences > Protocols > TCP를 선택한다.

있다. 서버가 필요한 웹 페이지 요소를 보내기 전에 이러한 높은 지연을 기대하지 않는다. 서버가 과부하라든지, 정보를 자체적으로 갖지 못했다든지, 또는 요청된 요소가 데이터베이스 안에 있어서 응답하기 전에 질의가 돼야 할 필요가 있다든지 등이다.

이 상황에서 후자가 그 경우다. pcapr.net 웹사이트를 로드하고 프로토콜이나 애플리케이션 이름을 입력할 때 이 값은 조회에 일치하는 엔트리를 데이터베이스에서 검색하는 데 사용된다.

3장의 '통신 지연에 집중하기 위한 필터 사용' 절을 참고하라.

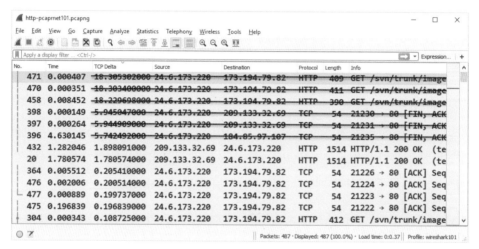

그림 45 TCP Delta 열을 높은 것에서 낮은 순으로 정렬해 개별 TCP 대화의 지연을 찾을 수 있다. [http-pcaprnet101.pcapng]

네트워크가 느리다는 불만이 있으면 항상 전달 지연 시간을 조사해 문제가 있는지 확인한다. 애플리케이션이 TCP상에서 동작한다면 TCP 핸드셰이크(경로 전달 지연)와 서버에서의 ACK(클라이언트의 요청에 확인 응답하는) 간의 지연과 따라오는 실제 데이터를 조사해서 경로와 서버 전달 지연을 탐지할 수 있다.

실습 8: 경로와 서버 전달 지연 문제에 집중하라

2개의 열을 사용해 전달 지연 탐지를 실습한다. 이 실습에서 Time 열을 Seconds Since Previous Displayed Packet으로 설정하고 TCP Delta 열을 추가할 것이다.

앞의 절을 잘 따라왔다면 이미 이 열 집합의 일부를 갖고 있을 것이다.

1단계   http-slow101.pcapng를 연다.

2단계   Length 열 머리부를 오른쪽 클릭하고 Hide 열을 선택한다. 이것은 새로운 열을 위한 더 많은 공간을 제공한다.

3단계   View > Time Display Format > Seconds Since Previous Displayed Packet을 선택한다. Time 열 머리부를 더블 클릭해 높은 것에서 낮은 순으로 정렬한다.

메인 툴바에 있는 First Packet 버튼 ⬆을 클릭한다. 이 추적 파일에 매우 높은 지연이 있음을 볼 수 있다.

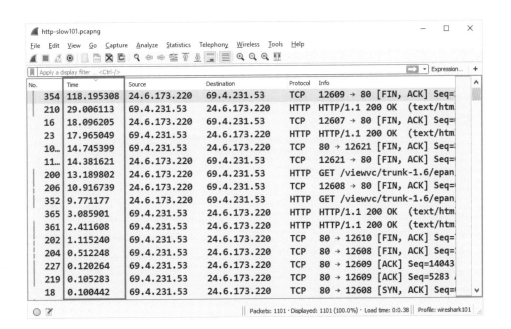

이제 TCP 대화 타임스탬프를 나타내는 열을 추가하고 작업할 때 무엇이
발생하는지 알아보자.

4단계   No.(Number) 열 머리부를 클릭해 추적 파일을 본래의 정렬 순서로 돌아가
게 한다. 위로 스크롤하거나 메인 툴바에 있는 Go to First Packet 버튼을
클릭해 프레임 1로 가게 한다.

5단계   프레임 1의 패킷 상세 창에서 TCP 머리부를 오른쪽 클릭하고 Expand
Subtrees를 선택한다. 아래로 스크롤하고 Time since previous frame
in this TCP stream을 오른쪽 클릭하고 Apply as Column을 선택한다.
다음 그림처럼 패킷 목록 창 안에 새로운 열을 갖는다.

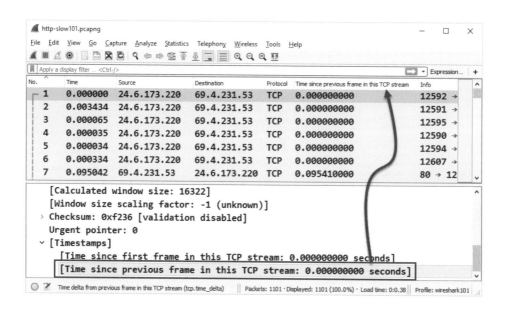

6단계   새로운 열을 오른쪽 클릭하고 Edit Column을 선택한다. 제목 영역 안에
TCP Delta를 입력하고 OK를 클릭한다.

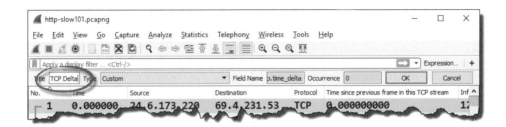

TCP Delta 열을 정렬하면서 '신경 쓰지 마라: 약간의 지연은 정상이다'
절에 나열된 '정상 지연' 안에 포함할 수 있는 트래픽 유형을 염두에
두라.

7단계   새로운 TCP Delta 열 머리부를 클릭하고 열을 기존 Time 열의 오른쪽으
로 드래그한다. 새로운 TCP Delta 열 머리부를 두 번 클릭해 높은 것에서
낮은 순으로 정렬한다. 이 추적 파일에는 다수의 TCP 대화가 교차돼 있지
만 TCP Delta 열은 추적 파일에 있는 전달 지연 시간의 정확한 표시를
제공한다.

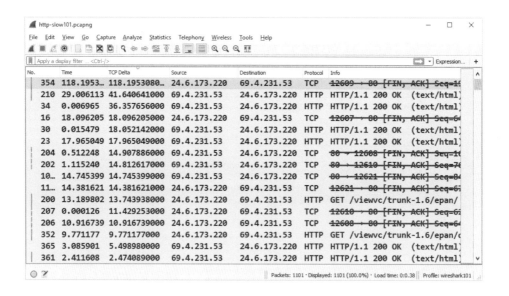

트래픽에서 맨 위의 지연과 관련해 공통된 어떤 것이 보이는가? HTTP 서버가 'OK'라고 할 때까지 여러 가지 높은 지연이 있다. 사용자가 이 웹사이트를 브라우징할 때 치명적인 성능에 관한 불만을 상상할 수도 있을 것이다.

8단계   실습 완료 No.(Number) 열 머리부를 한 번 클릭해 낮은 것에서 높은 순으로 정렬한다. 이것이 추적 파일의 원래 정렬 순서다.

TCP Delta 열 머리부를 오른쪽 클릭하고 이것을 감추기 위해 목록으로부터 열 선택을 해제한다. 이 열을 나중에 다시 보기를 원한다면 아무 열이나 머리부를 오른쪽 클릭하고 열 목록으로 이것을 선택한다.

웹 브라우징 세션, 네트워크 로그인, 또는 이메일 트래픽의 TCP 델타 시간을 살펴보라. 클라이언트에서 여러 호스트와의 왕복 전달 지연 시간을 느껴보라.

도전 과제

challenge101-1.pcapng를 열고 1장에서 정리된 기법을 사용해 도전 과제에 답하라. 해답은 부록 A에 있다.

이 추적 파일은 비표준 포트 번호를 사용하는 HTTP 통신을 포함한다. 와이어샤크의 이전 버전(와이어샤크 v1.x)을 사용 중이라면 이 트래픽을 HTTP로 해석하게 와이어샤크에 강제 지정해야 한다.

질문 1-1   어느 프레임 번호에서 디폴트 웹 페이지('/')에 대한 클라이언트 요청을 갖는가?

질문 1-2   프레임 14에서 서버가 보낸 응답 코드는 무엇인가?(이것은 TCP 재조립 기능이 가능하게 돼 있다면 프레임 17에도 있을 것이다. 실습 5 참조)

질문 1-3   이 추적 파일에서 보여준 가장 큰 TCP delta 값은 무엇인가?

질문 1-4   최소한 1초의 지연 후에 도착한 SYN 패킷은 몇 개인가?

2장

기술: 최선의 수집 방법 결정과 수집 필터 적용

네트워킹 프로토콜에 접근하는 것은 인간들의 대화와 같다. 사람들이 서로 어떻게 이야기하는지, 무엇인가 원할 때 어떻게 행동하는지, 무언가를 받았을 때 어떻게 감사를 표현하는지 생각해보라. 패킷과 네트워크 트래픽에서 패킷 유형을 살펴보는 것은 이해가 쉬워지고, 통신의 미묘한 차이를 기억하기 쉬워질 것이다. 시간 투자는 그만한 가치가 있다. 패킷을 이해할 때 네트워킹 안의 모든 것을 이해할 수 있다.

베티 듀보이스(Betty DuBois)/Network Detectives의 조사 담당관이자 와이어샤크 대학 공인 강사

빠른 참조　수집 옵션(Capture Options)

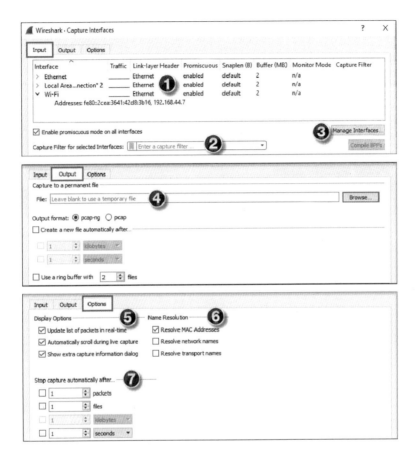

① **인터페이스 목록**　하나 이상의 인터페이스(복수 어댑터 수집)를 선택한다.

② **수집 필터**　적용된 수집 필터를 나타낸다.

③ **인터페이스 관리**　새로운 로컬/원격 인터페이스를 추가하려면 여기를 클릭한다.

④ **영구적인 파일(들)로 수집**　복수 파일을 저장하고, 다음 파일이 생성될 때를 지정하고, 링 버퍼를 설정한다.

⑤ **디스플레이 옵션**　자동 스크롤을 설정하고 수집하는 동안 패킷을 살펴본다.

⑥ **이름 변환** MAC 주소, IP 주소, 포트(전송 이름)를 위한 이름 변환을 활성화/비활성화한다.

⑦ **수집 중단** 패킷의 개수, 생성된 파일 수, 수집된 데이터 양, 소비한 시간을 기반으로 자동 중단 조건을 설정한다.

2.1 브라우징이나 파일 다운로드가 늦는 문제를 해결하기 위한 최선의 수집 위치 확인

네트워크 성능 문제를 분석하는 첫걸음은 올바른 지점에서 트래픽을 수집하는 것이다. 잘못된 지점에 와이어샤크가 위치하면 여러 시간 동안 관련 없는 트래픽이나 '긍정 오류false positive'을 처리하는 데 많은 시간을 소비할 것이다.

이상적인 시작 포인트

그림 46에 나타난 것처럼 호스트나 호스트 근처에서 트래픽 수집을 시작하는 것은 성능 문제를 경험하는 것이다. 이것은 호스트 관점에서 트래픽을 보는 것이다. 호스트가 경험하는 왕복 전달 지연 시간, 패킷 손실, 오류 회신, 기타 문제를 탐지할 수 있다. 이메일 다운로드가 느린 데 대해 사용자가 불만이 있다면 이런 관점에서 성능 문제를 살펴볼 필요가 있다. 네트워크 중간 어딘가에서 수집한다면 패킷 수집 도구는 성능이슈가 영향을 주는 지점에서 상향 스트림이 될 것이다.

불만이 있거나 의심스러운 호스트에 최대한 가까운 곳에서 수집을 시작하라.

그림 46 최대한 호스트 가까이에서 수집을 시작할 때 이 호스트 관점에서 관련 사항을 볼 수 있다.

필요하다면 옮겨라

불만이 있는 호스트 관점에서 일어나는 일반적인 아이디어를 얻은 다음에 다른 관점을 얻으려면 패킷 수집 도구를 다른 곳으로 옮길 수도 있다. 예를 들면 패킷 손실이 성능 저하의 원인으로 보인다면 어디에서 패킷을 덤프할 것인지 결정하기 위해 와이어샤크(또는 두 번째 와이어샤크 시스템을 구성)를 스위치나 라우터의 다른 쪽으로 옮기기를 원할 것이다. 대부분의 패킷 손실은 상호 연결 장치에서 발생하므로 그곳이 집중할 장소다.

TIP

클라이언트의 관점에서 아이디어를 얻으려면 클라이언트 시스템에서 수집을 시작한다. 타겟으로의 긴 왕복 시간, 패킷 손실 표시, 버퍼 크기와 관련된 문제(5장의 '버퍼 혼잡 경보 수신' 절에서 다루는 0 윈도우 조건), 의심스럽거나 불필요한 백그라운드 트래픽을 살펴보라. 대부분은 클라이언트 관점 이상으로 더 진행할 필요가 없을 것이다.

2.2 이더넷 네트워크 트래픽 수집

이더넷 네트워크상의 트래픽을 수집하기 위한 방법은 많다. 옵션을 아는 것은 트래픽을 수집하는 데 가장 효율적인 방법을 사용하게 보장한다. 불평이 있는 호스트 가까이에서 수집하는 3가지 옵션이 있는데, 그림 47에서는 옵션 1에서 3까지를 보여준다.

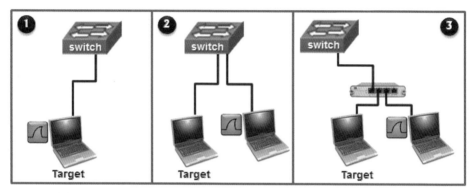

그림 47 이더넷 네트워크상의 트래픽을 수집하는데 3가지 기본 옵션이 있다.

옵션 1: 불평이 있는 호스트에서 직접 수집하기

해당 호스트에 패킷 수집 소프트웨어를 설치하는 것이 허용된다면 최선의 옵션이 될 것이다. 와이어샤크를 설치해야만 하는 것은 아니다. tcpdump 같은 단순 패킷 수집 유틸리티를 사용하는 것을 고려하라.

옵션 2: 호스트의 스위치 포트를 확장한다

사용자의 스위치가 포트 확장spanning를 지원하고, 스위치를 구성할 권리를 갖고 있다면 스위치에 사용자의 스위치 포트에서 오는/로 가는 모든 트래픽을 와이어샤크 포트로 복사해 다운하도록 설정한다. 그렇지만 한 가지 주의해야 할 것은 스위치는 링크 계층 오류 패킷을 전달하지 않아서 생기는 성능 저하와 관련된 모든 트래픽을 볼 수 없다는 점이다.

옵션 3: TAP를 설정한다

탭^{TAP, Test Access Port}[23]은 관심 있는 호스트와 스위치 사이의 경로에 설치되는 전이중 장치다. 기본적으로 탭은 링크 계층 오류를 포함해 모든 네트워크 트래픽을 전달한다. 탭이 비싸긴 하지만 호스트에서/로 오는 모든 트래픽을 청취하기 원한다면 이것이 확실한 장비다.

> 미리 자신의 수집 프로세스를 준비하고 실행한다. 사람들이 네트워크 문제에 대해 불평할 때 스위치 포트의 확장 구성 정보를 살펴보는 것을 원치 않을 것이다. 서버에서 오는/로 가는 트래픽을 청취하려고 탭을 사용하려면 탭을 제 위치에 보존하고 항상 필요할 때 준비하는 것을 고려하라.

2.3 무선 네트워크 트래픽 수집

와이어샤크는 무선 네트워크(WLAN)가 어떻게 동작하는지 이해하는 것을 도와줄 수 있고, 홈이나 작업 네트워크에서 성능에 문제가 되는 원인을 찾는 데 도와줄 수 있다. WLAN에서 수집하는 데는 몇 가지 옵션이 있다. 첫째, 와이어샤크가 실행되는 동안 본래의 WLAN 어댑터가 무엇을 볼 것인지 결정한다.

본래의 WLAN 어댑터가 볼 수 있는 것은 무엇인가?

시작 페이지로 돌아가기 위해 Close File 버튼 ⊠을 클릭한다. 스파크라인을 검사해서 와이어샤크를 통해 트래픽을 볼 수 있는 무선 어댑터가 나열돼 있는지 확인한다. WLAN 트래픽이 있다는 것을 아는 데 스파크라인이 평평하다면 기본 어댑터가 동작하지 않는 것이다.

---

23 'tap'이라는 용어는 머리글자 TAP의 일반적인 용어다.

네이티브 어댑터의 스파크라인에서 움직이고 있으면 수집을 시작하기 위해 해당 어댑터를 두 번 클릭한다. 어댑터가 WLAN 비컨 및 데이터 패킷을 볼 수 있고 802.11 헤더를 볼 수 있으면 이 어댑터가 패킷 캡처 인터페이스로서 동작하는 것이다. 그러나 어댑터가 캡처 시의 신호 강도와 같은 메타데이터를 추가하지 않으면 분석에 필요한 몇 가지 중요한 데이터가 누락될 수 있다.[24]

완전한 WLAN을 보려면 AirPcap 어댑터를 사용하라

AirPcap 어댑터는 모든 유형의 WLAN 트래픽을 수집하기 위해 특별하게 고안돼서 WLAN 복호화 키(제공된다면)를 적용하고, 수집된 프레임에 대한 메타데이터를 추가한다.

AirPcap 어댑터는 802.11 제어, 관리, 데이터 프레임을 수집할 수 있다. 추가적으로 이 어댑터는 감시 모드(RF 감시나 RFMON 모드로 언급되기도 함)로 동작하는데, 이것은 어댑터가 특정 액세스 포인트와 관계없이 모든 트래픽을 수집하는 것이 가능하다. 이는 AirPcap 어댑터가 자신과 관련된 로컬 호스트만이 아닌 802.11 네트워크상의 모든 트래픽을 수집할 수 있다는 것을 의미한다.

AirPcap 어댑터는 PPI(패킷 정보마다) 또는 RadioTap 헤더 중 하나를 각 WLAN 프레임에 첨부하려고 구성될 수 있다. 이 헤더는 프레임이 도착하는 주파수, 그 순간의 신호 세기와 잡음 레벨, 수집 위치 등과 같은 정보를 포함한다. 그림 47은 AirPcap 어댑터로 수집된 추적 파일(wlan-ipadstartstop101.pcapng)을 나타낸다. 패킷 상세 창은 RadioTap 헤더 안에 포함된 추가적인 정보를 보여준다.

WLAN 트래픽을 수집할 필요가 있다면 AirPcap 어댑터는 훌륭한 옵션이다. AirPcap 어댑터에 대한 더 자세한 정보는 www.riverbed.com을 방문하라.

---

24 신호 세기 정보는 802.11 헤더의 필드에 포함되지 않아서 이 정보는 어댑터나 특수 드라이버를 추가해야 한다.

WLAN/Loopback 가시성을 위해 Npcap 드라이버 사용

Npcap 프로젝트는 윈도우 시스템을 위한 새로운 패킷 스니핑 라이브러리를 개발했다. Npcap은 WinPcap/Libpcap 라이브러리를 기반으로 하지만, Npcap은 다음과 같은 이점을 제공한다.

- NDIS 6 지원은 이전의 비추천 NDIS 5 API(마이크로소프트가 언젠가는 중지시킬 수 있음)보다 빠르다.
- 무선 네트워크에서 수집하기 위한 모니터 모드
- UAC^{User Account Control} 대화상자 사용을 통한 보안
- WinPcap 라이브러리가 필요한 프로그램에 대한 WinPcap 호환성
- Npcap Loopback 어댑터라는 이름을 가진 어댑터를 만들어 루프백 패킷 수집

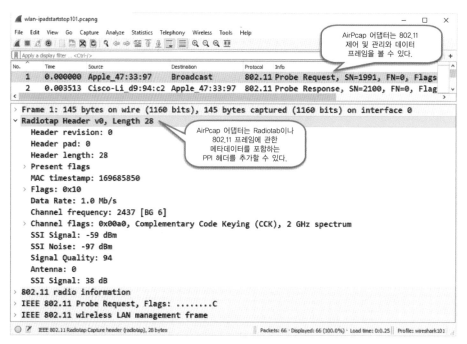

그림 48 AirPcap 어댑터는 제어, 관리, 데이터 프레임을 볼 수 있게 한다. 추가적으로 어댑터는 Radiotap이나 802.11 메타데이터의 PPI 헤더를 프레임에 접두사로 붙인다. [wlan-ipadstartstop101.pcapng]

WLAN 네트워크는 문제를 해결하거나 보안을 강화할 때 불평하거나/의심스러운 호스트(유선 네트워크에서 수집을 한 것처럼)에 최대한 가까이에서 시작한다.

> 자신의 어댑터에서 수집을 시도해서 성능을 살펴본다. 관리, 데이터, 제어 프레임과 마찬가지로 802.11 헤더를 볼 필요가 있다. AirPcap 어댑터는 무선 네트워크 트래픽을 분석하려면 투자할 가치가 있다.

2.4 동작 중인 인터페이스 파악

와이어샤크에서 인터페이스를 볼 수 없다면 트래픽을 수집할 수 없다. 하나 이상의 인터페이스를 갖고 있다면 사용할 인터페이스를 결정해야 한다. 인터페이스 옵션을 마스터하는 것은 분석가로 성공하는 데 필요하다.

어느 어댑터가 트래픽을 보는지 지정

Capture Options 버튼 ◉을 클릭하거나 어느 인터페이스가 트래픽을 보고 있는지, 그리고 각 인터페이스는 어느 네트워크와 연결돼 있는지를 빨리 알기 위해서는 스파크라인의 동작을 살펴본다.

해당 어댑터와 연관된 주소를 보려면 어댑터 앞의 ▷를 클릭하라.

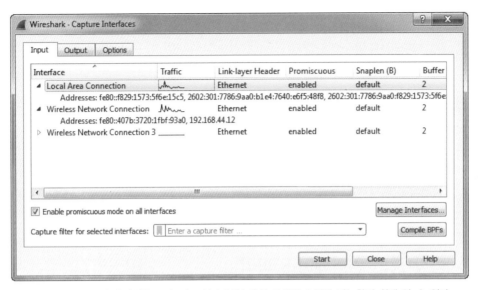

그림 49 스파크라인의 움직임을 보면 어느 인터페이스에서 트래픽 수집이 가능한지 쉽게 알 수 있다.

복수 어댑터 수집의 사용을 고려하라

Capture Options 창에서 수집하고자 하는 다중 인터페이스를 선택하려면 Ctrl + click (또는 맥에서는 Command + Click)을 사용할 수 있다. 유선과 무선 네트워크에서 동시에 수집을 원한다면 유용하다. 예를 들면 네트워크에서 WLAN 클라이언트의 문제 해결을 시도한다면 그림 50에서처럼 클라이언트의 WLAN 어댑터와 유선 네트워크를 동시에 수집할 수 있다.

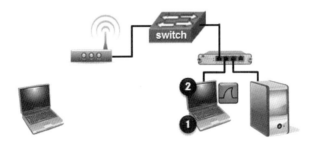

그림 50 트래픽이 무선에서 유선 네트워크로 전달될 수 있기 때문에, 클라이언트의 트래픽을 동시에 수집할 수 있다.

2.5 대량의 트래픽 처리

전송량이 많은 대기업에서 트래픽이 와이어샤크[25]에 과부하를 주어서 부정확한 추적 파일로 인해 정확하지 않은 분석 결과가 나올 수 있다. 대량의 트래픽 처리를 배우는 것은 규모가 있는 네트워크에서 생기는 문제의 추적 작업을 쉽게 할 수 있게 보장한다.

8장에서 Tshark와 dumpcap를 사용해 커맨드라인 수집 기술을 살펴본다.

많은 트래픽을 살펴봐야 하는 이유

사용자가 웹 브라우징이 속도가 늦는 데 대해 불만을 제기하면 트래픽 수집하기를 시작하고, 그 후에 사용자에게 몇 개의 웹사이트를 브라우징하게 요청한다. 사용자가 늦은 브라우징 문제를 하소연할 때까지 수집을 계속한다. 성능 문제가 클라이언트, 서버, 경로와 관련돼 있는지 알아보는 데 도움을 줄 수 있는 수집된 트래픽을 확보한다.

클라이언트 가까이에서 수집할 때 대기업의 중앙에서 탭핑했을 때보다 트래픽이 적은 것을 알 수 있게 된다. 이것은 아마도 와이어샤크가 클라이언트에서/로 오는 트래픽 율을 유지할 수 있기 때문이다.

보안 문제(아마도 호스트가 멀웨어를 포함하고 있다고 생각한다)를 다루고 있다면 이 호스트에서/로 오는 모든 트래픽을 상당한 시간 동안 수집할 필요가 있다. 이 수집 프로세스 동안 사용자가 시스템의 키보드에 접근하지 못하게 한다. 사용자 행위를 수집하는 것을 바라지 않기 때문이다.

의도하지 않은 수집 프로세스를 설정하면 사무실 바닥에서 자고 있는 동안 하드 드라이브가 빠르게 채워질 것이다.

---

25 Dumpcap은 와이어사크를 위해 트래픽을 수집하는 도구이므로 트래픽이 와이어샤크가 Dumpcap으로부터 가져오는 것보다 빠르게 도착하면 문제가 생길 수 있다.

수집 필터를 사용하는 가장 큰 이유

수집 필터를 사용하는 가장 큰 이유는 대량의 데이터를 처리하기 위한 것이다. 와이어 샤크가 수집해야 할 패킷 수를 줄이면 와이어샤크의 부하를 줄이고, 감당할 트래픽의 총량을 줄인다. 그렇지만 명심할 것은 과도하게 제한적인 수집 필터는 핵심 패킷을 놓쳐 버릴 수도 있다는 점이다. 안전한 옵션으로 파일이 수집되는 것을 보라.

파일 집합으로 수집

와이어샤크는 파일 집합[set]으로 트래픽을 수집할 수 있다. 파일 집합은 와이어샤크의 File > File Set > List Files 특성을 사용해 살펴볼 수 있는 개별적으로 링크된 파일 이다.

Capture Options 버튼 ◉을 선택하고 트래픽 수집을 원하는 인터페이스를 선택하고 Output 탭을 클릭한다. 그림 51에서처럼 수집 파일(들) 섹션 안에 파일 집합에 대한 경로와 파일 이름을 입력한다. Create a new file automatically after...를 체크하고 다음 파일을 생성하려는 기준을 정의한다.

이 예제에서 와이어샤크는 100MB 크기의 파일을 .pcapng 형식으로 생성할 것이다. 중단에 대한 판단 기준을 설정하지 않았으므로 어떤 시점에 수집 프로세스를 수동으로 중단할 필요가 있다.

그림 51 100MB 크기의 파일 집합으로 수집하도록 와이어샤크를 설정했다.

그림 51에서 보여준 예에서는 호스트상에서 멀웨어가 동작하고 있다고 의심했으므로, 백그라운드에서 구동하고 있는 전화 홈 프로세스가 있는지 알아보기 위해 다음 12시간 동안 이 호스트에서 오는/로 가는 트래픽을 수집하게 와이어샤크를 설정했다. 추적 파일(들)에서 무엇을 보는가에 따라 수집을 더 오랫동안 하거나 더 짧게 할 필요가 있다.

와이어샤크가 파일 집합으로 저장할 때 파일은 ginny_pc라는 이름 뒤에 파일 번호와 날짜/타임스탬프가 붙을 것이다. 예를 들면 3개의 파일을 수집했다면 이들의 이름은 다음과 같다:

- ginny_pc_00001_20170115180713.pcapng

- ginny_pc_00002_20170115184116.pcapng

- ginny_pc_00003_20170115190252.pcapng ...

파일 집합에서 열고 이동

파일 집합으로 작업하려면 File > Open을 사용해 파일 집합 파일 중 하나를 선택한다. 이 집합의 첫 파일을 연 다음에 File > File Set > List Files를 사용해 파일 집합의 모든 파일을 본다.

각 파일을 클릭해 하나의 파일을 다른 것으로 빨리 옮긴다. '특수 수집 기술을 사용해 산발적인 문제 해결' 절을 참조하라.

다른 해결책을 고려하라: SteelCentral™ 패킷 분석기

2007년 후반부터 네트워크 속도가 빨라지고 멀티미디어 요소를 포함해 파일 크기가 확장됨에 따라 추적 파일이 점점 커지는 추세로 바뀌었다. 와이어샤크는 갑자기 이러한 커다란 추적 파일에 사용하기에는 적합하지 않은 도구가 돼버렸다.

2009년에 WinPcap의 창시자인 로리스 데조아니^{Loris Degioanni}는 지금 SteelCentral™ 패킷 분석기^{Packet Analyzer}(이전의 Cascade Pilot)[26]로 알려진 제품을 작업하기 시작했다. 패킷 분석기는 커다란 추적 파일을 처리하면서 와이어샤크에는 없는 그래픽과 보고서 기능을 제공하고, 통합해 특정 패킷을 면밀하게 조사할 수 있도록 내보내기를 할 수 있다.

패킷 분석기의 가장 환영 받는 특징 중 하나는 커다란 추적 파일을 처리하는 능력이다. 예를 들면 최근의 시험에서 와이어샤크가 1.3GB 파일을 여는 데 1분 52초가 소요됐다. 매시간 디스플레이 필터, 열, 컬러링 규칙을 추가했고, 와이어샤크는 파일을 다시 로드해야 했다. 이런 상황으로 인해 와이어샤크는 기본적으로 사용하기 버겁다. 하지만 패킷 분석기에서는 동일한 파일의 IP 대화 뷰를 3초 이내에 로드했다.

---

26 인터페이스를 보기 전에 이 제품의 초기 설계 단계 동안 로리스와 같이 있었던 것은 행운이었다. 하부 구조는 유선형이면서 정교했다. 제품이 모양을 잡고 잠재적인 특성을 논의하는 것을 바라보는 것은 아주 멋진 경험이었다.

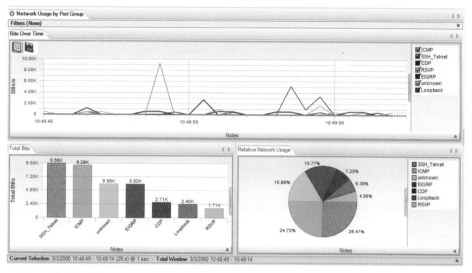

그림 52 패킷 분석기는 트래픽에 대한 그래픽 뷰를 제공하므로 네트워크 분석 툴킷으로 훌륭한 도구다.

TIP

100MB 이내의 파일 크기를 유지하라. 파일 크기가 커지면 열을 추가할 때, 필터를 적용할 때, 그래프로 나타낼 때 와이어샤크가 점점 쓸모없게 된다. 와이어샤크는 매우 큰 추적 파일을 처리하는 데 적합하지 않다. 매우 큰 추적 파일과 작업할 수 있도록 패킷 분석기가 만들어졌고, 와이어샤크와 무리 없이 통합할 수 있다. 매우 커다란 추적 파일(100MB 이상)을 수집하거나 작업해야 한다면 분석 솔루션으로 패킷 분석기를 고려하라.

실습 9: 파일 집합으로 수집

이 실습에서는 자동 중단 조건을 사용해 파일 집합으로 수집하기를 실습하는 기회를 갖는다.

1단계   메인 툴바 위의 Capture Options 버튼 ⚙을 클릭한다.

2단계   현재 사용하고 있는 어댑터를 선택해 인터넷을 연결한다.

3단계 Output 탭을 클릭한다. 수집 파일 영역에서 Browse 버튼을 클릭해 브라
우징하고 추적 파일을 저장하는 디렉터리를 선택한다. 파일 영역에서
captureset101.pcapng를 입력한다.

4단계 Create a new file automatically after 체크박스를 체크한다. 다음 파일
이 10초 후에 생성되는 것으로 설정한다.

Output 설정이 다음 그림과 같을 것이다.

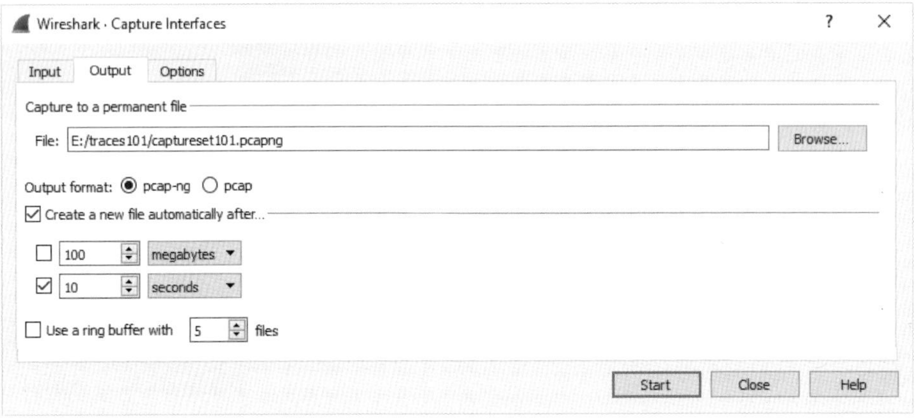

5단계 Options 탭을 클릭한다. Stop capture automatically after 아래에 있는
files 체크박스를 체크하고 와이어샤크가 4개의 파일을 생성된 후에 수집
을 중단한다는 것을 가리키기 위해 4를 입력한다.

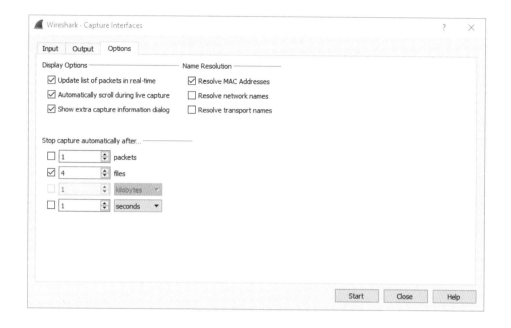

6단계   Start를 클릭한다(Start 버튼이 동작하지 않으면 Input 탭을 클릭하고 어댑터가
        선택됐다는 것을 보장한다).

7단계   자신의 브라우저를 열고 www.openoffice.org를 방문한다. 최소한 40초
        이상 웹사이트를 브라우징한다.

        토글^{toggle}해서 와이어샤크로 돌아가서 타이틀 바를 살펴본다. 파일 이름
        stem(captureset101)이 있고 다음에 파일 숫자(아래에서 _00004)와 날짜와
        타임스탬프가 있는 것을 볼 것이다.

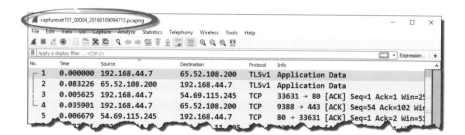

8단계   File > File Set > List Files를 선택한다. 와이어샤크는 파일 집합에 있는 4개의 파일을 모두 보여준다. 빨리 파일을 열기 위해 나열된 파일 중 하나를 클릭한다.

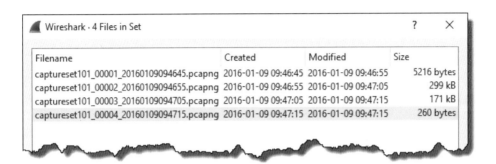

9단계   실습 완료 파일 목록 창을 닫는다. 와이어샤크가 여러 가지 수집 옵션을 유지하는 것에 유의하라. 다음 수집 프로세스를 위해 준비할 때 수집 옵션 설정을 점검할 필요가 있다.

TIP

많은 양의 트래픽을 다룰 때 파일 집합으로 저장하는 것을 고려하라. 와이어샤크는 파일이 100MB 이하일 때 더 빠르게 로드될 것이다. 아주 많은 양의 트래픽을 수집할 필요가 있을 때마다 파일 집합을 사용하게 될 것이다.

2.6 특수 수집 기술을 사용해 산발적인 문제 해결

산발적으로 일어나는 로밍^{roaming} 문제는 종종 분석가를 힘들게 한다. 몇 가지 핵심 와이어샤크 기능을 사용해 이렇게 힘들고 어려운 사건을 해결할 수 있게 된다.

산발적으로 일어나는 문제(네트워크상에서 나타났다가 없어졌다 하는)를 만나면 자신의 수집 프로세스를 좀 더 지혜롭게 할 필요가 있다. 이 경우에 그 문제가 다시 나타날 때까지 계속해서 트래픽을 수집해야 한다.

파일 집합과 링 버퍼 사용

이 상황에서 트래픽을 파일 집합으로 수집하게 와이어샤크를 설정하는 데 링 버퍼^{ring buffer} 옵션을 사용한다. 그림 53에서는 새로운 파일 이름(roamingprob.pcapng)을 지정했고, 전체 5개의 파일(링 버퍼 설정을 5)을 유지하게 표시했다.

그림 53 문제점이 나타날 때까지 적어도 500MB의 트래픽을 조사하려고 한다.

와이어샤크가 5번째 100MB 파일 수집을 마치면 처음 100MB 파일을 지우고 6번째 100MB 파일을 생성한다. 와이어샤크는 계속 이러한 방식으로 동작한다. 파일 집합

특성은 하드 드라이브를 가득 채우지 않고 문제에 이를 때까지 가장 최근의 500MB 파일을 갖는다.

불평이 생기면 중단하라

사용자가 성능에 대한 문제를 제기하면 수집 프로세스를 수동으로 중단하고, 그리고 무슨 문제가 발생했는지를 보려면 가장 최근의 파일을 조사한다.

와이어샤크는 파일에 계속 번호를 매김으로써 얼마나 많은 100MB 파일이 생성되고 (마지막 5개의 파일보다 오래된 것들이) 지워졌는지 알 수 있다.

예를 들면 다음과 같은 파일 이름을 볼 수 있다.

- roamingprob_00007_201701279203453.pcapng

  (8:34:53PM on January 27th, 2017에 생성됨)

- roamingprob_00008_20170127023321.pcapng

  (2:33:21AM on January 27th, 2017에 생성됨)

- roamingprob_00009_20170127091141.pcapng

  (9:11:41AM on January 27th, 2017에 생성됨)

- roamingprob_00010_20170127094214.pcapng

  (9:42:14AM on January 27th, 2017에 생성됨)

- roamingprob_00011_20170127100107.pcapng

  (10:01:07AM on January 27th, 2017에 생성됨)

이것은 와이어샤크가 수집된 트래픽을 나중에 자동으로 검토하기 위한 훌륭한 방법이다.

일상적인 업무에서 와이어샤크가 링 버퍼를 갖는 파일 집합으로 수집하게 구성해 이 기술을 연습한다. 와이어샤크가 백그라운드에서 동작하므로 어떤 유형의 문제 발생에 이를 때까지 트래픽을 수집할 준비가 됐다. 예를 들면 웹사이트가 갑자기 평소보다 늦게 로드된다면 와이어샤크로 토글해서 수집을 중단하고 최근에 무엇이 발생했는지 볼 수 있다.

🖥 실습 10: 링 버퍼를 사용해 드라이브 공간을 절약하라

이 실습에서는 링 버퍼를 구성해 가장 최근 트래픽을 확실하게 보도록 구성한다. 문제를 생성하고 수동으로 수집을 중단해 그 이슈를 분석할 것이다.

1단계   메인 툴바 위의 Capture Options 버튼 ◉을 클릭한다.

2단계   현재 사용하고 있는 어댑터를 선택해 인터넷에 연결한다.

3단계   Output 탭을 클릭한다. Capture to a permanent file 체크박스를 선택한 다음 찾아보기 Browse 버튼을 클릭해 추적 파일을 저장할 디렉터리를 탐색하고 선택한다. 파일 영역에 stopproblem101.pcapng를 입력한다. Save를 클릭한다.

4단계   Create a new file automatically after 체크박스를 체크한다. 10초 후에 생성될 다음 파일을 설정한다.

5단계   Ring Buffer 옵션을 유지할 파일의 최대 개수를 3으로 제한하기 위해 선택한다.

6단계   Start를 클릭한다.

7단계   자신의 브라우저를 열고 www.wireshark.org를 방문한다. 최소한 30초
        동안 사이트 주위를 브라우징한다.

8단계   이제 www.chappellu.com/nothere.html을 브라우징한다. 이것은 파일
        이 존재하지 않아서 404 오류가 생성될 것이다.

9단계   와이어샤크로 빨리 되돌아가서 Stop Capture 버튼 ■을 클릭한다.

10단계   타이틀 바를 살펴본다. 이 시점까지 몇 개의 파일 개수가 할당됐는지 알
        수 있다. File > File Set > List Files를 선택할 때 자신의 링 버퍼를 마지
        막 3개의 파일만 저장하게 설정했으므로 3개의 파일만 보인다.

11단계   다음 그림에 나타난 것처럼, Last Packet 버튼 ⬇을 클릭하고 추적 파일
        을 끝에서 처음 방향으로 스크롤해 서버의 404 오류 메시지를 찾는다.
        실습 18에서 디스플레이 필터를 사용해 404 오류 회신을 빠르게 찾을 수
        있다.

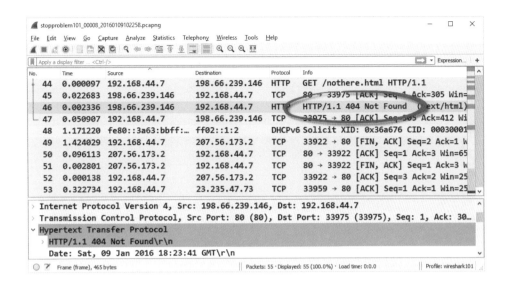

12단계　실습 완료　와이어샤크가 여러 수집 옵션을 유지하는 것에 유의하라. 다음 수집 프로세스를 위해 준비할 때 수집 옵션 설정을 점검할 필요가 있다.

링 버퍼와 수동으로 중단 프로세스를 사용해 지금까지 무슨 문제가 발생했는지, 현재 시점에서 성능에 영향을 미치는 것이 무엇인지 알 수 있다.

2.7 작업해야 할 트래픽 총량을 줄여라

패킷을 면밀히 조사하는 데 여러 주를 보내기보다는 적절한 위치에서 수집하고 수집 프로세스 과정에 필터링을 사용해 작업량을 획기적으로 줄이는 것을 생각해보자.

트래픽이 매우 많은 서버나 대기업 네트워크에서 트래픽을 수집해야 한다면 와이어샤크가 트래픽율을 감당하지 못한다는 것을 알 수 있다.

와이어샤크가 감당하지 못할 때를 감지한다

와이어샤크가 트래픽을 수집하려고 dumpcap.exe를 시작한다. 와이어샤크는 dumpcap으로부터 트래픽을 건네받는다. 수집 프로세스(대부분은 와이어샤크가 dumpcap 에게서 트래픽을 빠르게 건네받지 못하기 때문이다) 동안 트래픽을 dumpcap가 견디지 못하면 'Dropped: x'라는 구문이 가운데 열에 있는 와이어샤크의 상태 바에 나타날 것이다.

대부분의 추적 파일에 다수의 ACKed Lost Segment와 Previous Segment Not Captured 표시가 포함돼 있을 것이다. 결함이 있는 추적 파일로는 작업할 수 없다. 자신이 생각하는 가정과 분석은 작업한 데이터처럼 불완전하다. 이런 추적 파일은 사용할 수 없다.

이제 수집 필터[27]를 적용하기에 완벽한 때다. 그림 54는 패킷이 수집 엔진으로 보내지기 전에 수집 필터를 적용한 것을 보여준다. 이 시점에서 수집 필터를 적용해 폐기된 패킷을 피할 수 있다.

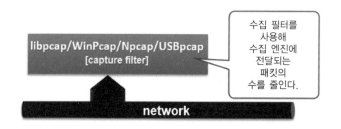

그림 54 수집 필터는 수집 엔진의 부하를 줄여준다.

---

27 가능하다면 수집 필터의 사용을 피하길 권장한다. 이것은 필터로 걸러내고 나면 돌이킬 수 없기 때문이다. 수집 필터를 적용해야 하는 가장 이상적인 시점은 dumpcap가 트래픽을 감당할 수 없을 때다. 그래서 수집 엔진에 주어지는 부하를 줄여주는 것이다.

확장된 스위치가 감당하지 못할 때를 감지한다

패킷 폐기는 매우 분주한 스위치에서 포트를 확장할 때도 일어난다. 매우 분주한 네트워크에 연결한 물리 스위치 포트를 확장할 때 무슨 문제가 발생하는지 고려해보자. 네트워크를 1Gb 링크(전이중 동작이기 때문에 실제로는 2Gb)로 연결한다. 이 네트워크는 매우 분주하고 여러 스위치 포트를 속도가 느린 1Gb 다운링크로 확장한다면 이스위치는 패킷의 일부를 폐기하게 될 것이다. 이 상황을 초과 신청^{oversubscription}이라고한다.

이 경우에 와이어샤크는 상태 바에 있는 Dropped: x를 인식하지 못한다. 대신에 다수의 ACKed Lost Segment와 Previous Segment Not Captured가 나타나는 것을 볼수 있다. 스위치가 패킷을 알 수 없어서 와이어샤크에게 전달하지 못하기 때문에 와이어샤크가 패킷을 폐기했다는 것을 나타낼 수 없다.

이 스위치 확장 수집 구성은 동작하지 않는다. 트래픽의 수집을 어디에서 어떻게 하는지 변경할 필요가 있다. 그림 55에서처럼 전이중 탭$^{full\text{-}duplex\ tap}$은 이 경우에 훌륭한해결 방안이다. 지능 탭$^{intelligent\ tap}$은 약간의 수집 필터링 기능을 제공하기도 한다.

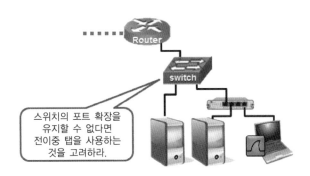

스위치의 포트 확장을
유지할 수 없다면
전이중 탭을 사용하는
것을 고려하라.

그림 55 탭을 서버와 스위치 사이에 둔다.

와이어샤크는 거대한 추적 파일을 처리하기 원하지 않기 때문에 최대 파일 크기100MB의 파일 집합으로 수집하는 것을 고려해야 한다. '특수 수집 기술을 사용해 산발적인 문제 해결' 절에서 파일 집합을 사용하는 방법을 다뤘다.

Capture Options 창에서 수집 필터 적용

수집 필터를 적용하려면 Capture Options 버튼 ◉을 클릭한다. 원하는 어댑터를 선택하고 그림 56에서처럼 Capture Filter for selected Interfaces에 직접 수집 필터를 입력한다.

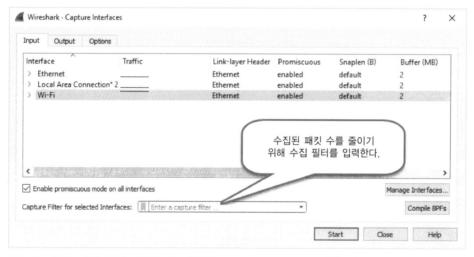

그림 56 원하는 인터페이스 라인을 더블 클릭해 Edit Interface Setting 창을 열고 수집 필터를 적용한다.

수집 필터의 문법을 안다면 수집 필터 영역에 바로 입력한다. 와이어샤크는 BPF Berkeley Packet Filtering 문법을 사용한다는 것을 기억하라. 수집 필터를 위해 dumpcap에서 지원하는 형식이다.

와이어샤크는 수집 필터 오류를 경고하기 위해 코드의 배경을 색상으로 나타낸다. 빨강색 배경은 필터가 처리될 수 없다는 것을 나타낸다. 대부분 수집 필터는 오타 혹은 사용했던 디스플레이 필터 문법을 포함한다.

와이어샤크는 사전에 정의된 수집 필터 집합을 제공한다. 저장된 수집 필터 목록을 보려면 수집 필터 영역의 왼쪽에 있는 수집 필터 책갈피 ▌ 화살표를 클릭하거나 메인 메뉴에서 Capture > Capture Filters를 선택한다.

그림 57에서는 미리 정의된 수집 필터 목록을 보여준다.

수집 필터링 기술에 대한 더 자세한 정보는 '주소(MAC/IP) 기반의 트래픽 수집' 절을 참조하라.

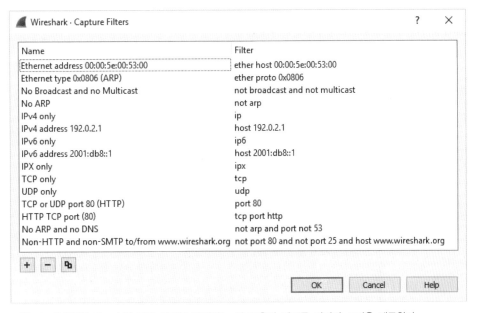

그림 57　와이어샤크는 수집 필터 문제를 탐지하는 데 도움이 되도록 컬러링 코딩을 제공한다.

수집 필터의 추가적인 정보는 wiki.wireshark.org/CaptureFilters를 방문하라.

2.8 주소(MAC/IP) 기반의 트래픽 수집

특정 IP 주소(또는 IP 주소의 범위) 또는 MAC 주소에서/으로 오는 트래픽을 수집하는 것은 특정 문제에 집중할 때, 응용의 동작을 연구할 때, 잠재적으로 위반한 호스트를 조사할 때 사용해야 할 핵심 기술이다.

수집 필터는 BPF 문법을 사용하고 실제로 dumpcap에 적용됐는데, 이것은 와이어샤크가 패킷을 수집하려고 호출하는 도구다. 이 책의 뒷부분에서 조사할 디스플레이 필터는 특허 받은 와이어샤크 형식을 사용한다. 디스플레이 필터는 dumpcap의 기능과 BPF 문법에 의해 제한을 받지 않는다.

수집 필터를 사용할 때 모든 옵션을 고려하기 전에 몇 가지 권장 사항이 있다. 수집 필터는 적게 사용하고 디스플레이 필터는 자유롭게 사용하라. 수집 필터를 사용해 무언가를 걸러내면 그 패킷을 다시 얻을 수 없다. 예를 들면 포트 80에서/으로 오는 트래픽에 디스플레이 필터를 적용했고 브라우징 세션이 웹 서버에 대해 이상한 IP 주소로 향하고 있다는 것을 알았다면 이것이 발생하기 전에 DNS 프로세스에 알아보는 것이 현명하다. 이러한 패킷을 필터링해서 버렸다면 너무 늦은 것이다. 수집 필터 없이 수집했다면 디스플레이 필터로 작업해 포트 80 패킷에 집중할 수 있고, 그 후에 DNS 트래픽을 살펴볼 수 있다.

특정 IP 주소에서/로 오는 트래픽 수집

여러 호스트가 통신하는 것을 볼 수 있는 위치에서 수집을 한다면 분석하고자 하는 호스트의 IP 주소에 대해 수집 필터를 사용하는 것이 좋다. 다음은 IP 주소 수집 필터의 예다.

host 10.3.1.1	10.3.1.1에서/로 오는 트래픽을 수집한다.
host 2406:da00:ff00::6b16:f02d	IPv6 주소 2406:da00:ff00::6b16:f02d에서/로 오는 트래픽을 수집한다.
not host 10.3.1.1	10.3.1.1을 제외한 모든 트래픽을 수집한다.
src host 10.3.1.1	10.3.1.1에서 오는 트래픽을 수집한다.
dst host 10.3.1.1	10.3.1.1로 가는 트래픽을 수집한다.
host 10.3.1.1 or host 10.3.1.2	10.3.1.1이나 10.3.1.2에서/로 오는 트래픽을 수집한다.
host www.espn.com	www.espn.com(이것은 와이어샤크가 수집을 시작하기 전에 이름의 매핑이 해결됐을 때만 동작한다)의 이름을 가진 IP 주소에서/로 오는 모든 트래픽을 수집한다.

IP 주소 범위에서/로 오는 트래픽 수집

주소의 그룹에서/로 오는 트래픽을 수집하기 원한다면 CIDR[Classless Interdomain Routing] 형식이나 매개변수 마스크를 사용할 수 있다.

net 10.3.0.0/16	네트워크 10.3.0.0상의 모든 호스트에서/로 오는 트래픽을 수집한다.
net 10.3.0.0 mask 255.255.0.0[28]	앞의 필터와 동일한 결과다.
ip6 net 2406:da00:ff00::/64	네트워크 2406:da00:ff00:0000(IPv6)상의 모든 호스트에서/로 오는 트래픽을 수집한다.
not dst net 10.3.0.0/16	10.3으로 시작하는 IP 주소로 가는 트래픽을 제외하고 모두 수집한다.
dst net 10.3.0.0/16	10.3으로 시작하는 IP 주소로 가는 모든 트래픽을 수집한다.
src net 10.3.0.0/16	10.3으로 시작하는 IP 주소에서 오는 트래픽을 수집한다.

---

28 이 내용은 와이어샤크에서 한 줄에 모두 들어 있다. 이 책에서는 공간 문제로 인해 줄을 바꿨다.

브로드캐스트 또는 멀티캐스트 트래픽 수집

브로드캐스트와 멀티캐스트 트래픽을 살펴보는 것만으로 네트워크상의 호스트에 대해 많은 것을 배울 수 있다.

ip broadcast	255.255.255.255로 가는 트래픽을 수집한다.
ip multicast	224.0.0.0에서 239.255.255.255까지(and not ip broadcast를 추가하지 않으면 255.255.255.255로 가는 트래픽도 포함한다) 가는 트래픽을 수집한다.
dst host ff02::1	모든 호스트에 대한 IPv6 멀티캐스트 주소로 가는 트래픽을 수집한다.
dst host ff02::2	모든 라우터에 대한 IPv6 멀티캐스트 주소로 가는 트래픽을 수집한다.

모든 IP나 IPv6 트래픽에만 관심이 있다면 수집 필터에 ip나 ipv6를 각각 사용한다.

더 많은 수집 필터의 예는 '특정 애플리케이션에 대한 트래픽 수집' 절을 참조하라.

수집 필터는 커맨드라인 수집에서도 마찬가지로 사용될 수 있다. 더 자세한 정보는 8장의 '커맨드라인 수집 과정에 수집 필터 사용' 절을 참조하라. 그리고 wiki.wireshark.org/CaptureFilters를 참조하라.

TIP

와이어샤크는 수집 필터의 기본 집합을 포함한다. 메인 메뉴에 있는 Capture > Filters를 선택하고 미리 규정된 수집 필터를 살펴본다. 와이어샤크에서 이용하는 공통 수집 필터의 좋은 예를 찾을 수 있다. 또한 이 목록에 자신의 수집 필터를 추가할 수 있다.

MAC 주소 기반의 트래픽 수집

호스트에서/로 오는 IPv4나 IPv6 트래픽을 수집하기 원한다면 호스트의 MAC 주소에 기반을 둔 수집 필터를 생성한다.

MAC 헤더는 경로를 따라 라우터에 의해 벗겨지고 적용되기 때문에 대상 호스트가 동일한 네트워크 세그먼트에 있는 것으로 확인한다.

`ether host 00:08:15:00:08:15`	00:08:15:00:08:15에서/로 오는 트래픽을 수집한다.
`ether src 02:0A:42:23:41:AC`	02:0A:42:23:41:AC에서 오는 트래픽을 수집한다.
`ether dst 02:0A:42:23:41:AC`	02:0A:42:23:41:AC로 오는 트래픽을 수집한다.
`not ether host 00:08:15:00:08:15`	MAC 주소 00:08:15:00:08:15에서/로 오는 트래픽을 제외한 트래픽을 수집한다.

실습 12에서 NotMyMAC 수집 필터를 생성해 자신의 트래픽을 수집하지 않으면서 네트워크상의 다른 호스트들에서/로 오는 트래픽을 볼 수 있다.

▣ 실습 11: 자신의 IP 주소에서/로 오는 트래픽만 수집

이 실습에서는 자신의 현재 IP 주소를 지정하고 트래픽을 위한 수집 필터를 적용한다.

1단계   메인 툴바 위의 Capture Options 버튼 ◉을 클릭한다.

2단계   일반적으로 인터넷에 연결하는 인터페이스를 확장한다. 와이어샤크는 목록화된 인터페이스의 IP 주소를 보여준다. ipconfig 또는 ifconfig를 사용해 IP 주소를 복사하고 원하는 경우 필터에 붙여 넣을 수도 있다.

          이 주소 정보를 사용해 수집 필터를 만든다.

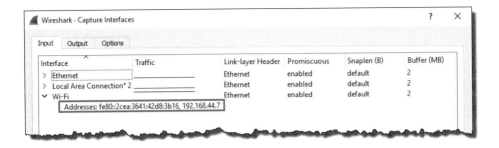

3단계   이 수집 프로세스에 사용할 인터페이스를 선택한다. 와이어샤크는 수집 필터를 만들기 전에 인터페이스가 없는 경우 수집 필터 영역 배경을 빨간 색으로 나타낸다.

수집 필터 영역 안에서 host x.x.x.x(x.x.x.x를 자신의 IP 주소로 대체한다)를 입력해 자신의 IPv4 트래픽을 필터링한다. 자신의 IPv6 주소에 대해 수집하려면 host xxxx:xxxx:xxxx:xxxx:xxxx:xxxx:xxxx:xxxx를 입력한다.

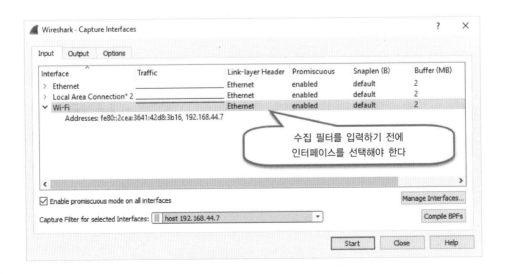

4단계	Output 탭을 클릭하고 파일이나 파일 집합으로 수집하게 구성되지 않았는지 확인한다. 링 버퍼 옵션도 선택돼 있지 않은지 확인한다.
	Options 탭을 클릭하고 자동 정지 조건이 정의돼 있지 않은지 확인한다.
	Start를 클릭해 수집 프로세스를 시작한다.
5단계	이제 명령 프롬프트를 열고 ping www.chappellu.com을 입력한다.
6단계	와이어샤크로 돌아가려고 토글하기 위해 Stop Capture 버튼 ■을 클릭한다. 자신의 추적 파일을 조사한다. 보이는 모든 트래픽은 자신의 IP 주소에서/로 오는 것이다. ping 프로세스에 사용되는 ICMP Echo 패킷을 확인해야 한다. 컴퓨터에서/로부터 네트워크로 통신하는 백그라운드 프로세스도 볼 수 있다
7단계	실습 완료 와이어샤크가 여러 수집 옵션을 유지하는 것에 유의하라. 다음 수집 프로세스를 위해 준비할 때 수집 옵션 설정을 점검할 필요가 있다.

자신의 MAC 주소('MyMAC' 필터 생성)에서/로 오는 필터를 생성하려면 다음과 동일한 단계를 고려한다. 다음 실습에서 나를 제외한 모든 트래픽(MAC 주소 필터에 기반을 둔)을 위한 필터를 생성하고 새로운 수집 필터를 저장할 것이다.

실습 12: 자신을 제외한 모든 MAC 주소에서/로 오는 트래픽만 수집

이 실습에서는 자신의 현재 MAC 주소를 지정하고 자신의 트래픽을 걸러내는 수집 필터를 적용한다(자신을 제외한 모든 트래픽[29]에만 관심이 있다).

---

29 이중 스택 호스트라면 IPv4와 IPv6 주소에 기반을 둔 복잡한 필터를 사용하는 것보다는 MAC 주소에 기반을 둔 단순 필터를 사용하는 편이 효율적이다.

1단계 명령 프롬프트에서 **ipconfig/all**이나 **ifconfig/all**을 실행해 활성화된 인터페이스[30]의 MAC 주소를 확인한다.

2단계 메인 툴바 위의 Capture Options 버튼 ⊛을 클릭한다.

3단계 원하는 인터페이스를 선택한다.

4단계 Capture Filter 영역에 자신의 이더넷 주소를 사용해 **not ether host xx.xx.xx.xx.xx.xx**를 입력한다. 수집 인터페이스 창을 확장하면 선택한 인터페이스 행에 나열된 Capture Filter를 보게 될 것이다.

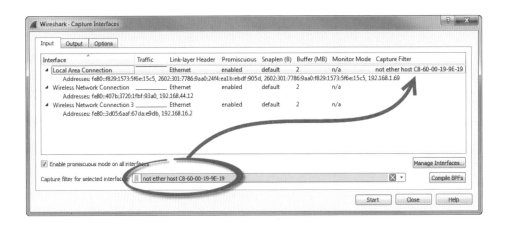

5단계 이 새로운 수집 필터를 저장하려면 capture Filter Bookmark 버튼 ▌을 클릭하고 Save this filter를 선택한다. Name 영역 안에 NotMyMAC을 입력한다. 필터 값은 이미 설정돼 있다. New 버튼을 클릭한다.

---

30 윈도우 호스트에서는 Start를 선택하고 파일 검색 영역 안에 cmd를 입력하거나 프로그램 목록에서 Command Prompt를 선택한다. MAC OS X 호스트에서는 Applications > Utilities > Terminal을 연다. 리눅스 호스트에는 다양한 터미널 애플리케이션이 있다. 예를 들면 terminal이나 Xterm이 있다.

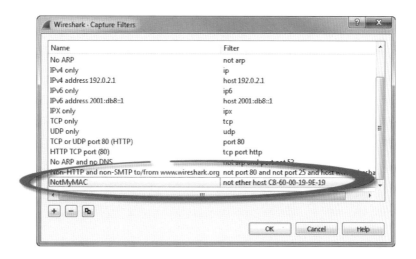

6단계 OK를 클릭해 Capture Filter 창을 닫는다.

7단계 Output 탭과 Options 탭에서 다른 수집 설정을 확인한다. 이 실습에서는 여러 파일 수집, 링 버퍼 사용 또는 자동 정지를 설정하지 않으므로 해당 옵션을 선택하지 않은 상태로 둔다.

8단계 Start를 클릭해 수집 프로세스를 시작한다. 이제 다양한 사이트를 브라우징해서 자신의 서버에 로그인하거나 이메일을 보낸다.

9단계 와이어샤크로 돌아가기 위해 토글하고 Stop Capture 버튼 ■을 클릭한다.

10단계 자신의 추적 파일을 따라 스크롤해서 통신 프로세스 동안 수집된 트래픽을 조사한다. 자신의 트래픽은 아무것도 수집되지 않았다. 백그라운드 브로드캐스트와 멀티캐스트 트래픽이 표시되지만 그 패킷은 수집 프로세스 중에 추적 파일에서 트래픽을 필터링한 이후에 호스트에서 전송된 것이다.

11단계 실습 완료 와이어샤크가 여러 수집 옵션을 유지하는 것에 유의하라. 다음 수집 프로세스를 위해 준비할 때 수집 옵션 설정을 점검할 필요가 있다.

나를 제외한 다른 누군가의 통신을 분석할 때 자신의 트래픽을 수집할 이유가 없다. 자신의 NotMyMAC 필터를 동작하는 것은 수집 프로세스 동안 자신의 트래픽이 수집되지 않는다는 것을 보장한다.

2.9 특정 애플리케이션에 대한 트래픽 수집

단순 애플리케이션이나 애플리케이션의 집합에서 트래픽을 조사할 때가 있다. 대상 애플리케이션(들)에서 사용되는 TCP 또는 UDP 포트 번호를 기반으로 수집 필터를 적용해 관련 없는 패킷을 제거한다.

수집 필터 문법(버클리 패킷 필터링 형식)은 애플리케이션 이름을 인식하지 못한다. 사용하고 있는 포트 번호를 기반으로 애플리케이션을 지정할 필요가 있다.

이것은 포트 번호에 대한 모든 것이다

여기에 가장 일반적인 애플리케이션 수집 필터의 요약 목록이 있다. 수집 필터에 대한 더 자세한 정보는 wiki.wireshark.org/CaptureFilters를 참조하라.

port 53	포트 53(전형적인 DNS 트래픽)에서/로 오는 UDP/TCP 트래픽을 수집한다.
not port 53	포트 53에서/로 오는 트래픽을 제외한 UDP/TCP 트래픽을 수집한다.
port 80	포트 80(전형적인 HTTP 트래픽)에서/로 오는 UDP/TCP 트래픽만 수집한다.
udp port 67	포트 67(전형적인 DHCP 트래픽)에서/로 오는 UDP 트래픽만 수집한다.
tcp port 21	포트 21(전형적인 FTP 명령어 채널)에서/로 오는 TCP 트래픽을 수집한다.
portrange 1-80	포트 1에서 80까지의 UDP/TCP 트래픽을 수집한다.
tcp portrange 1-80	포트 1에서 80까지에서/로 오는 TCP 트래픽을 수집한다.

포트 기반 수집 필터 결합

여러 연속적이지 않는 포트 번호에서 오는/로 가는 트래픽을 수집하려면 다음과 같이 논리 연산자로 결합한다.

port 20 or port 21	port 20이나 port 21(전형적인 FTP 데이터와 명령어 포트)에서/로 오는 모든 UDP/TCP 패킷을 수집한다.
host 10.3.1.1 and port 80	10.3.1.1에서/로 오는 포트 80의 UDP/TCP 트래픽을 수집한다.
host 10.3.1.1 and not port 80	10.3.1.1에서/로 오는 트래픽이지만 포트 80이 아닌 트래픽을 수집한다.
udp src port 68 and udp dst port 67	포트 68에서 오는 포트 67(DHCP 클라이언트가 DHCP 서버로 보내는 트래픽)로 가는 모든 UDP 트래픽을 수집한다.
udp src port 67 and udp dst port 68	포트 67에서 오는 포트 68(DHCP 서버가 DHCP 클라이언트로 보내는 트래픽)로 가는 모든 UDP 트래픽을 수집한다.

가능할 때마다 수집 필터의 사용을 억제하라. 이것은 아무리 강조해도 지나치지 않다! 잃어버린 그림의 조각을 찾는 것보다 트래픽이 너무 많아 헤매는 것이 더 낫다. 일단 많은 양의 트래픽을 수집했으면 디스플레이 필터(많은 필터링 옵션을 제공)를 사용해 특정 트래픽에 집중한다.

❗TIP

> TCP 프레임에서 특정 ASCII 문자열을 찾는 수집 필터를 만들 필요가 있다면 와이어샤크의 문자열 매칭 수집 필터 생성기(http://www.wireshark.org/tools/string-cf.html)를 사용한다. 예를 들면 HTTP GET 요청을 수집한다면 단순히 문자열 GET을 입력하고 TCP 오프셋을 0(HTTP 요청 방법 또는 명령어가 있다)으로 설정한다.

2.10 특정 ICMP 트래픽 수집

인터넷 제어 메시지 프로토콜ICMP, Internet Control Messaging Protocol은 네트워크가 성능 문제나 보안 문제가 발생했을 때 살펴보는 프로토콜이다.

다음 표는 여러 가지 ICMP 수집 필터의 구조를 보여준다. 이 경우에 ICMP 패킷에서 필드의 위치를 표시하는 오프셋을 사용해야 한다. 오프셋 0은 ICMP 유형 필드이고, 오프셋 1은 ICMP 코드 필드의 위치다.

icmp	모든 ICMP 패킷을 수집한다.
icmp[0]=8	유형 8(Echo Request)의 모든 ICMP 패킷을 수집한다.
icmp[0]=17	유형 17(Address Mask Request)의 모든 ICMP 패킷을 수집한다.
icmp[0]=8 or icmp[0]=0	유형 8(Echo Request)이거나 유형 0(Echo Reply)의 모든 ICMP 패킷을 수집한다.
icmp[0]=3 and not icmp[1]=4	유형 3(Destination Unreachable)이면서 유형 3의 코드 4(Fragmentation Needed and Don't Fragment was Set)를 제외한 모든 ICMP 패킷을 수집한다.

위에서 가능한 수집 필터로 **not icmp**가 나열됐지만, 네트워크 동작과 구성에 관한 다양한 정보를 ICMP가 제공하기 때문에 이 필터를 사용하지 않는 것이 좋다.

🖳 실습 13: DNS 수집 필터 생성과 저장 및 적용

이 실습에서는 2장에서 배운 여러 가지 기술을 사용한다. 와이어샤크가 DNS 트래픽만 수집하게 구성하고, 그 트래픽을 mydns101.pcapng라는 이름의 파일로 저장할 것이다.

1단계   메인 툴바 위의 Capture Options 버튼 ⚙을 클릭한다.

2단계   현재 사용하고 있는 어댑터를 선택해 인터넷에 연결한다.

3단계   다음 그림에 나타난 것처럼 Capture Filter 영역에서 port 53을 입력한다.
필터에 입력하는 과정에서 배경색은 흰색에서 적색, 녹색으로 바뀐다.

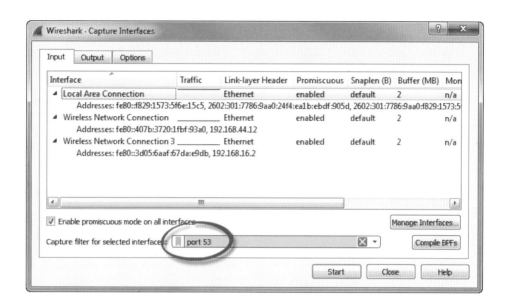

4단계   이 새로운 수집 필터를 저장하려면 Capture Filter Bookmark 버튼 █을
클릭하고 Save this filter를 선택한다. Name 영역에 DNS를 입력한다.
필터 값은 이미 설정돼 있다. OK를 클릭한다.

5단계   Capture Interfaces 창에서 Output 탭을 클릭한다. Browse 버튼을 클릭
해 브라우징하고 추적 파일을 저장하는 디렉터리를 선택한다. Name 영
역 안에 mydns101.pcapng를 입력한다. Save를 클릭한다. 디렉터리와
파일 이름이 Capture Interfaces Output 영역에 있는 File 섹션에 나타
난다.

6단계   Create a new file automatically after 앞의 박스를 체크하고 파일 길이
와 시간 정의 박스를 체크한다. 1MB마다 다음 파일과 10초마다 생성하고
자 하는 다음 파일을 지정한다. 어느 조건이든지 먼저 만나면 다음 파일을

생성한다. 링 버퍼 값이나 자동 중단 조건은 설정하지 않는다. 수동으로
수집 프로세스를 중단할 것이다.

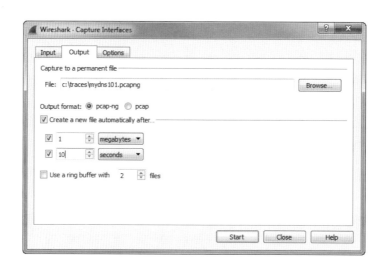

7단계   Start를 클릭해 수집 프로세스를 시작한다.

이제 인터넷에서 5개의 서로 다른 사이트를 브라우징하는 것을 시작한다.
예를 들면 2개의 뉴스 사이트, 은행 사이트, 아마존과 www.wireshark.
org를 방문할 수 있다. DNS 정보가 캐시에 로드되지 않았다는 것을 보장
하도록 최근에 브라우징하지 않았던 사이트를 방문한다.

8단계   와이어샤크로 돌아가기 위해 토글하고 Stop Capture 버튼 █ 을 클릭한다.

9단계   자신의 추적 파일(들)을 스크롤해 브라우징 프로세스 동안에 생성된 DNS
트래픽을 조사한다. 이 사이트를 브라우징할 때 얼마나 많은 DNS 조회가
생성됐는지 알면 놀랄 것이다.

10단계 실습 완료 와이어샤크가 다수의 수집 옵션을 유지하는 것에 유의하라.
다음 수집 프로세스를 위해 준비할 때 수집 옵션 설정을 점검할 필요가
있다.

한 번 이상 사용할 수집 필터를 저장하는 것을 고려하라. 복잡한 수집 필터를 반복적으로 사용할 필요가 있다면 이것이 시간을 절약해줄 것이다.

도전 과제

이 도전 과제는 인터넷 접속이 필요하다. 웹사이트의 트래픽을 수집하고, 자신이 찾은 것을 분석하라. 해답은 부록 A에 있다.

먼저 와이어샤크가 자신의 MAC 주소와 포트 80에서/로 오는 트래픽만 수집하게 구성하고, 트래픽을 mybrowse.pcapng라는 이름의 파일로 저장한다. 그런 후에 www.chappellU.com으로 ping하고 브라우징한다. 수집을 중단하고 추적 파일 내용을 조사한다.

질문 2-1   ICMP 트래픽을 수집했는가?

질문 2-2   www.chappellU.com으로의 브라우징 세션에서 무슨 프로토콜이 나열돼 있는가?

이제 와이어샤크가 모든 ICMP 트래픽을 수집하게 구성하고, 자신의 트래픽을 myicmp.pcapng란 이름으로 파일을 저장한다. 다시 한 번 www.chappellU.com으로 ping하고 브라우징한다. 수집을 중단하고 추적 파일 내용을 조사한다.

질문 2-3   얼마나 많은 ICMP 패킷을 수집했는가?

질문 2-4   자신의 추적 파일 안에 나열된 ICMP 유형과 코드 번호는 무엇인가?

3장

기술: 특정 트래픽을 위한 디스플레이 필터 적용

와이어샤크는 네트워크 분석과 발견을 위한 뛰어난 도구다. 로우레벨의 네트워크 문제를 디버깅하기 위해 당연히 필요하지만, 가끔은 하이레벨의 애플리케이션을 디버그하는 최선의 방법이기도 하다. 웹 트래픽이 하나의 예다. 분명하게 웹 서버 로그를 읽을 수는 있지만, 이들은 가끔 결정적인 세부 사항을 빼먹기도 한다. 한편으로 네트워크 트래픽은 거짓말을 하지 않는다. 무엇이 진행되고 있는지 나에게 정확하게 보여준다.

와이어샤크를 처음 시작할 때 복잡하고 어렵게 보이겠지만, 약간의 가이드에 따라 실습을 하면 생각한 것보다 쉽다는 것을 알게 될 것이다.

고든 '표도르' 라이언(Gordon 'Fyodor' Lyon)/오픈소스 엔맵 보안 스캐너 프로젝트 설립자

빠른 참조 디스플레이 필터 영역

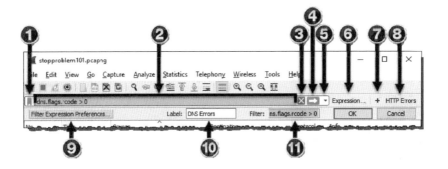

❶ 북마크(보기, 저장, 관리, 디스플레이 필터 불러오기)

❷ 디스플레이 필터 영역(자동 완성과 오류 탐지 포함)

❸ 디스플레이 필터 영역을 지워서 추적 파일에 디스플레이 필터를 적용하지 않기

❹ 현재 보이는 디스플레이 필터를 라이브 수집 동안이나 열려진 추적 파일에 적용
    하기

❺ 디스플레이 필터 드롭다운 히스토리 목록

❻ 디스플레이 필터를 생성하기 위한 표현식

❼ 디스플레이 필터를 필터 표현식 버튼으로 저장하기

❽ 필터 표현식 버튼 영역(기본 설정으로 비어있다)

❾ 필터 표현식 선호도(편집, 활성화/비활성화, 재정렬, 또는 식제 필터 표현식 버튼)로,
    필터 표현식 버튼으로 저장할 때만 보인다.

❿ 필터 표현식 버튼 레이블(버튼 레이블 규정)로, 필터 표현식 버튼으로 저장할 때
    만 보인다.

⓫ 필터 표현식 버튼 문법(버튼 필터 문법 규정)으로, 필터 표현식 버튼으로 저장할
    때만 보인다.

3.1 적절한 디스플레이 필터 문법 사용

디스플레이 필터의 마스터가 되는 것은 네트워크 분석가에게 절대적으로 필요한 것이다. 건초더미에서 바늘 찾기에 사용하는 기술이 이것이다. 핵심 디스플레이 필터를 구축하고, 편집하고, 저장하는 것을 배워 '패킷 쓰레기'를 이리저리 몇 시간 동안 찾아다니는 시간을 줄인다.

반면에 수집 필터는 BPF 문법을 사용하고, 디스플레이 필터는 와이어샤크의 특허 형식을 사용한다. 몇 가지 실례를 제외하고는 와이어샤크 수집 필터와 디스플레이 필터는 매우 다르다.

가장 간단한 디스플레이 필터의 문법

가장 간단한 디스플레이 필터는 프로토콜, 애플리케이션, 필드 이름, 특성을 기반으로 한다. 디스플레이 필터는 대소문자가 다르다. 대부분의 단순 디스플레이 필터는 소문자[31]를 사용한다.

디스플레이 필터 유형	예제	설명
프로토콜	arp	불필요한 ARP, ARP 요청, ARP 응답을 포함한 모든 ARP 트래픽을 디스플레이한다.
프로토콜	Ip	IPv4 헤더가 내장된 패킷을 포함하는 모든 IPv4 트래픽(ICMP 헤더 다음에 들어오는 IPv4 헤더를 리턴하는 ICMP 목적지 도달 불가 패킷 같은)을 디스플레이한다.
프로토콜	ipv6	6to4, Teredo, ISATAP 트래픽 같이 내장된 IPv6 헤더를 갖는 IPv4 패킷을 포함하는 모든 IPv6 트래픽을 디스플레이한다.

(이어짐)

---

31 VoIP display filters를 살펴보라. 어떤 이유인지 VoIP 관련 display filters는 대문자와 소문자를 사용한다.

디스플레이 필터 유형	예제	설명
프로토콜	`tcp`	TCP 기반의 모든 통신을 디스플레이한다.
애플리케이션	`bootp`	모든 DHCP 트래픽(BOOTP 기반의)을 디스플레이한다. 'dhcp 디스플레이 필터가 동작하지 않는 이유' 절을 참조하라.
애플리케이션	`dns`	TCP 기반의 영역(zone) 전달과 표준 UDP 기반의 DNS 요청과 응답을 포함하는 모든 DNS 트래픽을 디스플레이한다.
애플리케이션	`tftp`	모든 TFTP(Trivial File Transfer Protocol) 트래픽을 디스플레이한다.
애플리케이션	`http`[32]	모든 HTTP 명령어, 응답과 데이터 전달 패킷을 디스플레이하지만, TCP 핸드셰이크 패킷, TCP ACK 패킷, TCP 연결 해제 패킷은 디스플레이하지 않는다.
애플리케이션	`icmp`	모든 ICMP 트래픽을 디스플레이한다.
Field existence	`bootp.option.hostname`	호스트 이름(DHCP는 BOOTP를 기반으로 한다)을 포함하는 모든 DHCP 트래픽을 디스플레이한다.
Field existence	`http.host`	HTTP 호스트 이름 필드를 가진 모든 HTTP 패킷을 디스플레이한다. 이 패킷은 클라이언트가 웹 서버에게 요청을 보낼 때 보낸다.
Field existence	`ftp.request.command`	USER, PASS, RETR 같은 명령어를 포함하는 모든 FTP 트래픽을 디스플레이한다.
Characteristic	`tcp.analysis.flags`	TCP 분석 플래그와 관련이 있는 모든 패킷을 디스플레이한다. 이것은 패킷 손실 표시, 재전송, zero 윈도우 조건을 포함한다.
Characteristic	`tcp.analysis.zero_window`	송신자가 수신 버퍼 공간이 소진됐다고 플래그된 패킷을 디스플레이한다.

---

32 TCP 기반의 애플리케이션 이름을 기반으로 한 디스플레이 필터를 사용할 때 주의하라. 'http'를 위한 필터를 구동하면 세션을 브라우징할 때 전체 그림을 보여주지 않을 것이다. 더 자세한 정보는 'TCP 기반 애플리케이션 이름 필터를 사용할 때 조심하라' 절을 참조하라.

TIP

디스플레이 필터를 입력할 때 저지르는 가장 공통적인 실수는 수집 필터 문법을 사용하는 것이다. 수집 필터는 BPF 형식을 사용하고, 반면에 디스플레이 필터는 특허 받은 형식을 사용한다. 동일한 필터가 수집과 디스플레이 필터 겸용으로 동작할 때가 가끔 있다. 예를 들면 ip와 icmp는 수집 필터와 디스플레이 필터 겸용으로 사용될 수 있다.

그림 58에서는 웹 브라우징 세션에서 DNS 트래픽을 필터링했다. 이것은 웹사이트 간의 상호의존성을 알기 원할 때 훌륭한 필터다. 이 필터를 사용해 www.wireshark. org로 브라우징하는 것이 이 페이지상의 링크와 관련된 IP 주소를 변환하기 위한 DNS 조회 폭풍의 원인임을 알 수 있다.

상태 바는 이 추적 파일에 208개의 DNS 패킷이 있다는 것을 알려준다.

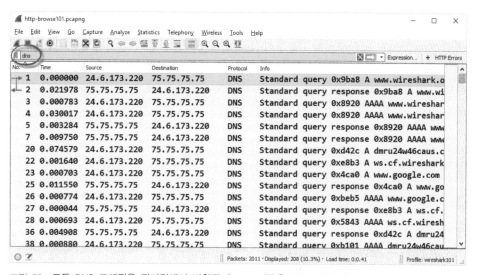

그림 58 모든 DNS 트래픽을 필터링해서 변환된 호스트 이름을 알 수 있다. [httpbrowse101.pcapng]

디스플레이 필터 오류 탐지 메커니즘 사용

디스플레이 필터는 대소문자가 다르다는 점을 명심하라. dns 대신 DNS를 입력하면 와이어샤크는 디스플레이 필터 영역 안을 적색 배경으로 표시해 이 필터가 동작하지 않음을 나타낸다. 황색 배경은 필터가 원하는 대로 동작하지 않은 것이라는 경고다. 녹색 배경은 필터가 적절하게 형성됐지만 조심하라는 것을 나타낸다. 와이어샤크는 논리 테스트를 하지 않는다.

'dhcp 디스플레이 필터가 동작하지 않은 이유' 절과 'ip.addr != filter가 동작하지 않는 이유' 절에서 디스플레이 필터 문제를 살펴본다.

필드 이름을 알게 된다

적용할 수 있는 많은 디스플레이 필터는 필드 이름(http.host와 같은)을 기반으로 한다. 필드 이름을 알려면 그림 59에서처럼 패킷 디스플레이 목록 안의 필드를 선택하고 상태 바를 살펴본다. 이 예제에서 패킷 목록 창 안의 프레임 10을 클릭했고, 그 후에 패킷 상세 창의 HTTP 헤더를 확장했다. 패킷의 HTTP 섹션 안의 요청 방법 라인을 클릭했을 때 상태 바는 이 필드가 `http.request.method`를 호출했다는 것을 나타낸다.

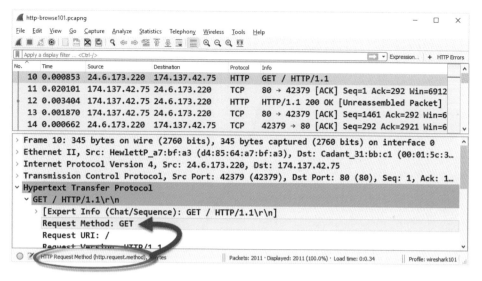

그림 59 필드 위를 클릭하고 상태 바를 살펴보면 필드 이름을 알 수 있다. 전체 필드 이름을 보려면 이 열을 확장할 필요가 있다. [httpbrowse101.pcapng]

그림 60에서 디스플레이 필터 영역 안에 `http.request.method`를 입력해 이 필드[33]를 포함하는 모든 패킷을 디스플레이한다. 이 추적 파일 http-browse101.pcapng에는 2,011개의 패킷이 들어있는데, 101개의 패킷만 필터와 일치한다는 것을 상태 바가 나타낸다는 점에 유념하라.

이것은 HTTP 클라이언트가 요청한 요소가 무엇인지 알아내는 훌륭한 필터다. 웹 서버는 HTTP 요청 방법을 보내지 않고 HTTP 응답 코드를 보낸다. 실습 18에서 HTTP 404 응답 코드를 위한 필터를 구축할 것이다.

---

[33] Prepare a Filter에서 오른쪽 클릭을 사용하고, Apply as Filter 특성으로 '패킷 안에 있는 필드를 이용한 빠른 필터링' 절에서 필터 이름과 값을 기반으로 하는 필터를 생성하는 방법을 배울 것이다.

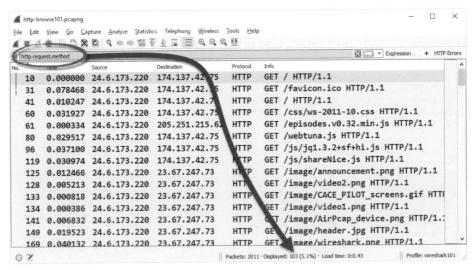

그림 60 상태 바를 살펴보고 얼마나 많은 패킷이 필터와 일치하는지 알아낸다. 디스플레이된 정보를 보려면 상태 바의 패킷 섹션을 확장할 필요가 있다. [httpbrowse101.pcapng]

자동 완성 기능을 사용해 디스플레이 필터 구축

필터 영역에 `http.request.method`를 입력하면 와이어샤크는 윈도우를 열어 필터 옵션을 살펴본다. `http.`(dot 포함)을 입력할 때 이 문자열로 시작하는 가능한 모든 디스플레이 필터의 목록을 보여준다. `http.request.`로 입력하면 그림 61에서처럼 이 문구로 시작하는 필터를 보게 될 것이다.

그림 61 자동 완성 기능은 디스플레이 필터를 구축하는 데 도움을 준다. [httpbrowse101.pcapng]

이용 가능한 디스플레이 필터를 발견하는 데 이 자동 완성 기능을 사용할 수 있다. 예를 들면 tcp.(dot 포함)을 입력하면 와이어샤크는 모든 이용 가능한 TCP 필터를 나열한다. tcp.analysis.을 입력하면 그림 62에서처럼 와이어샤크는 TCP 문제점과 성능을 처리하는 모든 종류의 TCP 분석 필터를 나열한다. 나열된 필터를 클릭해 디스플레이 필터 영역에 있는 것을 사용할 수 있다.

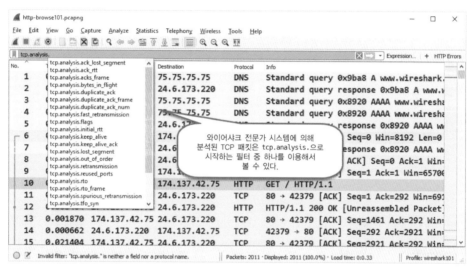

그림 62 tcp.analysis.를 입력해 어떤 TCP 분석 플래그 필터가 이용가능한지 알아낸다.
[httpbrowse101.pcapng]

디스플레이 필터와 연산자 비교

필터를 확장해 필드 안의 특정한 값을 살펴볼 수 있다. 와이어샤크는 이런 목적으로 여러 가지 비교 연산자를 지원한다. 다음 표는 와이어샤크의 비교 연산자 7개를 보여준다.

연산자	영어 표기	예제	설명
==	eq	ip.src == 10.2.2.2	10.2.2.2에서의 모든 IPv4 트래픽을 디스플레이한다.
!=	ne	tcp.srcport != 80	포트 80[34]이 아닌 다른 포트의 모든 TCP 트래픽을 디스플레이한다.
>	gt	frame.time_relative > 1	추적 파일에서 이전 패킷 이후에 1초 이상 지나서 도착한 패킷을 디스플레이한다.
<	lt	tcp.window_size < 1460	TCP 수신 창 크기가 1460바이트보다 적을 때 디스플레이한다.
>=	ge	dns.count.answers >= 10	최소한 10개의 응답을 포함하는 DNS 응답 패킷을 디스플레이한다.
<=	lt	ip.ttl < 10	IP Time to Live 필드가 10보다 적은 패킷을 모두 디스플레이한다.
	contains	http contains "GET"	HTTP 서버에게 보낸 HTTP 클라이언트 GET 요청을 모두 디스플레이한다.

TCP 기반의 애플리케이션을 필터링할 때 비교 연산자를 사용한다. 예를 들면 포트 80으로 동작하는 HTTP 트래픽을 보려면 tcp.port==80을 사용한다.

 TIP

연산자의 양쪽에 공백이 필요 없다. 필터 ip.src==10.2.2.2는 ip.src == 10.2.2.2와 동일하게 동작한다.

---

34 != 연산자를 사용할 때 주의하라. 이 연산자의 이슈에 대해서는 4.9절을 참조하라.

표현식을 사용한 디스플레이 필터 구축

필터에 대해 잘 모른다면 디스플레이 필터 툴바 위의 Expression 버튼을 클릭한다. 필터 표현식 윈도우 안에서 필드 이름 목록 안에 있는 포인트로 점프하려는 애플리케이션이나 프로토콜 이름을 입력할 수 있다. 그림 63에서 'SMB'를 입력했고 SMB를 확장해 이용 가능한 필드를 보여준다.

Relation 옵션은 필드 존재 필터(필드가 있다면)를 생성하거나 비교 연산자를 추가하는 두 가지 용도 중 하나로 사용될 수 있다. 필터 표현식 윈도우의 오른편에서 선택한 필드를 위해 디폴트 값을 발견할 수 있다. 불행히도 모든 필드가 smb.nt_status 필드처럼 분해되지는 않는다.

필드로 smb.nt_status를, 관계로 >를, 미리 정의된 값으로는 STATUS_SUCCESS를 선택했다. 와이어샤크는 값 0x0을 디스플레이하는데, 이것은 성공을 디스플레이하는 응답 안의 NT 상태 필드 안에 보이는 값이다. > 연산자를 선택했으므로 성공하지 못한 응답을 찾아본다(값이 NT 상태 필드에서 0x0보다 크다). 와이어샤크는 디스플레이 필터 영역 안에 smb.nt_status > 0x0을 위치시킨다. OK를 클릭했을 때 트래픽에서 필터가 역할을 하려면 Apply 버튼을 클릭해야 한다.

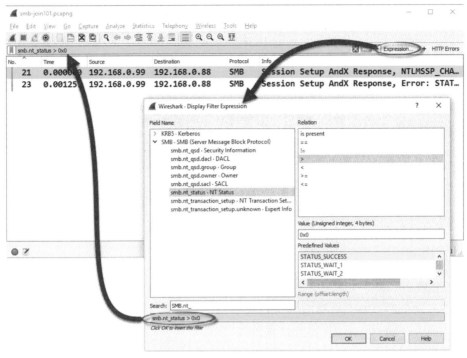

그림 63 표현식을 사용해 SMB 오류 응답(SMB NT 상태 값은 STATUS_SUCCESS이 아닌 0x0 값이다)을 위한 필터를 생성하려고 한다. [smb-join101.pcapng]

실습 14: 자동 완성을 이용해 특정 HTTP 서버에 대한 트래픽 찾기

이 실습에서는 와이어샤크의 자동 완성 기능을 사용해 특정 HTTP 통신을 필터링할 것이다. 지금은 특정한 서버로의 클라이언트 요청에 관심이 있다. 추적 파일 http-sfgate101.pcapng는 누군가가 웹사이트를 브라우징해서 수집했고, 그 후에 그 사이트가 아이패드[iPad]를 지원하는지 문의한 피드백 형태로 채워졌다.

1단계   http-sfgate101.pcapng를 연다. 추적 파일을 따라 스크롤해 트래픽에 대한 감을 잡는다. 이 추적 파일 안에서 DNS와 HTTP 트래픽을 많이 볼 것이다. 목표 사이트인 <SF Gate>는 샌프란시스코, 캘리포니아의 사건

사고를 다루는 온라인 신문이다. 온라인 신문은 Hearst Corporation이 소유하고 있다(추적 파일 안에서 'Hearst'를 많이 참조하는 것을 알 수 있다).[35]

2단계   이 디스플레이 필터를 시작할 때 자동 완성 기능을 사용할 것이다. 디스플레이 필터 영역 안에서 http.(점 포함)을 입력한다. 드롭다운 메뉴에는 http. 패턴으로 시작하는 이용 가능한 모든 필터가 나타난다.

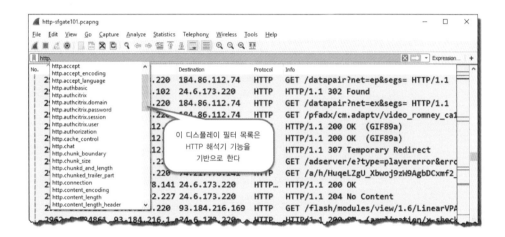

3단계   이 목록을 사용해 이 추적 파일 안에서 어떤 HTTP 호스트가 접속됐는지를 찾아낸다. 이를 위해 목록을 따라 스크롤하고 http.host.을 클릭한다. Apply 버튼 ➡을 클릭하거나 Enter 키를 누른다. 상태 바는 464개의 패킷이 필터와 일치한다고 나타낼 것이다. 이 패킷의 각각은 HTTP 호스트 필드를 포함한다.

---

35 예를 들어 Patty Hearst와 동일한 'Hearst'인데, 유명한 Symbionese Liberation Army(SLA) bank robber/millionaire socialite다. Hearst Corporation은 Patty Hearst의 할아버지인 William Randolph Hearst가 설립했다.

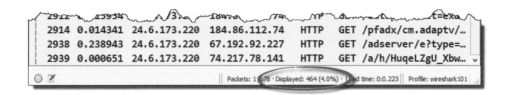

```
 2914  0.014341  24.6.173.220  184.86.112.74   HTTP   GET /pfadx/cm.adaptv/...
 2938  0.238943  24.6.173.220  67.192.92.227   HTTP   GET /adserver/e?type=...
 2939  0.000651  24.6.173.220  74.217.78.141   HTTP   GET /a/h/HuqeLZgU_Xbw... ∨
```

○ ☑   Packets: 1 678 · Displayed: 464 (4.0%) · ad time: 0:0.223 || Profile: wireshark101

4단계   각 패킷의 HTTP 호스트 필드를 조사하기 위해 464개의 패킷 전체를 스크롤하기를 원하지 않는다. 접속한 호스트가 누구인지를 쉽게 알 수 있도록 이 필드에 열을 추가해보자.

실습 4에서 이 열을 생성했으므로 Host 열이 이미 있다. Host 열이 숨겨져 있다면 열 머리부의 아무 곳이나 오른쪽 클릭하고 Host 열 엔트리를 보이게 한다.

Host 열이 저장돼 있지 않으면 디스플레이된 아무 패킷이나 클릭하고 패킷 상세 창 안의 Hypertext Transfer Protocol 섹션(오른쪽 클릭을 사용해 패킷의 HTTP 섹션을 완전히 확장하게 Expand Subtrees를 선택한다)을 확장한다.

Host 필드를 오른쪽 클릭하고 Apply as Column을 선택한다.

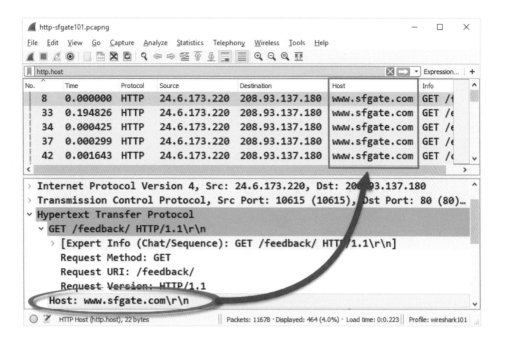

5단계   추적 파일을 따라 스크롤해 이 웹 브라우징 세션 동안 클라이언트가 요청
한 파일의 여러 개의 호스트를 살펴본다. 웹 브라우징 세션을 분석할 때
이 Host 열을 사용하는 것을 고려하라.

이제 특정 서버에게 클라이언트가 보낸 것을 찾을 것이다. 이 실습의 앞에
서 언급한 것처럼 <SF Gate>는 Hearst Corporation의 소유다.

디스플레이 필터를 http.host contains "hearst"로 확장하게 필터 영역
에 입력한다.

이제 10개의 패킷만이 필터와 일치할 것이다. 다음 그림에서는 패킷 159
가 디스플레이되는 이유를 확인할 수 있다. 'hearst'라는 단어가 http.host
필드에 나타난다.

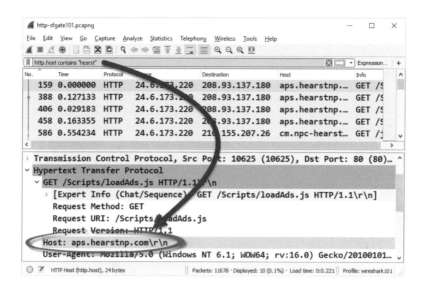

6단계 이제 특별히 POST 명령어를 살펴보자.

먼저 패킷 상세 창 안에 있는 패킷의 HTTP 섹션을 모두 조사한다. HTTP 섹션이 완전히 확장됐음을 확인한다. 이러한 HTTP 패킷 중 하나의 Request Method 필드(호스트 필드 위의 바로 몇 라인)를 클릭한다. 상태 바 영역 안의 필드 이름(http.request.method)에 유의한다. 이 필드 안에서 POST 요청 방법을 찾고 있는 중이다. 필드 이름을 알고 우리가 찾는 값을 이제는 알았다.

디스플레이 필터 영역 안에서 현재 필터를 `http.request.method==` `"POST"`로 대체하고 Apply 버튼 █➡을 클릭하거나 Enter 키를 누른다.[36] 12개의 패킷이 새로운 필터와 일치할 것이다.

---

36 'POST'를 포함하는 `http.request.method`를 사용하기도 한다.

<p>7단계</p>

12개의 패킷을 스크롤해서 Host 열 안의 extras.sfgate.com으로의 참조를 찾는다. 이것들이 사용자가 아이패드 지원에 관한 메시지를 포스트한 서버다.

프레임 10,022를 살펴보자. 패킷 바이트 창을 살펴 포스트된 메시지를 읽는다. 제출자의 이름(Scooter)을 볼 수 있다. 패킷 상세 창의 HTTP 섹션 끝부분에서 이 정보도 볼 수 있을 것이다(HTML Form URL Encoded 섹션 참조).

8단계

실습 완료 새로운 Host 열을 오른쪽 클릭하고 목록에서 해당 열을 선택 취소해서 숨긴다. 이 열을 나중에 다시 보기 원한다면 열 머리부를 오른쪽 클릭하고 열 목록에서 선택할 수 있다.

Clear 버튼 ❌을 클릭해 디스플레이 필터를 제거한다.

와이어샤크의 디스플레이 필터를 실습해서 관심 있는 트래픽만을 추출한다. 3장을 계속 읽어 디스플레이 필터링을 위한 다양한 힌트와 방법을 배운다.

3.2 디폴트 디스플레이 필터 편집과 사용

맨바닥에서 시작할 필요가 없다. 와이어샤크는 새로운 디스플레이 필터를 작성할 때 참조로 사용할 수 있는 많은 디폴트 디스플레이 필터를 제공한다. 더 효율적인 분석 시스템을 생성하려면 이 디폴트 디스플레이 필터에 추가한다.

디스플레이 필터 영역에서 Bookmark 버튼 🔖을 클릭하면 그림 64와 같이 저장된 사전 정의된 필터나 사용자 정의 필터를 볼 수 있다.

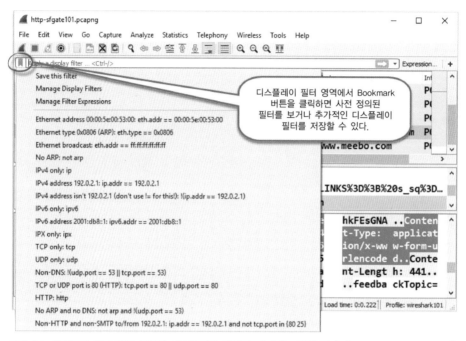

그림 64 사용하지 않을 미리 정의된 디스플레이 필터를 제거하는 것이 좋다. [http-sfgate101.pcapng]

디폴트 디스플레이 필터를 사용하기 전에 조심해야 한다. 이더넷과 IP 호스트 필터는 네트워크와 일치하지 않는 값을 갖는 경향이 있다. 이러한 필터는 편집해야 하거나, 이러한 필터를 이더넷이나 IP 주소 필터에 대한 고유의 집합을 생성하기 위한 '표본 seed'처럼 사용해야 한다. 실습 15에서 이 기술을 사용할 것이다.

더 복잡한 필터를 트래픽에 빠르게 적용하려면 저장된 디스플레이 필터 목록에 쉽게 추가할 수 있다.

TIP

디스플레이 필터는 dfilters라는 파일로 저장된다. 이것은 단순한 텍스트 파일이고, 텍스트 편집기로 파일(필터를 추가하거나, 필터를 삭제하거나, 필터를 재배열하려고)을 편집할 수 있다. dfilters 파일이 어디에 있는지 찾으려면 작업하고 있는 프로파일의 이름을 먼저 살펴본다. 현재 프로파일 이름은 상태 바의 오른편 위에 보인다. 이 영역이 'Default' 프로파일 안에 있음을 나타낸다면 Help > About Wireshark > Folders를 선택하고 Personal Configuration 폴더 하이퍼링크를 더블 클릭한다. dfilters 파일은 이 디렉터리 안에 있다.

다른 프로파일을 사용하고 있다면 동일한 단계를 따라 개인적인 구성 폴더를 열어 프로파일 디렉터리를 살핀다. 프로파일 아래에 하부 디렉터리가 있는데, 이것이 각 이용 가능한 프로파일의 이름이다. 적절한 프로파일 디렉터리 내부를 살펴 dfilters 파일을 찾는다.

실습 15: 새로운 필터를 위한 '표본'으로 디폴트 필터 사용

디폴트 디스플레이 필터는 새로운 고객 맞춤형 디스플레이 필터를 생성하고 저장하기 위한 템플릿으로 사용할 수 있다. 이 방법은 디스플레이 필터 문법을 기억하는 데 도움이 되고 문법이 정확하다는 것을 보장한다. IP 주소에서/로 오는 모든 트래픽을 위한 디스플레이 필터를 생성해보자.

1단계   IP 주소를 얻기 위해 Capture Options 버튼 ◉을 클릭하고 인터페이스 정보를 확장하거나 커맨드라인 도구 ipconfig 또는 ifconfig를 사용한다.

2단계   디스플레이 필터 Bookmark 버튼 ▮(디스플레이 필터 영역 왼쪽의)을 클릭하고 Manage Display Filters를 선택한다.

3단계   IPv4 address 192.0.2.1 디폴트 디스플레이 필터를 선택하고, Copy 버튼 🔩을 클릭한다. 이것은 디폴트 디스플레이 필터의 새로운 복사본을 생성하고, 그것을 디스플레이 필터 목록의 맨 밑에 위치시킨다.

4단계   필터 이름을 'My IP Address'로 바꾸고 192.0.2.1을 필터 영역 안의 IP 주소로 대체한다. 다음 예에서 IP 주소 10.1.0.1을 사용했다.

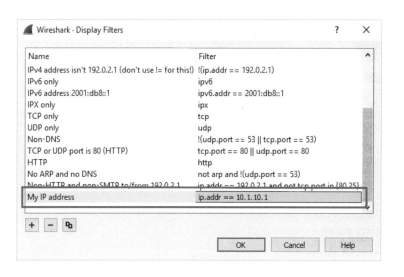

5단계   OK를 클릭해 새로운 디스플레이 필터를 저장하고 디스플레이 필터 창을
         닫는다. 이 필터를 사용하려면 북마크 버튼을 클릭하고 저장된 디스플레
         이 필터 목록에서 선택 해제한다.

와이어샤크 시스템의 IP 주소와 MAC 주소(이더넷 주소 필터)에 기반을 둔 일련의 필터
를 생성하는 데 약간의 시간을 소비한다. 예를 들면 필요 없는 디폴트 필터를 제거하
려면 TCP 트래픽만을 위한 디스플레이 필터(tcp)를 입력하면 이 필터를 제거할 수
있다. 디스플레이 필터 중 하나(IPX only)를 사용하지 않는다면 제거한다. 가능한 한
필터 목록을 깨끗하게 유지한다.

3.3 HTTP 트래픽의 적절한 필터링

브라우징 세션에서 적절하게 필터링할 수 있다는 것은 웹 브라우징 세션의 문제점을
해결하거나 회사 웹사이트가 왜 천천히 로드되는지 알아보는 데 중요하다. 일반적인
실수(필터 안에 애플리케이션 이름을 사용한다)를 하지 말라.

HTTP 트래픽을 필터링하는 데 사용되는 2가지 방법이 있다.

```
http
tcp.port==xx(여기서 xx는 사용 중인 HTTP 포트다)
```

두 번째 필터링 방법이 더 효과적이다. 웹 브라우징 세션의 추적 파일에 각 필터의 사용을 비교해 그 이유를 조사한다.

TCP 포트 번호 기반으로 애플리케이션 필터 시험

먼저 http-wiresharkdownload101.pcapng를 연다. 이 추적 파일은 www.wireshark. org로의 연결과 와이어샤크의 복제를 다운로드하려는 요청을 포함한다. tcp.port==80 디스플레이 필터를 적용했고, 그림 65에서처럼 필터에 일치하는 모든 패킷을 찾는다. 추적 파일 안에서 우리가 행한 작업은 이것이 전부다.

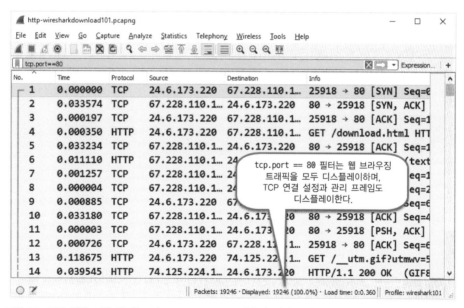

그림 65 포트 번호 기반 필터는 이 wireshark.org 브라우징 세션 안의 패킷을 모두 디스플레이한다.
[httpwiresharkdownload101.pcapng]

그림 65에서 패킷 20(다음 그림과 같음)의 Protocol 열을 자세히 살펴본다.

```
 20    0.056291  67.228.110.1… 24.6.173.220   TCP    80 → 25919 [ACK] Seq=1 …
```

와이어샤크는 이것을 HTTP 패킷이 아닌 TCP 패킷으로 디스플레이한다는 점에 유의한다. 와이어샤크는 패킷 안에서 HTTP 명령어나 응답을 아무것도 볼 수 없어서 HTTP 해석기는 패킷에 적용되지 않았다. 그것은 단지 TCP 패킷(TCP ACKs, FINs, RSTs, TCP 3 방향 핸드셰이크가 TCP처럼 단순하게 나열됐다)이다.

TCP 연결 설정, 유지와 해제 패킷을 보기 원한다면 이 필터가 사용할 바로 그 필터다(그리고 그러한 TCP 패킷을 도중에 항상 보기 원한다).

TCP 기반 애플리케이션 이름 필터를 사용할 때 조심하라

이제 트래픽에 http 필터를 적용했을 때 무엇이 발생하는지 살펴보자. 그림 66에서는 와이어샤크가 85개의 패킷을 디스플레이하고 있음을 알 수 있다. 이것은 Protocol 열에 HTTP를 포함하는 패킷들이다.

참고 12개의 프레임만 볼 수 있다면 TCP preference는 TCP 스트림을 재조립하게 설정돼 있다. 실습 5를 재검토해서 이 실습을 위한 와이어샤크를 적절히 구성한다.

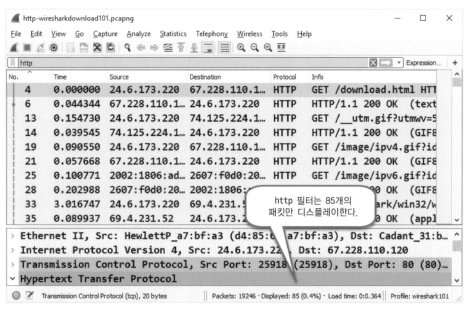

그림 66 http 필터는 TCP 핸드셰이크, ACK, 연결 해제 프로세스를 보여주지 않는다.
[httpwiresharkdownload101.pcapng]

이것은 웹 브라우징 세션의 완전한 그림이고, 이 **http** 필터를 사용해 TCP 오류를 탐지할 수 없다. TCP를 사용하는 애플리케이션에는 포트 번호 필터를 사용하는 것이 더 좋다.

TIP

HTTP 트래픽을 위한 와이어샤크의 디폴트 필터는 단순히 http다. 이 디폴트 필터를 편집해 포트 번호에 기반을 둔 HTTP 트래픽을 보는 것을 고려하라.

■ 실습 16: 정확한 방법으로 HTTP 트래픽 필터링

이 실습은 빨리 해볼 수 있다. 트래픽에 2개의 서로 다른 디스플레이 필터를 적용한 결과를 비교할 것이다. http를 적용하고 나중에 그것을 이 웹 브라우징 트래픽을 위한 적절한 필터로 대체할 것이다.

1단계   http-disney101.pcapng를 연다. 앞의 절을 따라 해서 적용된 필터를 아직 갖고 있다면 단순히 Clear 버튼 ❌을 클릭해 해당 필터를 제거한다.

2단계   http 필터를 적용한다. 필터와 일치하는 프레임이 몇 개인가? 4,093개의 프레임을 볼 수 있을 것이다. 205개의 프레임이 디스플레이됐다면 TCP preference가 TCP 스트림을 재조립하게 설정돼 있다. 이 TCP preference 설정을 비활성화하려면 실습 5의 지시대로 하라.

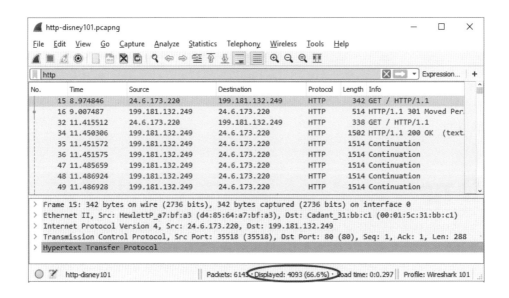

3단계   필터를 tcp.port==80으로 대체하고 Apply 버튼 ➡을 클릭하거나 Enter 키를 누른다. 이제 필터와 일치하는 패킷이 몇 개인가?(5,917개의 패킷인가?) 조금 나아졌다(완전한 그림을 이제 보게 될 것이다).

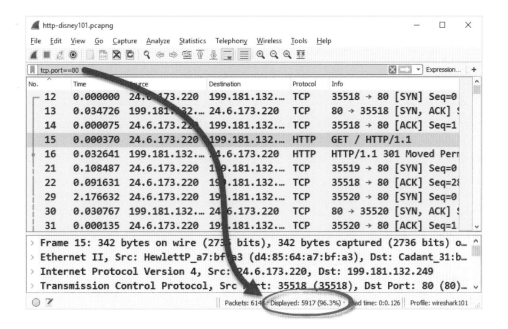

이 새로운 필터로 대체해 추적 파일을 스크롤한다. Protocol 열이 많은 수의 패킷을 HTTP가 아닌 TCP라고 디스플레이하는 점에 유의하라. 와이어샤크는 TCP 핸드셰이크 패킷과 TCP ACK 패킷을 모두 단순하게 'TCP'라고 분류한다. 연결 설정 프로세스와 확인 응답을 포함하는 전체의 웹 브라우징 세션을 분석하기 원하므로 이러한 패킷을 보기 원한다.

4단계   실습 완료 Clear 버튼 ✕을 클릭해 계속하기 전에 디스플레이 필터를 지운다.

항상 포트 번호에 기반을 둔 애플리케이션 디스플레이 필터를 구축하도록 노력한다. 와이어샤크의 디스플레이 필터링 메커니즘이 다양한 애플리케이션 이름을 이해하지만, 필터 안에 애플리케이션 이름을 사용한다면 완전한 것을 얻지 못할 것이다.

3.4 dhcp 디스플레이 필터가 동작하지 않는 이유

dhcp 디스플레이 필터는 찾기 원하는 모든 것을 수집한다. 우리는 DHCP가 BOOTP 기반이라는 지식 없이 IPv4 네트워크에서 DHCP에 관한 이야기를 하는 데 익숙해 있다. 이 복잡한 규칙을 한 번만 배운다면 좋은 기능에 감사하게 될 것이다.

디스플레이 필터로 dhcp만 입력하면 디스플레이 필터 영역은 그림 67처럼 문법 문제를 나타내는 적색으로 변한다.

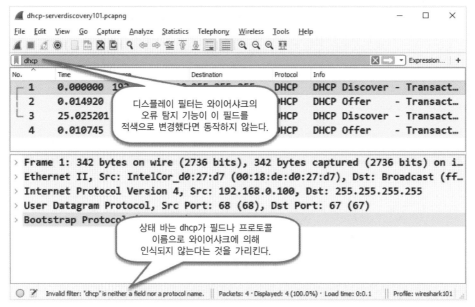

그림 67 DHCPv4는 BOOTP 기반이므로 필터로 bootp를 사용해야 한다(dhcp는 동작하지 않는다).
[dhcpserverdiscovery101.pcapng]

Protocol 열에서 패킷이 DHCP라고 디스플레이하지만, 이 필터는 DHCP가 BOOTP (Bootstrap 프로토콜) 기반이기 때문에 동작하지 않을 것이다.

정확한 디스플레이 필터 문법은 bootp다.

그렇지만 DHCPv6 트래픽을 디스플레이하려면 **dhcpv6**(DHCPv6은 BOOTP 기반이 아니다)를 사용할 수 있다

3.5 IP 주소, 주소 범위, 서브넷 기반으로 디스플레이 필터 적용

수집 필터를 적용하는(수집 프로세스 동안에 옆으로 전달돼 손실돼 버린 트래픽) 대신에 누군가의 트래픽에 집중하는 디스플레이 필터를 사용한다. 이러한 IP 주소 디스플레이 필터는 가장 널리 사용되는 필터일 것이다. 특정 IP 주소, 주소 범위, 서브넷에게/부터의 트래픽을 보고자 할 때 이용 가능한 많은 옵션이 있다.

단순 IP 주소 호스트에게/부터의 트래픽 필터링

IPv4 트래픽에 대해서는 **ip.src**, **ip.dst**, **ip.host**, **ip.addr**과 같은 필드 이름으로, IPv6 트래픽에 대해서는 **ipv6.src**, **ipv6.dst**, **ipv6.host**, 그리고 **ipv6.addr**을 사용할 것이다. 패킷 상세 화면 안의 IP 주소를 클릭했을 때 **ip.src**, **ip.dst**, **ipv6.src**, **ipv6.dst**를 호출할 것이라는 것에 유의하라. **ip.host**, **ipv6.host**, **ip.addr**, **ipv6. addr**과 같은 필드 이름은 패킷 안에 존재하지 않는다.

ip.host와 **ipv6 host** 필터는 IPv4/IPv6 발신지 주소 필드 또는 IPv4/IPv6 목적지 주소 필드 중 하나로 특정 호스트 이름으로 이름 변환하려는 IPv4나 IPv6 주소를 찾아본다. **ip.addr=[address] and ipv6.addr=[address]** 필터는 IPv4/IPv6 발신지 주소 필드나 IPv4/IPv6 목적지 주소 필드 중 하나로 특정 IPv4/IPv6 주소를 찾아본다.

ip.addr==10.3.1.1	IP 발신지 주소 필드 또는 IP 목적지 주소 필드에 10.3.1.1을 가진 프레임을 디스플레이한다.
!ip.addr==10.3.1.1	IP 발신지 주소 필드 안이나 IP 목적지 주소 필드에 10.3.1.1을 갖지 않는 프레임을 모두 디스플레이한다.
ipv6.addr==2406:da00:ff00::6b16:f02d	2406:da00:ff00::6b16:f02d에게/부터의 모든 프레임을 디스플레이한다.
ip.src==10.3.1.1	10.3.1.1에서 온 트래픽을 디스플레이한다.
ip.dst==10.3.1.1	10.3.1.1로 가는 트래픽을 디스플레이한다.
ip.host==www.wireshark.org[37]	www.wireshark.org로 이름 변환하는 IP 주소에게/부터의 트래픽을 디스플레이한다

주소 범위에게/부터의 트래픽 필터링

ip.addr이나 **ipv6.addr** 필터에 >나 <의 비교 연산자와 논리 연산자 &&(and)를 사용해 범위 안의 주소를 포함하는 패킷을 찾을 수 있다.

ip.addr > 10.3.0.1 && ip.addr < 10.3.0.5	10.3.0.2, 10.3.0.3, 10.3.0.4에게/부터의 트래픽을 디스플레이한다.
(ip.addr >= 10.3.0.1 && ip.addr <= 10.3.0.6) && !ip.addr==10.3.0.3	10.3.0.1, 10.3.0.2, 10.3.0.4, 10.3.0.5 또는 10.3.0.6에게/부터의 트래픽을 디스플레이한다(IP 주소 10.3.0.3은 지정된 주소 범위에 포함).
ipv6.addr >= fe80:: && ipv6.addr < fec0::	0xfe80에서 시작해 0xfec0까지의 IPv6 주소에게/부터의 트래픽을 디스플레이한다.

---

37 이 디스플레이 필터를 사용하기 위해 와이어샤크의 Resolve network(IP) address 설정(Edit ❭ preference ❭ Name ❭ Resolution)을 가능하게 해야 한다.

IP 서브넷에서/으로부터 트래픽 필터링

ip.addr 필드 이름을 갖는 CIDR^{Classless Interdomain Routing} 형식으로 서브넷을 정의할 수 있다. 이 형식은 IP 주소 뒤에 슬래시(/)와 접미사가 따르는데, 접미사는 IP 주소의 네트워크 부문을 나타내는 비트의 개수를 나타낸다.

`ip.addr==10.3.0.0/16`	발신지 IP 주소 필드 또는 목적지 IP 주소 필드가 10.3으로 시작하는 IP 주소를 포함하는 트래픽을 디스플레이한다.
`ip.addr==10.3.0.0/16 &&` `!ip.addr==10.3.1.1`	발신지 IP 주소 필드 또는 목적지 IP 주소 필드가 10.3 으로 시작하지만, 10.3.1.1을 제외한 주소로 시작하는 IP 주소를 포함하는 트래픽을 디스플레이한다.
`!ip.addr==10.3.0.0/16 &&` `!ip.addr==10.2.0.0/16`	발신지 IP 주소 필드 또는 목적지 IP 주소 필드가 10.30이나 10.2로 시작하는 것을 제외한 모든 트래픽을 디스플레이한다.

▨ 실습 17: 온라인 백업 서브넷에서/으로부터의 트래픽 필터링

이 실습에서는 온라인 백업 제품을 제공하는 Memeo를 위한 백업 서버에게/부터의 트래픽을 검사하는 서브넷 디스플레이 필터를 적용한다. 이 트래픽은 백그라운드로 실행되면서 서버 안을 지속적으로 검사한다.

1단계   mybackground101.pcapng를 연다.

2단계   DNS 트래픽을 위한 디스플레이 필터를 적용한다. `api.memeo.info`, `api.memeo.com`, `memeo.info` 호스트를 위해 제공되는 IP 주소를 유의하라. 이들은 모두 216.115.74로 시작한다. 이 바이트로 시작하는 서브넷 필터를 구축할 것이다. 이미지 아래의 오른쪽으로 스크롤해 더 많은 **Info** 열을 본다.

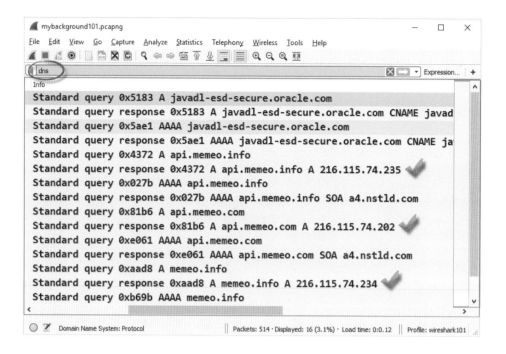

3단계   ip.addr==216.115.74.0/24를 위한 디스플레이 필터를 적용해 이 서브넷의 호스트 중 하나로의 모든 트래픽을 살펴본다. 디스플레이 필터와 일치하는 51개의 패킷이 있을 것이다.

4단계   실습 완료 Clear 버튼 ☒을 클릭해서 계속하기 전에 디스플레이 필터를 지운다.

보이는 것 중에서 Memeo 서브넷에게/부터의 트래픽을 필터링하기 원하면 동일한 필터를 적용하지만 앞에 not(`!`) 연산자를 둔다. `!ip.addr==216.115.74.0/24`

3.6 패킷 안에 있는 필드를 이용한 빠른 필터링

특정한 특성을 포함한 모든 트래픽을 보려고 할 때 오래 걸리는 길로 가거나 지름길을 취할 수 있다. 마라톤을 대비하지 않는다면 지름길을 택하라. 물론 디스플레이 필터를 입력하고 Apply 버튼 ➡을 클릭하거나 Enter 키를 누르지만, 오른쪽 클릭 방법을 사용하는 것이 디스플레이 필터를 구축하고 적용하는 더 빠른 방법이다.

필드나 패킷 안의 특성 중 아무거나 오른쪽 클릭할 수 있고 Apply as Filter(이것은 필터를 즉시 생성하고 적용한다) 또는 Prepare a Filter(이것은 디스플레이 필터 영역 안에 새로운 필터를 놓지만, 이것을 추적 파일에 자동으로 적용하지는 않는다) 중 하나를 선택한다.

빠르게 작업하기: 오른쪽 클릭 후 Apply as Filter를 사용한다

예를 들면 그림 68에서 http-espn101.pcapng를 열었다. 프레임 8의 패킷 상세 창 안에서 HTTP 섹션을 확장해 사용자가 웹사이트(/)의 메인 페이지를 다운로드하기 원하는 것을 가리키는 Request URI 라인을 오른쪽 클릭한다. 여기서는 Apply as Filter > Selected를 선택했다.

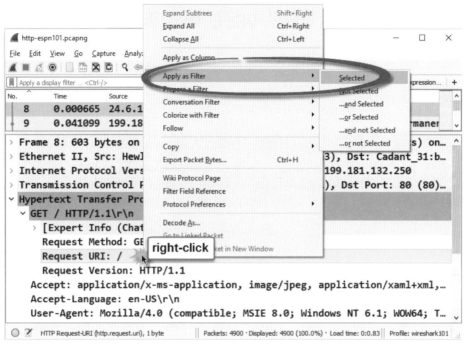

그림 68 오른쪽 클릭 방법을 사용해 필드 안의 내용 또는 패킷 특성에 기반을 둔 필터를 빠르게 적용한다.
[http—espn101.pcapng]

와이어샤크는 적절한 디스플레이 필터(tcp.request.uri=="/")를 생성하고, 이것을 추적 파일에 적용한다. 이제 2개의 패킷이 디스플레이됐다. 그림 69에서처럼 이 사용자는 2개의 서로 다른 IP 주소에서 메인 페이지를 요청하고 있는 것으로 보인다.

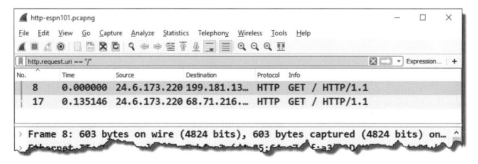

그림 69 http.request.uri=="/"를 위한 필터에 2개의 패킷이 일치했다. [http—espn101.pcapng]

보이는 내용에서 이러한 유형의 HTTP 요청을 제거하려면 단순히 필터 앞에 느낌표 또는 단어 **not**을 추가한다. 이것을 배제[exclusion] 필터라고 한다. 디폴트 페이지를 위한 GET 요청을 오른쪽 클릭하고 Apply as Filter ＞ Not Selected를 선택함으로써 이 배제 필터를 생성할 수도 있다.[38]

```
not http.request.uri == "/"                    ✕ ➡ ▾
```

http-espn101.pcapng 추적 파일에 이 배제 필터를 사용하면 4,898개의 패킷을 디스 플레이하지만, 이것만이 살펴볼 매우 흥미로운 패킷의 집합의 전부는 아닐 것이다. 다른 HTTP GET 요청 안에서 관심 있는 내용을 디스플레이하기 위해 이 필터를 확장 하는 것을 고려하라.

디스플레이 필터 영역 안의 배제 필터는 내버려 두고 HTTP GET 요청 패킷(예를 들면 패킷 70)에 위치시킨다.

HTTP 섹션을 확장해 Request Method: GET request 라인을 살펴본다. 이 라인을 오른 쪽 클릭하고 Apply as Filter를 선택한다. ... and Selected 옵션을 사용해 기존 필터 에 추가한다.

...으로 시작하는 필터 옵션은 디스플레이 필터 영역 안에 보인 필터에 추가하는 데 사용된다.

... and Selected를 선택한 후에 디스플레이 필터는 다음 그림과 같이 보일 것이다. 이제 146개의 패킷이 필터와 일치한다. 디폴트 페이지 요청(/)을 제외한 모든 HTTP GET 요청을 보고 있다.

```
(not http.request.uri == "/") && (http.request.method == "GET")   ✕ ➡ ▾
```

---

38 새로운 필터가 기존 것을 대체할 것이므로 이전 필터를 해제할 필요는 없다.

오른쪽 클릭 후 Prepare a Filter로 만들어라

필터를 변경하거나 문법을 적용하기 전에 검사할 때 Prepare a filter를 사용한다. 예를 들면 누군가가 .jpg 파일에 대한 요청을 했는가를 알고 싶을 것이다. http-espn101.pcapng에서 패킷 70 안의 요청 URI 라인을 오른쪽 클릭하고 Prepare a Filter > Selected를 선택한다.

와이어샤크는 http.request.uri="/prod/scripts/mbox.js"를 디스플레이 필터 영역 안에 두지만, 필터를 트래픽에 적용하지는 않는다. 디스플레이 필터를 http.request.uri contains "jpg"로 변경하고 Apply 버튼 ➡️을 클릭하거나 Enter 키를 누른다. 그림 70에서처럼 22개의 패킷이 새로운 필터와 일치할 것이다.

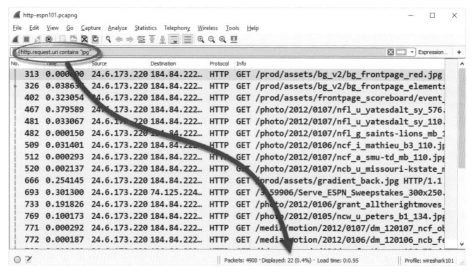

그림 70 요청 URI 라인을 오른쪽 클릭한 후에 Prepare a Filter를 선택하는 것은 필터를 변경해 이 필드 안에서 'jpg'를 포함하는 프레임을 찾는 것이다. [http-espn101.pcapng]

'...' 필터 강화를 사용하려면 한 번 더 오른쪽 클릭한다

Apply as Filter와 Prepare a Filter 동작에 오른쪽 클릭을 수행했을 때, 그림 71에서처럼 '...'으로 시작하는 4개의 다른 필터 선택 사양이 보인다. 이 예제에서는 `http.request.uri contains "jpg "`를 아직 갖고 있고 Referer[39] 라인 안에서 go.espn.com을 찾기 원한다.

'...'으로 시작하는 필터 옵션은 모두 기존 디스플레이 필터에 추가될 것이다.

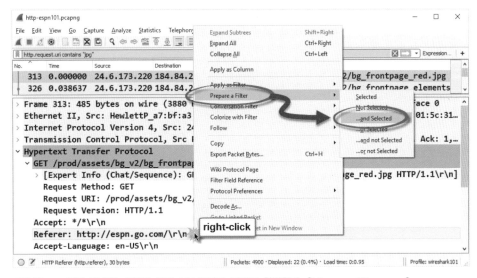

그림 71 ... 필터 옵션을 사용해 기존 디스플레이 필터를 확장한다. [http-espn101.pcapng]

새로운 필터는 다음과 같이 보일 것이다.

(http.request.uri contains "jpg") && (http.referer == "http://espn.go.com/")

---

39 이것은 오타가 아니다. HTTP 규격은 Referer를 이런 식으로 표기한다('r'이 없는).

다음 표는 tcp.port==80 필터를 제 위치에 이미 갖고 있다면 애드온 필터를 어떻게
사용할 수 있는지 공개한다.

Right-click on...	Choose	생성된 필터(설명)
Request Method: GET	Selected	http.request.method == "GET" 이것은 현재 디스플레이 필터를 대체할 것이고, GET 요청 방법을 포함하는 HTTP 패킷을 모두 디스플레이할 것이다
Request Method: GET	Not Selected	!(http.request.method == "GET") 이것은 현재 디스플레이 필터를 대체할 것이고, GET 요청 방법을 포함하는 HTTP 패킷을 제외한 패킷을 모두 디스플레이한다.
Request Method: GET	... and Selected	(tcp.port==80) && (http.request.method == "GET") 이것은 HTTP GET 요청 메소드를 포함하는 포트 80에게/부터의 모든 패킷을 디스플레이할 것이다.
Request Method: GET	... or Selected	(tcp.port==80) || (http.request.method == "GET") 이것은 GET 요청 메소드를 포함하는 HTTP 패킷과 포트 80에게/부터의 모든 패킷을 디스플레이할 것이다. 예를 들면 HTTP 트래픽이 포트 81을 사용하고 있다면 그 트래픽에 있는 모든 HTTP GET 요청을 볼 수 있을 것이다
Request Method: GET	... and Not Selected	(tcp.port==80) && !(http.request.method == "GET") 이것은 포트 80에게/부터의 모든 트래픽은 볼 수 있지만, GET 요청 메소드를 포함하는 HTTP 트래픽은 보지 못한다.
IP Source Address 10.2.2.2	... or Not Selected	(tcp.port==80) || !(ip.src==10.2.2.2) 이것은 포트 80에게/부터의 모든 트래픽과 10.2.2.2에서가 아닌 트래픽을 모두 볼 수 있다.

... or Not Selected 옵션을 살펴보라. 사람들은 배제 필터(특정 트래픽 유형을 숨기는 어떤 것)에 추가하려 할 때 실수로 자주 이것을 사용한다.

예를 들면 ARP 트래픽이나 DNS 트래픽을 보지 않으려면 ... or Not Selected 옵션을 사용하면 !arp || !dns를 생성한다. 이 필터는 아무것도 하지 않는다. DNS 패킷은 이들이 ARP 패킷(또는 연산자의 첫 번째와 일치하는)이 아니므로 보일 것이고, ARP 패킷은 이들이 DNS 패킷(또는 연산자의 두 번째와 일치하는)이 아니므로 보일 것이다.

뷰에서 패킷을 필터링하려면 아마도 ... and Not Selected 옵션이 필요할 것이다.

🖥 실습 18: DNS Name Errors나 HTTP 404 Responses 필터링

이 실습에서는 오른쪽 클릭 방법을 사용해 특정 DNS나 HTTP 오류 응답을 찾을 것이다. 이것은 훌륭한 필터이므로 저장하고 싶을 것이다.

1단계   http-errors101.pcapng를 연다. 패킷 목록 창의 Info 칼럼을 따라 스크롤하면서 살펴보고, 이 웹 브라우징 세션 안에서 문제점을 찾는다. 이전의 섹션에서 적용한 필터가 있다면 그것을 지금 해제한다.

2단계   프레임 18을 클릭한다. 이것은 DNS Name 오류 응답이다. DNS 서브트리를 확장해 다음 그림과 같이 Flags 섹션 내부의 필드를 볼 수 있다. Reply code: No such name (3) 필드를 오른쪽 클릭하고 Prepare a Filter ＞ Selected를 선택한다. 필터의 첫 부분이 필터 영역 안에 나타난다.

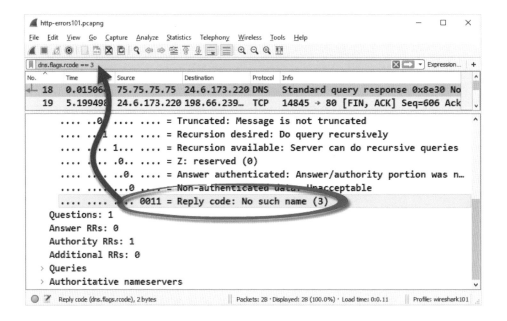

3단계   프레임 9를 클릭한다. 이것은 HTTP 404 Response다. 우리는 이것을 기
존 필터에 추가할 것이고, 이 필터를 적용하기 전에 보여줄 것이다

프레임 9에서 HTTP section of the packet을 확장한다. Status Code:
404 라인을 오른쪽 클릭하고, Prepare a Filter > ... or Selected를 선택한다.
디스플레이 필터 영역은 (dns.flags.rcode==3) || (http.response.code
==404)를 보여줄 것이다.

4단계   Apply 버튼 ➡을 클릭하거나 Enter 키를 누른다. 3개의 프레임이 필터
와 일치할 것이다.

5단계   실습 완료 필터와 일치하는 프레임의 전체를 조사하는 것을 완료했을 때
Clear 버튼 ✕을 클릭해 필터를 제거한다. 이 필터를 다시 사용할 필요가
있다면 필터 영역의 오른편에 있는 화살표를 클릭한다. 실습 5에서 와이
어샤크가 마지막 30개의 디스플레이 필터를 기억하게 설정했다.

이것도 훌륭한 필터지만 모든 DNS나 HTTP 오류 응답 코드(dns.flags.rcode != 0 or http.response.code > 399)를 조사하게 개선될 수 있다. "!="로 인해 디스플레이 필터 영역이 황색으로 변하지만, 이 필터는 실제로 잘 동작한다는 것에 유의하라.

3.7 단일 TCP나 UDP 대화 필터링

클라이언트 애플리케이션과 서버 프로세스 간의 통신을 분석할 때 '대화^{conversion}'를 기대한다. 이 대화는 클라이언트 애플리케이션과 서버 프로세스의 IP 주소와 포트 번호를 기반으로 한다. 가끔 추적 파일이 수백 개의 대화를 포함할 것이다. 관심 있는 대화를 빠르게 위치시키고 필터링하는 방법을 아는 것은 분석 프로세스를 빠르게 진전시킬 것이다.

다음은 추적 파일에서 단순 TCP나 UDP 대화를 추출하는 4가지 방법을 보여준다.

- 패킷 목록 화면 안의 UDP나 TCP 패킷을 오른쪽 클릭하고 Conversation Filter ➤ [TCP|UDP]를 선택해 UDP/TCP 대화를 추출한다.

- 패킷 목록 화면 안의 UDP나 TCP 패킷을 오른쪽 클릭하고 Follow [TCP|UDP] Stream을 선택해 UDP/TCP 대화를 추출한다.

- 와이어샤크 Statistics ➤ Conversations에서 대화를 추출한다.

- 스트림 인덱스 번호(UDP나 TCP 헤더에 있는)를 기반으로 TCP 대화를 추출한다.

오른쪽 클릭으로 대화 필터링

전체 패킷을 브라우징하고 TCP 대화를 빠르게 필터링하려면 그림 72에서처럼 패킷 목록 화면에서 아무 패킷에서나 오른쪽 클릭하고 Conversation Filter ➤ TCP를 선택한다.

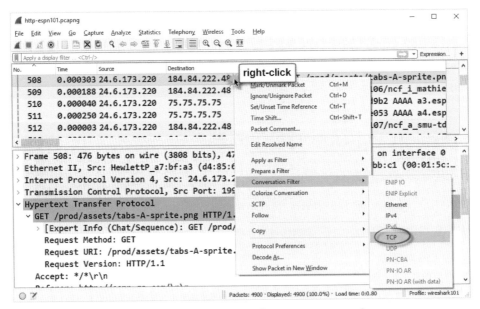

그림 72 패킷을 오른쪽 클릭해 특정 대화를 필터링한다. [http-espn101.pcapng]

http-espn101.pcapng 안의 패킷 508을 오른쪽 클릭했고 Conversation Filter 〉 TCP 를 선택했다. 트래픽에 다음과 같은 디스플레이 필터를 생성해 적용했다.

```
(ip.addr eq 24.6.173.220 and ip.addr eq 184.84.222.48)
     and (tcp.port eq 19953 and tcp.port eq 80)
```

IP 주소, 이더넷 주소, UDP 주소/포트 번호의 조합에 기반을 둔 대화를 필터링하려면 동일한 방법을 사용할 수 있다.

오른쪽 클릭으로 스트림 따라가기

대화 필터를 적용하는 것처럼 대화 안에서 교환된 애플리케이션 명령어와 데이터를 보려면 그림 73에서처럼 패킷 목록 창 안의 아무 패킷에서나 오른쪽 클릭하고 Follow [UDP|TCP] Stream을 선택한다. Follow UDP Stream을 선택하면 디스플레이 필터는

IP 주소와 포트 번호를 기반으로 한다. Follow TCP Stream을 선택하면 디스플레이 필터는 TCP 스트림 인덱스 번호를 기반으로 한다.

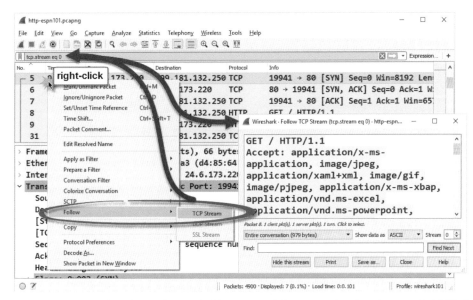

그림 73 패킷 목록 창 안의 TCP나 UDP 패킷을 오른쪽 클릭하고 Follow [UDP|TCP] Stream을 선택한다. 이것은 separate 윈도우 안의 대화를 디스플레이하는 동안 선택된 패킷을 기반으로 대화 필터를 생성한다.

와이어샤크 통계에서 대화 필터링

Statistics > Conversations를 선택해 대화를 보거나 정렬하거나 빠르게 필터링한다. 대화 윈도우의 최상단에 있는 프로토콜 탭 중 하나를 클릭해 관심 있는 대화 유형을 선택한다.

대화 라인에서 오른쪽 클릭해 Apply as Filter, Prepare a Filter, Find 또는 Colorize 를 선택한다.

Apply as Filter 또는 Prepare a Filter를 선택할 때 약간 재미있는 옵션이 나타난다. 그림 74에서는 Statistics > Conversations를 선택해 패킷 열을 정렬했다. 다음에 최상단 대화를 오른쪽 클릭했고, 표준 옵션(Selected, Not Selected 등)을 사용하는 필터를 적용하거나 준비하기 위해 옵션을 살펴봤다. 방향이나 필터 안에 'Any'의 포함을 정의하려고 선택할 수도 있다.

UDP와 TCP 탭 아래에서 용어 'A'는 'A'(Address A와 Port A(ip.addr==24.6.173.220 && tcp.port==19996))로 레이블된 열을 둘 다 언급한다.

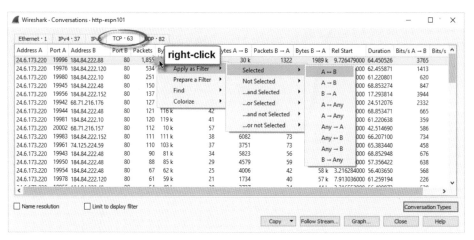

그림 74 열을 오른쪽 클릭하고 Apply as Filter를 선택해 대화 필터링를 위한 특수 목적의 옵션을 본다. [http-espn101.pcapng]

 TIP

이용 가능한 'A'와 'B' 지정이 없더라도 Statistics › Endpoints 윈도우에서 동일한 기본 단계를 수행할 수 있다.

스트림 인덱스 필드를 기반으로 TCP 대화 필터링

TCP 헤더에서 스트림 인덱스 필드를 오른쪽 클릭해 TCP 대화 필터를 생성할 수 있다. 그림 75에서 TCP 헤더를 집중 조명하기 위해 확장하고, 스트림 인덱스 필드를 오른쪽 클릭하고 Apply as Filter를 선택해서 tcp.stream==2 대화 필터를 생성할 수 있다..

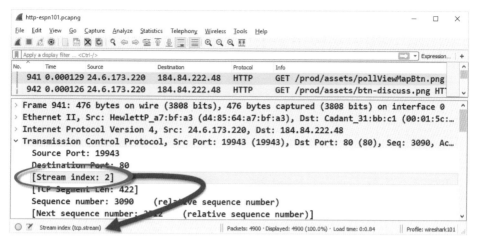

그림 75 와이어샤크는 TCP 대화마다 고유의 스트림 인덱스 번호를 제공한다. [httpespn101.pcapng]

> 많은 대화가 들어있는 추적 파일로 작업할 때 이 TCP 스트림 인덱스 번호는 많은 도움이 된다.
> 이 필드와 Apply as Column을 오른쪽 클릭한다. TCP Stream index 칼럼의 값을 사용해 각각의
> 대화를 쉽게 식별한다.

실습 19: 기동 시에 백그라운드 파일 전송 탐지

시스템이 시작할 때 많은 수의 백그라운드 프로세스가 있을 수 있다. 이들 중 일부는
바이러스 탐지 메커니즘, 운영체제, 애플리케이션을 업데이트할 것이다. 이 실습에서
방금 가동한 호스트에서 가장 활발하게 동작 중인 대화를 탐지하고 필터링할 것이다.

1단계   gen-startupchatty101.pcapng를 연다.

2단계   Statistics ▶ Conversations ▶ TCP를 선택하고 Bytes 열을 높은 것에서
         낮은 순으로 정렬해서 바이트 개수에 기반을 두고 가장 활발하게 동작
         중인 TCP 대화로 위치시킨다.

3단계 가장 활발한 대화를 오른쪽 클릭하고 Apply as Filter › Selected › A
↔ B를 선택한다. 상태 바는 필터와 일치하는 2,886개의 패킷을 나타낼
것이다. 이 대화에서 TCP 상대방은 50.17.223.168이다.

이것이 전송 계층 보안TLS, Transport Layer Security 대화라는 것을 알 수 있다.

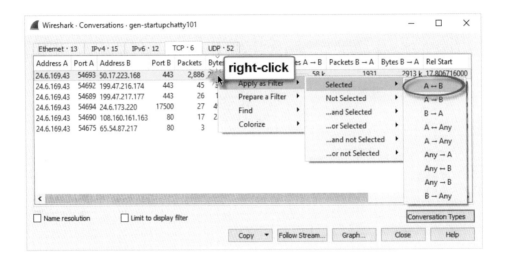

4단계 프레임 311은 이 대화 안의 첫 패킷이다. Clear 버튼 ✕을 클릭해 필터를
제거하고 프레임 311 앞의 이름 변환 프로세스를 찾아본다. 프레임 309와
310을 기반으로 이것은 Dropbox 서버로 보인다. 클라이언트는 이들의
Dropbox 폴더에서 파일을 검사하고 다운로드해야 한다.

5단계 실습 완료 와이어샤크는 디스플레이 필터를 유지할 것이다. Clear 버튼
✕을 클릭해 원하지 않는 디스플레이 필터를 모두 제거한다.

오른쪽 클릭 방법을 사용해 대화, 종단점, 프로토콜 계층 구조 윈도우를 포함하는 다수
의 와이어샤크 통계 창에서 직접 필터를 빠르게 적용할 수 있다.

3.8 다중 포함/배제 조건으로 디스플레이 필터 확장

하나 이상의 필드 값으로 필터링하기 원할 때가 많다. 예를 들면 HTTP 요청 방법 필드 안의 명령어 GET과 HTTP 요청 URI 필드 안에 '.exe'를 포함하는 모든 패킷에 관심이 있을 수 있다. 논리 연산자를 사용해 이 2개의 조건을 결합할 수 있다.

논리 연산자 사용

와이어샤크는 4개의 논리 연산자를 인식한다. 다음 표는 조건을 추가해 디스플레이 필터를 확장하는 데 사용될 수 있는 와이어샤크 논리 연산자의 예를 보여준다.

연산자	영어 표현	예	설명
&&	and	ip.src==10.2.2.2 && tcp.port==80	10.2.2.2에서 포트 80으로 오는/에서 나가는 모든 IPv4 트래픽을 보여준다.
||	or	tcp.port==80 || tcp.port==443	포트 80이나 443으로 오는/에서 나가는 모든 TCP 트래픽을 보여준다.
!	not	!arp	ARP 트래픽이 아닌 모든 트래픽을 보여준다.
!=	ne	tcp.flags.syn != 1	TCP SYN 플래그(순서 번호를 일치시킨다)가 1로 설정된 것이 아닌 TCP 프레임을 보여준다.

ip.addr != 필터가 동작하지 않는 이유

!= 연산자는 혼란스러울 때가 있다. 와이어샤크가 어떻게 이 연산자를 해석하는지 약간의 팁이 여기에 있다.

틀림   ip.addr != 10.2.2.2

IP 발신지 주소 필드 안이나 IP 목적지 주소 필드 안에 10.2.2.2를 갖지 않는 패킷을 디스플레이한다. 10.2.2.2가 아닌 다른 주소가 발신지 또는 목적지 IP 주소 필드 안에 포함돼 있다면 패킷은 디스플레이될 것이다. 이것은 함축된 or를 사용하고 패킷을 아무것도 필터링하지 않을 것이다.

맞음   !ip.addr == 10.2.2.2

IP 발신지 주소 필드 값이 10.2.2.2가 아닌 패킷과 목적지 주소 필드 값이 10.2.2.2가 아닌 패킷을 디스플레이한다. 이것이 특정 IP 주소에게/부터의 트래픽을 배제하는 적절한 필터 문법이다.

!tcp.flags.syn==1 필터가 동작하지 않는 이유

"="...에서 "!"을 분리하는 과정을 수용할 때 어떤 것은 정확하지 않다. SYN 비트가 1로 설정된 것을 제외한 모든 TCP 패킷을 디스플레이하려면 이 필터는 동작하지 않을 것이다.

틀림   !tcp.flags.syn==1

이 필터는 "TCP SYN 비트가 1로 설정되지 않은 모든 패킷을 디스플레이한다"로 해석된다. UDP와 ARP 패킷은 TCP SYN 비트가 1로 설정되지 않으므로 다른 프로토콜의 패킷은 이 필터에 일치한다.

맞음   tcp.flags.syn !=1

이 필터는 SYN이 0으로 설정된 TCP 패킷만 디스플레이할 것이다.

SYN 비트 필드와 같은 Boolean 필드에서 관심이 있는 것이 있다면 비트를 0으로 설정해서 간단하게 필터링하는 것이 훨씬 더 효율적이다. 예를 들어 tcp.flags.syn == 0처럼 하면 된다.

TIP

필터에서 필드 이름과 일치하는 필드가 하나만 있는 경우에는 != 연산자의 사용을 두려워하지 말라. 가끔은 이것이 사용할 수 있는 최선의 필터 연산자다. 하나의 필드가 필터 필드 이름과 일치하는지 확실하지 않은 경우 표현식 대화상자(표현식 버튼 클릭)에서 해당 필드를 찾거나 'or' 로 찾을 수 있다. 예를 들어 ip.addr은 'Source or Destination address'로서 나열된다.

3.9 괄호를 사용해 필터 의미 변경

필터의 조건을 생성하거나 추가할 때 필터의 의미를 괄호로 바꿀 수 있다는 점을 명심하라.

예를 들면 다음과 같은 디스플레이 필터를 살펴보자.

```
(tcp.port==80 && ip.src==10.2.2.2) || tcp.flags.syn==1

tcp.port==80 && (ip.src==10.2.2.2 || tcp.flags.syn==1)
```

괄호의 위치가 이 2개의 필터 의미를 바꾼다.

위의 첫 예에서는 10.2.2.2에서의 포트 80 트래픽이 나타날 것이다. 추가적으로 모든 TCP 핸드셰이크의 첫 패킷(포트 번호 또는 IP 주소와는 무관하게)이 디스플레이될 것이다.

두 번째 예제에서는 트래픽이 (a) 10.2.2.2로부터 또는 (b) 트래픽에 TCP SYN 비트가 설정된 경우 포트 80 트래픽이 디스플레이된다.

TIP

필터에서 'and'와 'or'를 같이 쓰려면 항상 괄호를 사용하라. 그렇게 하지 않으면 와이어샤크가
디스플레이 필터 배경을 노란색으로 전환해 예상한 결과를 얻지 못할 수도 있음을 경고한다.

실습 20: 클라이언트로의 TCP 연결 시도 횟수 계산

클라이언트 프로세스는 TCP 연결 요청을 서버 프로세스에 보낸다. 들어오는 TCP 연
결을 네트워크상의 사용자 시스템(이들은 서버 프로세스를 구동하지 않으므로)에 허용하
는 이유가 있다. 이 실습에서는 특정 서브넷상의 누군가에게로 들어오는 TCP 연결
시도를 탐지하는 디스플레이 필터를 생성한다. 서브넷 24.6.0.0/16에 집중할 것이다.

1단계   general101b.pcapng를 연다.

2단계   먼저 TCP 플래그 영역에 기반을 둔 TCP 연결 시도를 탐지하기 원한다.
       이 추적 파일 안의 첫 프레임은 Info 열 안의 [SYN]에서 본 것처럼 TCP
       연결 요청이다. 응답은 Info 열 안의 [SYN, ACK]를 나타낸다.

       패킷 목록 창에서 프레임 1의 TCP 헤더를 확장하고 Flags 라인을 오른쪽
       클릭한다. Prepare a Filter ▶ Selected를 선택한다. `tcp.flags==`
       `0x0002` 필터는 TCP 핸드셰이크의 첫 패킷(SYN)을 나타낼 것이다.

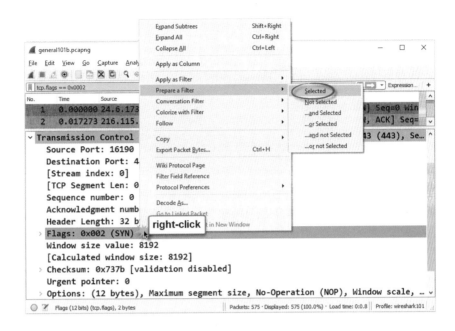

TCP SYN 비트가 1(tcp.flags.syn==1)로 설정된 경우에만 필터를 생성했다면 각 핸드셰이크에서 첫 두 개의 패킷(SYN와 SYN/ACK 패킷)을 볼 수 있을 것이다.

3단계 Apply 버튼 ⟹을 클릭하거나 Enter 키를 눌러 이 필터가 무엇을 하는지 살펴본다. 불행히도 이 필터만으로는 도움이 되지 못한다. 누군가가 이 네트워크상의 클라이언트에 TCP 연결을 시도하는 것을 보고자 한다. 필터에 **&& ip.dst==24.6.0.0/16**을 추가하고 Apply 버튼 ⟹이나 Enter 키를 한 번 더 누른다. 5개의 패킷만이 새로운 필터와 일치할 것이다.

이 실습에서 결과는 121.125.72.180과 24.6.169.43이 24.6.173.220과 연결을 설정하려고 노력하고 있다는 것을 보여준다. 24.6.173.220 클라이언트는 서버 소프트웨어를 운영하지 않으므로, 이것은 의심스러운 트래픽이다.

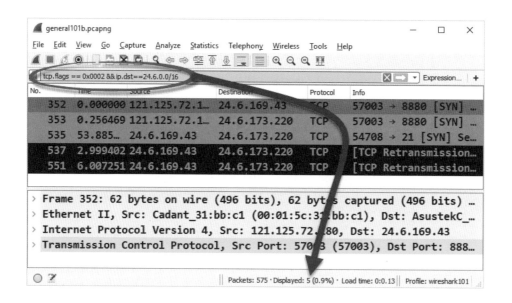

4단계　　실습 완료 Clear 버튼 ☒을 클릭해 계속하기 전에 디스플레이 필터를
　　　　　지운다.

mybackground101.pcapng에 이와 동일한 필터를 적용해 또 다른 의심스러운 들어오
는 연결 시도에 집중한다. 0장의 '백그라운드 트래픽 예제 분석' 절에서 이러한 들어오
는 연결 시도를 살펴봤다.

3.10 디스플레이 필터 영역이 황색인 이유

디스플레이 필터를 좀 더 진행해보면 와이어샤크가 디스플레이 필터 영역의 색상을
황색이나 심지어는 적색으로 변경하는 경우를 보게 된다. 와이어샤크는 디스플레이
필터마다 매번 오류 검출을 수행하는데, 오류 탐지 결과에 기반을 두고 디스플레이
필터 영역의 백경을 적색(오류), 녹색(ok), 황색(도대체 뭐지?)으로 변경한다.

적색 배경: 문법 검사 실패

디스플레이 필터 영역이 적색일 때 필터는 전혀 동작하지 않는다. Apply 버튼을 클릭하거나 Enter 키를 누를 때 와이어샤크는 "ip.addr=10.2.2.2" isn't a valid display filter: "=" was unexpected in this context. See the help for a description of the display filter syntax. 같은 메시지를 생성한다.

녹색 배경: 문법 검사 통과

디스플레이 필터 영역이 녹색이면 필터는 문법 검사를 기반으로 동작할 것이다. 그렇지만 와이어샤크는 '논리 검사'를 하지 않는다. 필터 http && udp를 생각해보자. 정상적인 HTTP 통신은 UDP가 아닌 TCP에서 동작한다. 이 필터와 일치하는 패킷은 없다. 필터가 비논리적이지만, 이것은 문법 검사를 통과했으므로 진행될 수 있다.

황색 배경: 문법 검사는 통과했지만 경고(!=)가 있다

디스플레이 필터 영역이 황색이면 필터는 문법 검사를 통과했지만, 기대하는 결과를 제공하지 못할 수 있다. 이 색상은 와이어샤크가 필터 안에서 '!='를 발견하면 자동으로 트리거된다. 패킷 안에 2개 이상의 실제 필드와 일치할 수 있는 필드 이름을 지정할 때 이 필터를 배제하게 지정한다. 예를 들면 ip.addr은 발신지와 목적지 IPv4 주소 필드에서 찾은 모든 것을 디스플레이한다. 또 다른 예제는 발신지와 목적지 포트 숫자 필드를 모두 찾는 tcp.port일 것이다.

한 번 발생하는 필드만을 참조하는 필드 이름을 사용한다면 '!=' 문법을 사용해서 계속 진행한다. 예를 들면 ip.src != 10.2.3.1은 와이어샤크가 디스플레이 필터 배경을 황색으로 디스플레이했더라도 완벽하게 동작할 것이다. 이 필터와 일치하는 필드는 단지 하나뿐이다.

!TIP

적색 배경의 가장 공통된 2가지 이유는 (1) 필터 안의 오타 (2) 디스플레이 필터 문법 대신에 수집 필터 문법을 사용한 것이다. 무엇을 시도하든지 적색 배경의 필터는 와이어샤크에서 동작하지 않는다.

3.11 추적 파일 안의 주제어로 필터링

추적 파일 안에서 'admin'과 같은 특정 단어를 찾고자 할 때가 있다. 전체 프레임이나 특정 필드 안에서 찾으려고 하거나, 대문자나 소문자로 된 텍스트 문자열을 찾으려 할 때도 있다. 이런 작업 모두 가능하다.

전체 프레임에서 단순 주제어 필터 안에 contains를 사용한다

전체 프레임에서 주제어keyword를 찾으려고 '문자열'을 포함하는 프레임을 사용할 수 있다. 예를 들면 'admin'을 포함하는 프레임은 이더넷 헤더에서부터 이더넷 트레일러까지 전체 프레임을 뒤져 문자열 admin(모두 소문자로 된)을 찾을 것이다.

이것은 정말 단순한 필터다. 이것은 너무 많은 긍정 오류를 야기할 것이다. 예를 들면 누군가가 admin FTP 계정으로 로그인하려고 시도한 것을 찾으려고 할 때 이 필터를 사용한다면 사람들이 www.admin.com으로 브라우징하거나 adminhandbook.pdf의 파일을 요청하는 것도 보게 될 것이다.

필드 기반의 단순 주제어 필터 안에 contains를 사용한다

긍정 오류를 줄이고 관심 있는 필드만 조사하게 필터를 구축한다고 가정하자. 예를 들면 사용자 이름(ftp-clientside101.pcapng 안의 패킷 6)을 포함하는 FTP 패킷을 조사하고 패킷 상세 화면 안의 FTP 부문을 완전히 확장한다면 그림 76의 상태 바에서 유의한 것처럼 FTP 사용자의 이름이 `ftp.request.arg` 필드 안에 있다는 것을 알게 된다. FTP 요청 인수 필드 안에서 'anonymous'를 찾으려면 `ftp.request.arg contains "anonymous"`을 입력한다. ftp-clientside101.pcapng에서 이 필터와 일치하는 하나의 패킷을 찾을 수 있다.

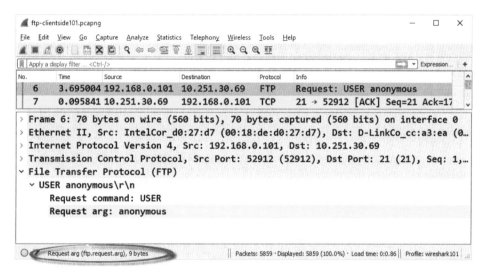

그림 76 필드 위를 클릭하고 상태 바를 살펴 필터 안에서 사용하는 필드 이름을 찾는다.
[ftpclientside101.pcapng]

대문자 또는 소문자를 찾으려면 주제어 필터 안에 matches와 (?i)를 사용한다

첫 글자가 대문자이거나 소문자로 된 Admin를 찾으려면 논리 연산자로 마지막 디스플레이 필터를 확장할 수 있다. `ftp.request.arg contains "admin" or ftp.request.arg contains "Admin"`의 필터가 동작할 것이다.

와이어샤크는 디스플레이 필터 안에서 펄^{Perl} 호환의 정규 표현식^{PCRE}을 지원한다. 정규 표현식은 검색 패턴을 정의할 때 사용되는 특수 목적의 텍스트 문자열이다. 대문자나 소문자로 된 모든 문자열에 대해 필터링하기 원한다면 정규 표현식^{regex}과 matches 연산자를 사용하는 것을 고려하라.

예를 들면 FTP 인수 필드 안에서 대소문자에 관계없이 'admin'을 찾으려면 `ftp.request.arg matches "(?i)admin"`을 사용한다. `matches` 연산자는 정규 표현식을 사용한다는 것을 나타내고, `(?i)`는 그 검색이 대소문자를 구별하지 않는다는 것을 나타낸다.

프레임 안의 아무 곳에서나 문자열의 특정한 위치에 대문자나 소문자를 포함하는 문자열을 찾으려면 어떻게 하는가? 예를 들면 다음과 같은 문자열을 생각해보자.

- buildingAeng
- buildingaeng

'building'과 'eng'는 항상 소문자지만, 두 문자열 사이의 문자는 대문자나 소문자가 될 수 있다

와이어샤크에서 `frame matches "building[Aa]eng"`를 사용할 수 있다. 소문자열 사이에 'A' 또는 'a'를 찾는다는 의미다. 그 위치에 대문자나 소문자의 B가 있는 것도 관심의 대상이라면 디스플레이 필터를 `frame matches "building[AaBb]eng"`로 확장한다.

복수 단어 검색을 위해 matches를 사용한다

복수 단어 검색을 정규 표현식으로 결합하는 단순한 방법도 있다. 괄호 안에 단어를 결합하고 이들을 '|'로 분리한다. 예를 들면 추적 파일 안의 아무 곳에서나 대문자든 소문자든 구분 없이 cat이나 dog라는 단어를 찾는 데 관심이 있다면 `frame matches "(?i)(cat|dog)"`라는 필터를 사용할 수 있다.

TIP

시간을 투자해 정규 표현식(regex)을 배운다. Jan Goyvaerts의 regular expressions.info 웹사이트를 방문하라. 와이어샤크에서 더 복잡한 정규 표현식 필터를 추가할 계획이 있다면 Regex Buddy와 Regex Magic의 구입을 고려하라(두 가지 모두 Jan Goyvaerts가 개발했고 정규 표현식 기반의 디스플레이 필터의 구축, 시험, 인용에 유명한 도구다). Regex는 와이어샤크와 Nmap, Snort, Splunk 등 인기 있는 많은 도구에서도 사용된다.

실습 21: 추적 파일 안의 주제어 집합을 찾는 필터

이 실습에서는 matches 연산자를 사용해 추적 파일 안의 아무 곳에서나 대문자 또는 소문자로 된 sombrero 또는 football을 찾는다.

1단계   http-pictures101.pcapng를 연다.

2단계   sombrero를 위한 단순 주제어 필터로 시작한다. 디스플레이 필터 영역에서 frame contains "sombrero"를 입력한다. 하나의 패킷이 이 필터와 일치할 것이다.

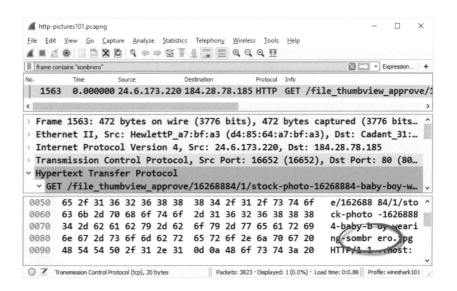

3단계 이제 matches 연산자를 사용해 주제어 필터를 보완한다. 앞의 필터를 frame matches "(?i)(sombrero|football)"로 대체한다. 고정폭^{monospace} 폰트는 ')' 앞과 '('의 뒤에, 그리고 '|' 양쪽에 공백이 있는 것처럼 보인다. 따옴표 안에는 공백이 없다. 3개의 패킷이 이 필터와 일치할 것이다.

4단계 실습 완료 Clear 버튼 ✕을 클릭해 계속하기 전에 필터를 제거한다.

주제어로 필터링하는 것은 matches 연산자와 정규 표현식을 사용하면 단순하다. 이것은 추적 파일 안에서 패스워드 또는 사용자 계정 이름 또는 알려진 악의적인 패턴을 찾는 데 유용한 기술이다.

3.12 디스플레이 필터에 와일드카드 사용

가끔은 문자열 안에서 변형을 찾을 필요가 있다. 이 경우에는 디스플레이 필터 안에 와일드카드^{wildcard}를 사용할 필요가 있다. 이것이야 말로 정규 표현식의 완전한 이해가 필요한 부분이다.

'.'로 정규 표현식 사용

와이어샤크에서 matches 연산자와 함께 정규 표현식을 사용해 변수를 가진 문자열을 표현할 수 있다. 정규 표현식에서 '.'은 라인 나누기와 줄 바꿈을 제외한 하나의 문자를 나타낸다. 문자 '.'을 찾으려면 백슬래시(\)로 이것을 해제해야 한다.

디스플레이 필터 ftp.request.arg matches "me.r"은 '.'을 와일드카드로 사용한다.

이 필터는 FTP 명령어(ftp.request.arg) 뒤에서 문자 'me' 다음에 어떤 글자(줄 나누기와 줄 바꿈을 제외한)가 있고, 'r'이 있는 문자열을 찾을 것이다. ftp-crack101.pcapng에 이것을 적용해본다. 이 필터는 그림 77에서처럼 PASS 명령 뒤에 문자열 symmetry를 포함하는 2개의 패킷을 디스플레이할 것이다.

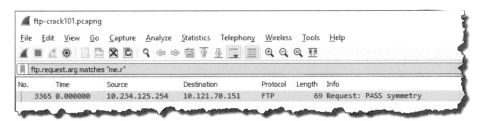

그림 77 반복되는 와일드카드를 갖는 matches 연산자를 이용해 현재 사용 중인 패스워드를 찾는다. [ftpcrack101.pcapng]

이제 필터를 변경해 문자 사이에 2개의 와일드카드를 허용한다. 필터 ftp.request. arg matches "me..r"은 인수 필드 안의 문자열 homework를 찾을 것이다.

반복되는 와일드카드 문자 검색에서 변수 길이 설정

와일드카드의 반복 횟수를 지정할 수 있다. 디스플레이 필터는 ftp.request.arg matches "me.{1,3}r"일 것이다. 이 필터는 me와 r 사이에 '.'(any 문자)가 한 개, 두 개, 세 개 있는 것을 찾을 것이다. ftp-crack101.pcapng에서 이 필터는 FTP 인수 필드 안에 mercury, symmetry, homework를 포함하는 패킷을 디스플레이한다. 대소문자에 관계없는 검색을 추가하려면 me의 앞부분에 (?i)를 추가할 수도 있다.

> 훌륭한 주제어 필터를 한 번 생성했다면 이것을 단순 필터로 어떻게 결합할지 고려해보고, '핵심 디스플레이 필터를 버튼으로 변경' 절에서 설명하는 것처럼 하나의 필터를 버튼으로 저장한다.

실습 22: 단어 사이를 와일드카드로 필터링

이 실습에서는 matches 연산자를 사용해 추적 파일 안에서 주제어 baby와 smiling을 찾는다. 반복되는 문자 옵션 설정이 필터가 무엇과 일치할지에 어떤 영향을 미치는지 보게 될 것이다.

디스플레이 필터 ftp.request.arg matches "me.{1,3}r"은 앞에서 언급한 것처럼 'me' 와 'r' 사이에서 3개의 문자까지 찾을 것이다.

이제 주제어 baby와 smiling을 찾는데, 이 문자열 사이가 3 문자까지 다른 것을 찾아보자.

1단계   http-pictures101.pcapng를 연다.

2단계   필터 http.request.uri matches "baby.{1,3}smiling"을 입력한다. 2개의 패킷이 이 필터와 일치할 것이다.

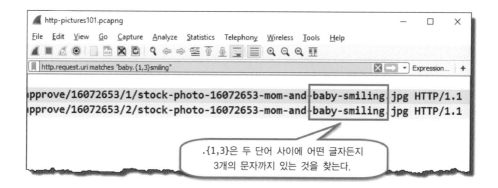

.{1,3}은 두 단어 사이에 어떤 글자든지
3개의 문자까지 있는 것을 찾는다.

3단계   이제 {1, 3}을 {1, 20}으로 변경하고 새로운 필터를 적용한다. 파일 stock-
video-10195917-baby-on-belly-smiling.jpg은 20개의 문자 안에 두 단
어를 포함하기 때문에 3개의 패킷이 이 필터와 일치할 것이다.

4단계   실습 완료 Clear 버튼 ❌을 클릭해 계속하기 전에 디스플레이 필터를
지운다.

이것이 정복해야 할 또 다른 유형의 훌륭한 필터다. 보안 침해를 찾을 때는 일정 거리
안에 있는 문자열을 찾으려고 여러 번 노력한다.

3.13 통신 지연에 집중하기 위한 필터 사용

네트워크 경로, 클라이언트, 서버가 느리다는 표현으로 네트워크 성능이 나쁘다고 불
평한다면 패킷 간의 지연을 찾도록 한다. 이러한 문제에 빠르게 집중하려면 지연을
찾는 필터를 생성한다.

추적 파일 안의 지연을 필터링하는 데 사용될 수 있는 2개의 시간 측정(기본적인 델타
시간과 TCP 델타 시간)이 있다.

큰 델타 시간(frame.time_delta)으로 필터링

frame.time_delta 필드는 모든 패킷의 프레임 섹션 안에 있다. 이 필드 안의 델타 값에 대해 필터를 생성할 수 있다. 1초가 넘는 지연을 필터링하려면 frame.time_delta > 1을 사용한다. 그렇지만 이 필터는 추적 파일 안의 모든 패킷을 살펴서 한 패킷의 끝에서 다음 패킷 끝까지의 시간을 디스플레이한다는 점을 명심해야 한다. 그렇지만 대화는 혼합될 수 있고, UDP나 TCP 대화 안의 지연은 다른 대화의 간섭 패킷 때문에 알아차리지 못할 수 있다.

UDP 기반 애플리케이션의 문제 해결을 시도한다면 UDP(udp)에 대해 필터링하고 File > Export Specified Packets를 사용해 새로운 추적 파일로 저장한다. frame.time_delta 필터를 새로운 추적 파일에 적용한다.

큰 TCP 델타 시간(tcp.time_delta)으로 필터링

tcp.time_delta 값은 와이어샤크의 Calculate conversation timestamps TCP preference를 활성화한 후에만 사용할 수 있다.

실습 5에서 Calculate conversation timestamps TCP preference 설정을 체크해 활성화했다. 이 설정이 한 번 활성화됐다면 [Timestamp] 섹션이 패킷 상세 창의 확장된 TCP 헤더의 끝에 추가된다.

그림 78에서는 tcp.time_delta > 1로, 1초가 넘는 TCP 델타[delta] 지연에 대한 필터를 적용했다. 이들의 TCP 스트림 안에 4개의 패킷이 이전 패킷 후에 1초가 지나서 도착했다.

이것을 필터 표현식 버튼으로 만들려면 디스플레이 필터 툴바에서 Add Filter Expression 버튼 ⊞을 클릭하는 것을 고려하라. '핵심 디스플레이 필터를 버튼으로 변경' 절을 참조하라.

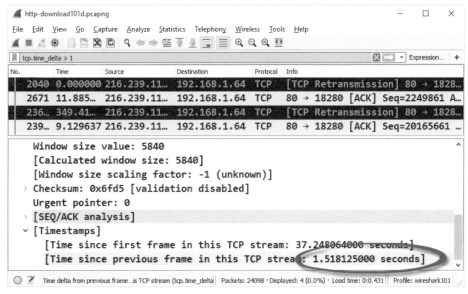

그림 78 새로운 [Timestamps] 섹션은 TCP preferences 안의 Calculate conversation timestamps를 활성
화한 후에 나타난다. 이제 TCP 델타 값으로 필터링할 수 있다. [http-download101d.pcapng]

🖥 실습 23: 디스플레이 필터를 프로파일로 가져오기

이 실습에서는 www.wiresharkbook.com에서 일련의 디스플레이 필터를 다운로드해
이것을 기존 디스플레이 필터 파일(dfilters) 안으로 읽어온다. 디스플레이 필터를 하나
의 프로파일에서 단순 호스트나 다른 와이어샤크 시스템으로 이전하려면 동일한 기법
을 사용한다.

1단계   상태 바 안을 살펴서 현재의 프로파일을 알아낸다. 실습 6에서 생성한
          wireshark101 프로파일을 사용하고 있을 것이다.

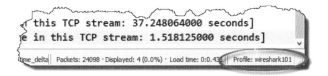

2단계   Help ➤ About Wireshark ➤ Folder ➤ Personal configuration을 사용해
        개인 구성 폴더를 열고 폴더 하이퍼링크 위를 더블 클릭한다.

        프로파일 디렉터리를 절충해서 다음 그림처럼 wireshark101 디렉터리를
        지정한다.

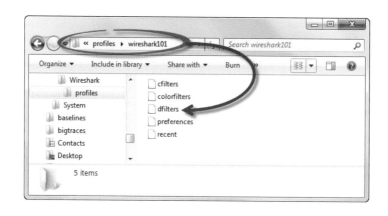

3단계   실습 15에서 My IP Address 필터를 생성했는데, 그래서 dfilters 파일이
        이미 있을 것이다. 이 파일이 없다면 실습 15로 돌아간다.

        텍스트 편집기로 dfilters 파일을 연다.

4단계   이제 www.wiresharkbook.com에서 다운로드한 wireshark101filespart2.
        zip 파일에서 dfilters_sample.txt 파일의 압축을 푼다. 아직 다운로드하지
        않았으면 '들어가며'의 지시 사항을 보라. 이 파일은 기존 dfilters 파일에
        추가하려는 6개의 디스플레이 필터(하나의 헤더 라인)를 포함한다.

5단계   dfilters_sample.txt을 열고 내용물을 버퍼로 복사한다.

6단계   Wireshark101 디렉터리 안의 dfilters 파일을 토글해서 내용물을 나열된
         디스플레이 필터의 끝에 붙인다. dfilters 파일의 끝에 공백 라인을 추가하
         는 것을 확인한다. 그렇지 않으면 마지막 필터는 디스플레이되지 않을 것
         이다. 편집된 dfilters 파일을 닫고 저장한다.

7단계   와이어샤크로 돌아간다. dfilters 파일은 프로파일을 적재할 때 적재된다.
         디폴트 프로파일로 변경하고 wireshark101 프로파일로 돌아간다.

8단계   필터 툴바 위의 Display filter 북마크 ▌를 클릭한다. 목록의 맨 밑에서
         새로운 디스플레이 필터를 볼 수 있다.[40]

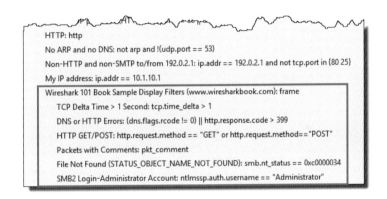

필터는 단순한 텍스트 파일(cfilters은 수집 필터이고 dfilters은 디스플레이 필터다)이기 때
문에 필터를 공유하는 것은 쉽다. 팀으로 작업한다면 생성된 필터의 마스터 집합을
생성하고 이것을 공유하는 것을 고려하라.

---

40 새로운 디스플레이 필터 제목 'Wireshark 101 Book Sample Display Filters'는 문자열 frame 필터를
   사용한다. 이것은 누군가가 실수로 클릭하였을 때 뷰에서 아무것도 필터링하지 않을 것이다.

3.14 핵심 디스플레이 필터를 버튼으로 변경

분석 프로세스가 가능한 한 효율적이기를 바랄 것이다. 그러려면 가장 보편적인 디스플레이 필터를 디스플레이 필터 영역 안의 버튼으로 만든다. 이런 식으로 추적 파일을 빠르게 열고 핵심 패킷 특성으로 필터링하기 위한 버튼을 클릭한다.

필터 표현식 버튼 생성

디스플레이 필터를 버튼으로 바꾸는 것은 매우 쉽다. 단순하게 디스플레이 필터 영역 안에 디스플레이 필터를 입력하고 디스플레이 필터 툴바 끝에 있는 Add a Display Filter 버튼 ⊞을 클릭한다.

그림 79에서처럼 필터에 이름을 부여하고 OK 버튼을 클릭한다.

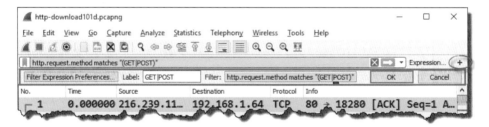

그림 79 Add a Display Filter 버튼을 클릭하고 간단하게 필터 표현식 버튼에 이름을 부여한다.

생성할 수 있는 필터 표현식 버튼 수에는 제한이 없다. 버튼을 위한 공간이 없다면 와이어샤크는 '>>'을 표시하는데, 버튼을 더 보려면 그 표시를 클릭한다.

그림 80에서 HTTP 트래픽을 분석할 때 사용할 6개의 필터 표현식 버튼을 생성했다. 와이어샤크 윈도우의 크기가 작아져서 필터 표현식 버튼이 디스플레이 필터 영역 안에 맞지 않는다. 와이어샤크는 디스플레이 필터 영역 안에 하나의 필터 표현식 버튼 (GET|POST)를 두지만, >>을 클릭해서 남아있는 5개의 필터 표현식 버튼 중 하나를 보고 선택해야 한다.

필터 표현식 버튼 목록에 추가를 계속한다면 와이어샤크는 목록의 바닥에 화살표를 둬서 목록 안으로 스크롤할 수 있다.

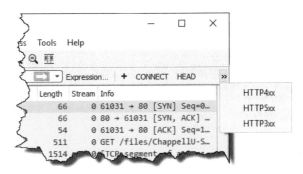

그림 80 디스플레이 필터 영역에 맞지 않으면 필터 표현식 보기 버튼을 클릭한다.

필터 표현식 버튼 편집, 재정렬, 삭제, 비활성화

필터 표현식 관리 창에 접근하는 세 가지 방법이 있다.

1. Edit > Preferences > Filter Expressions를 선택한다.

2. 디스플레이 필터 툴바의 끝에 있는 Add Filter Expression 버튼 ⊞을 클릭한 다음 Filter Expression Preferences 버튼을 클릭한다.

3. 그림 81과 같이 디스플레이 필터 툴바에 있는 Bookmark 버튼 ▮을 클릭하고 Manage Filter Expressions를 선택한다.

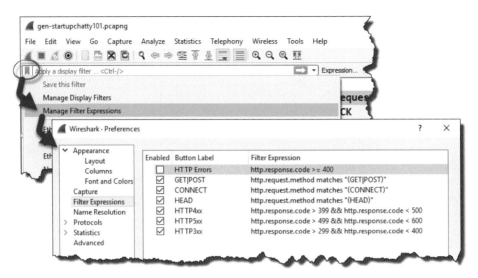

그림 81 Filter Expression 버튼을 편집, 재정렬, 삭제, 비활성화하려면 와이어샤크의 Preferences 윈도우에 접근해야 한다.

preferences 파일 안의 필터 표현식 영역 편집

필터 표현식 버튼은 현재 작업하고 있는 프로파일의 preferences 파일 안에 저장된다. 현재 프로파일은 상태 바의 오른편 열에 보인다. 프로파일의 preferences 파일을 찾으려면 Help > About Wireshark > Folders를 선택하고 Personal Configurations 폴더 하이퍼링크를 오른쪽 클릭한다. preferences 파일의 디폴트 프로파일은 이 디렉터리 안에 있다. preferences 파일의 다른 프로파일은 profiles 디렉터리 아래의 서브디렉터리 안에 있다.

preferences 파일은 단순한 텍스트 파일이다. 텍스트 편집기로 직접 파일을 편집하는 것을 두려워 말라. 필터 표현식 버튼 설정은 필터 표현식 헤더 아래에서 유지된다.

다음은 preferences 파일 안의 필터 표현식 영역의 예다. 이러한 설정은 그림 81에서 처럼 필터 표현식 버튼을 생성할 때 사용된다.

```
####### Filter Expressions ########
gui.filter_expressions.label: GET|POST
gui.filter_expressions.enabled: TRUE
gui.filter_expressions.expr: http.request.method matches "(GET|POST)"
gui.filter_expressions.label: CONNECT
gui.filter_expressions.enabled: TRUE
gui.filter_expressions.expr: http.request.uri contains "CONNECT"
gui.filter_expressions.label: HEAD
gui.filter_expressions.enabled: TRUE
gui.filter_expressions.expr: http.request.uri contains "HEAD"
gui.filter_expressions.label: HTTP4xx
gui.filter_expressions.enabled: TRUE
gui.filter_expressions.expr: http.response.code > 399 &&
http.response.code < 500
gui.filter_expressions.label: HTTP5xx
gui.filter_expressions.enabled: TRUE
gui.filter_expressions.expr: http.response.code > 499
gui.filter_expressions.label: HTTP3xx
gui.filter_expressions.enabled: TRUE
gui.filter_expressions.expr: http.response.code > 299 &&
http.response.code < 400
```

좋은 필터 표현식 버튼을 만들 때 팀원과 공유하라. 필터 표현식 섹션을 환경설정 파일에서 텍스트 파일로 복사만 하면 된다. 텍스트 파일을 팀 구성원에게 보내고 원하는 버튼 설정을 원하는 프로파일의 기본 설정 파일에 복사하게 지시한다. 각 필터 표현식 버튼에는 세 줄의 정보가 필요하다(label, enabled와 expr). 버튼 하나만 복사하는 경우 세 줄을 모두 복사하게 주지시킨다.

실습 24: HTTP 필터 표현식 버튼 생성과 불러오기

단순 필터 표현식 버튼을 생성하는 것으로 시작하고, 그 후에 일련의 필터 표현식 버튼을 불러오기 할 것이다. 이 책이 써진 시점에서 디스플레이 필터를 모두 필터 표현식 버튼으로 바꾸는 쉬운 방법은 없다. 이것은 훌륭한 특성이어서 언젠가 이 실습을 고객 맞춤형 프로파일로 가득 찬 다른 실습으로 교체할 수도 있다. 그때까지는 이 실습을 따라서 그림 81에 보이는 필터 표현식 버튼을 wireshark101 프로파일로 불러와보자.

1단계   http-chappellu101b.pcapng를 연다.

2단계   필터 영역 안에 `http.request.method matches "(GET|POST)"`를 입력한다. 디스플레이 필터 툴바의 끝에 있는 Add Filter Expression 버튼 ⊞을 클릭한다.

레이블 필드에 **GET|POST**를 입력하고 OK를 클릭한다.

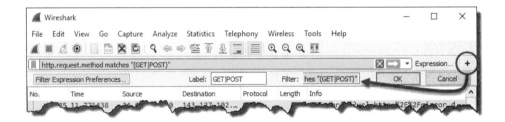

새로운 GET|POST 필터 표현식 버튼이 디스플레이 필터 툴바 위에 나타난다.

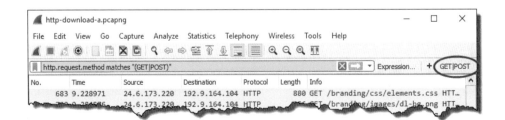

3단계 GET|POST 버튼을 클릭해 이 필터와 일치하는 패킷들을 본다. 이 훌륭한 버튼은 웹 서버로 보낸 요청이나 정보를 빠르게 보여준다.

이것은 단순 필터 표현식 버튼을 추가하는 데 사용되는 표준 절차다. 다음은 일련의 필터 표현식 버튼을 직접적으로 Wireshark101 프로파일을 위한 preferences 파일 안으로 불러오기 할 것이다.

4단계 WordPad 같은 텍스트 편집기를 사용해 preferences 파일(wireshark101 프로파일 디렉터리에 포함된)을 연다.

(이 디렉터리로 어떻게 가는지 기억하지 못하면 Help ▸ About Wireshark ▸ Folders를 선택하고 personal 구성 폴더의 하이퍼링크를 더블 클릭한다. wireshark101 폴더에 대한 프로파일 폴더 내부를 살핀다)

5단계 텍스트 편집기의 find를 사용해 preferences 파일 안의 Filter Expressions 영역을 찾는다. 다음 그림처럼 이미 GET|POST 필터 표현식 버튼 엔트리가 있다는 것을 알게 된다.

```
# TRUE or FALSE (case insensitive)
#gui.packet_list_show_minimap: TRUE

####### Filter Expressions ########
gui.filter_expressions.label: GET|POST
gui.filter_expressions.enabled: FALSE
gui.filter_expressions.expr: http.request.method matches
"(GET|POST)"

####### Capture ########

# Default capture device
```

6단계 www.wiresharkbook.com에서 다운로드한 wireshark101filespart2.zip 파일에서 filterexpressions101.txt 파일을 추출한다. 이 파일을 아직 다운로드하지 않았으면 '들어가며'의 설명을 보라. 이 파일의 내용물을 직접적으로 ####### Filter Expressions ######## 영역 안의 새로운 GET|POST

엔트리 아래로 복사한다. preferences 파일을 저장하고 닫는다.

7단계   wireshark101 프로파일을 다시 적재해야만 새로운 필터 표현식 버튼을
       볼 수 있다. 상태 바의 Profile 영역 위를 단순하게 클릭하고 또 다른 프로
       파일을 선택하고, wireshark101 프로파일으로 돌아가기 위한 동일한 단계
       를 수행한다.

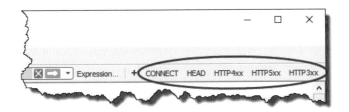

8단계   실습 완료 이러한 새로운 필터 표현식 버튼이 보이는 채로 있는 것을 원하
       지 않으면 메인 툴바 위의 Edit Preferences 버튼을 클릭하고 Filter
       Expressions를 선택한다. 나열된 필터 표현식의 체크를 해제하고 OK를
       클릭한다.

버튼이 너무 많아서 디스플레이 필터 영역 안에 디스플레이하기 적합하지 않다면 와
이어샤크는 >>를 디스플레이한다는 점을 명심하라. 이중 화살표 위를 클릭해 필터
표현식 버튼 목록을 확장한다.

도전 과제

challenge101-3.pcapng를 열고 디스플레이 필터와 컬러링 규칙 기술을 사용해 주소, 프로토콜, 주제어에 기반을 둔 트래픽을 찾아서 이러한 도전 과제에 답하라. 해답은 부록 A에 있다.

디스플레이 필터를 연습해 주소, 프로토콜, 주제어에 기반을 둔 트래픽을 찾는다.

질문 3-1   얼마나 많은 프레임이 80.78.246.209에서/로 오고갔는가?

질문 3-2   얼마나 많은 DNS 패킷이 이 추적 파일 안에 있는가?

질문 3-3   얼마나 많은 프레임이 TCP SYN 비트가 1로 설정돼 있는가?

질문 3-4   얼마나 많은 프레임이 대문자나 소문자로 된 문자열 'set-cookie'을 포함하는가?

질문 3-5   얼마나 많은 프레임이 1초보다 큰 TCP 델타 시간을 갖는가?

4장

기술: 컬러링과 관심 있는 패킷 내보내기

와이어샤크는 모든 엔지니어가 사용하기 조금은 두려워하는 도구 중 하나다. 마치 탁자 위에 놓인 총과 같다. 하지만 일단 익숙해지고 사용법을 숙지하면 네트워크 도구 중에서 가장 강력한 도구가 될 수 있다.

라이오넬 젠틸(Lionel Gentil)/애플 사의 iTune 소프트웨어 신뢰도 엔지니어

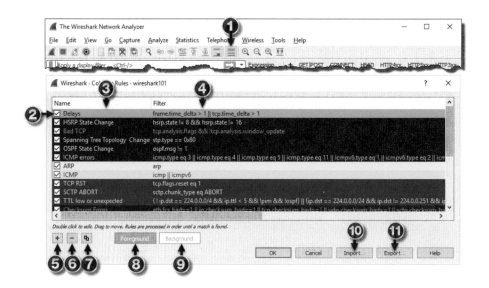

❶   모든 컬러링 규칙 활성화/비활성화

❷   선택된 컬러링 규칙 활성화/비활성화

❸   컬러링 규칙 이름(현재 선처리/후처리 컬러링 구조를 보여줌)

❹   컬러링 규칙 디스플레이 필터 구문(컬러링 구조 규칙도 보여줌)

❺   컬러링 규칙 추가하기(디폴트로 목록의 첫 번째에 위치함)

❻   선택된 컬러링 규칙 삭제(기본 컬러링 규칙으로 되돌아가기 위해 Clear 선택)

❼   선택한 컬러링 규칙 복사

❽   선처리(텍스트) 컬러링 설정(Select Color 창 이용)

❾   후처리 컬러링 설정(Select Color 창 이용)

❿   컬러링 규칙 가져오기(컬러링 규칙에 포함된 파일을 선택한다. 규칙은 기존 colorfilters 파일에 추가한다))

⓫   컬러링 규칙 내보내기(이름을 지정해 내보낼 수 있다)

4.1 적용된 컬러링 규칙 확인

와이어샤크는 디폴트로 정해진 컬러링^{coloring} 규칙에 기반을 두고 자동으로 패킷에 색상을 지정한다. 디폴트 컬러링 설정에 대해 잘 알고 있다면 패킷을 살펴보기 위해 시간을 낭비하지 않고 바로 색상만 보고도 패킷 유형을 쉽게 알아볼 수 있다.

패킷에 어떤 방식으로 색상을 부여했는지 빨리 알아보려면 그림 82에 나타난 것처럼 패킷의 Frame 섹션을 확장시킨 후 Coloring Rule Name과 Coloring Rule String 라인을 살펴보면 된다.

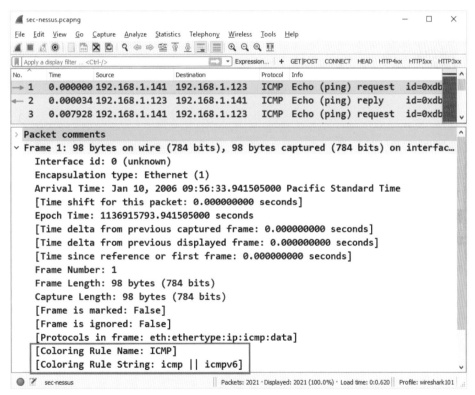

그림 82 패킷을 어떤 방식으로 색을 부여했는지 알아보려면 Frame 섹션의 내부를 확인하라.

[sec−nessus101.pcapng]

컬러링 규칙은 colorfilters라는 텍스트 파일에 지정돼 있다. 텍스트 편집기로 이 파일을 편집할 수 있는데, 프로파일을 열 때 로드되기 때문에 반드시 다른 프로파일로 이동한 다음에 현재 프로 파일로 돌아와야만 변화된 상태를 확인할 수 있다.

🖥 실습 25: 사용 중인 디스플레이 컬러링 규칙에 열 추가

컬러링 규칙을 파악하기 위해 열을 추가하는 것은 와이어샤크를 처음 사용하는 사람이거나 컬러링 규칙 설정에 익숙하지 않은 사람에게는 아주 좋은 생각이다.

1단계   http-sfgate101.pcapng를 연다.

2단계   메인 툴바에 있는 Go To 버튼 ➡을 클릭해서 472를 입력하고 Go to packet 버튼을 클릭하거나 Enter 키를 누른다.

추적 파일 영역에 적용할 수 있는 3가지 컬러링 규칙을 보게 될 것이다. 선택된 패킷 중 진한 파란색으로 하이라이트된 것은 어떤 컬러링 규칙에도 따르지 않은 패킷이다. 프레임 473이 사용 중인 컴퓨터에서 검은색으로 나타났다면 실습 6으로 돌아가 IP, IDP와 TCP 검사합 확인을 위한 설정을 비활성화하는 설명을 따라 수행하라. 해당 컬러링 규칙을 완전히 비활성화하려면 '개별 컬러링 규칙 비활성화' 절의 설명을 읽어보라.

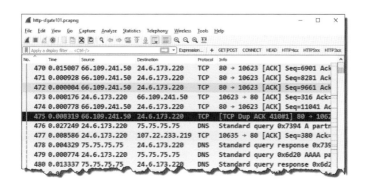

3단계   패킷 상세 창에 있는 프레임 472에 대한 Frame 섹션을 확장한다. 프레임 472는 배경색이 초록색이고 전면색(텍스트)이 검은색을 사용하는 HTTP 컬러링 규칙과 일치한다.

4단계   Frame 섹션의 Coloring Rule Name 필드를 오른쪽 클릭하고 Apply as Column을 선택하라. 각 프레임에 적용된 컬러링 규칙에 대한 빠른 목록을 보고 싶으면 이 열을 사용하라.

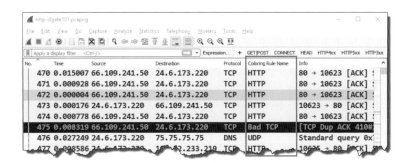

5단계   실습 완료 Coloring Rule Name 열 머리부를 오른쪽 클릭한 다음에 목록에서 해당 열을 선택 취소해 감춘다. 나중에 이 열을 다시 보고 싶으면 어떤 열 머리부이든 오른쪽 클릭을 하고 열 목록에서 선택하면 된다.

여기에서 우리가 알 수 있는 것은 현재 추적 파일의 HTTP, Bad TCP 및 UDP 컬러링 규칙과 일치하는 패킷을 나타냈다는 것이다. 디폴트 컬러링 규칙 설정을 알면 통신이 어떻게 이뤄지는지를 빨리 간파할 수 있다.

4.2 검사합 오류 컬러링 규칙 해제

TCP, UDP와 IP 검사합 확인을 위한 지정을 설정해 놓고 태스크 오프로드를 사용하는 호스트에서 수집하고 있다면 검사합 오류 컬러링 규칙은 추적 파일상에 긍정 오류 컬러링을 나타내게 될 것이다. 시스템이 태스크 오프로드를 지원할 경우 프레임을 네트워크로 보내기 전에 네트워크 인터페이스 카드가 반드시 검사합 값을 적용시킨다. 와이어샤크는 합법적 검사합 값이 프레임에 추가되기 전에 패킷의 복사본을 수집한다. 검사합 오류 컬러링 규칙을 비활성화하거나 검사합 확인 기능 비활성화를 고려하기 바란다(실습 5에서 했던 것처럼).

개별 컬러링 규칙 비활성화

한 개 혹은 여러 컬러링 규칙을 비활성화하려면 메인 메뉴의 View > Coloring Rules 창을 연다. 컬러링 규칙을 해제하기 위해 컬러링 규칙 앞에 있는 enable/disable 체크박스를 체크 해제한다. 그러면 그림 83처럼 검사합 오류 컬러링 규칙이 해제된다.

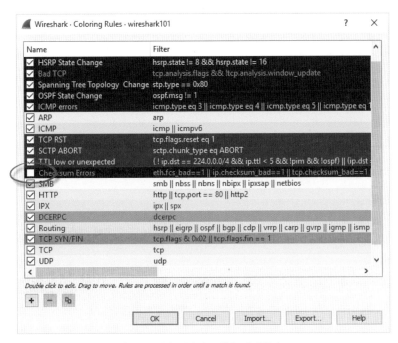

그림 83　간단하게 선택을 해제해서 컬러링 규칙을 해제한다.

모든 패킷 컬러링 비활성화

컬러링 규칙을 적용하고 싶지 않으면 View > Colorize Packet List를 이용하거나
메인 툴바의 Colorize Packet List 버튼을 클릭해서 모든 컬러링을 선택하거나 선택
해제할 수 있다.

ⓘ TIP

검사합 오류 컬러링 규칙이 가장 귀찮은 컬러링 규칙 중 하나다. 와이어샤크 1.8.x 이전 버전에서는 각 프로토콜 선호 설정에서 IP, UDP와 TCP 검사합 확인이 가능했다. 많은 컴퓨터가 태스크 오프로딩(검사합 계산이 네트워크 카드로 오프로드되게 한다)을 이용하기 때문에 네트워크로 보내기 전에 네트워크 카드가 완벽한 검사합 값을 프레임에 부여하지만, 보통 이들 시스템에서 나오는 모든 패킷에는 'Bad Checksum' 컬러링 규칙에 따라 색이 부여된다.

와이어샤크를 업데이트하면 초기의 검사합 확인 설정을 재정립하지만, 그래도 추적 파일에는 Bad Checksum 컬러링이 나타난다. 이런 불확실한 현상을 제거하려면 Edit › Preferences Protocols를 이용해서 IP, UDP와 TCP에 대한 검사합 확인 설정 기능을 해제하고 IP, UDP와 TCP 설정을 비활성화하는 것이 가장 좋은 방법이다. 다른 방법으로는 그림 83에 나타낸 것처럼 단순히 Checksum Errors 컬러링 규칙을 정지시키면 된다. 컬러링 규칙을 비활성화하면 와이어샤크는 프레임 안의 검사합에 오류가 있다고 지적할 것이다. 하지만 패킷 목록 창 안의 패킷들에 Bad Checksum 컬러링 규칙이 적용되지는 않는다.

4.3 Highlight Delays에 컬러링 규칙 적용

사용자가 네트워크 속도가 느리다고 불평할 경우 통신상 패킷 사이의 지연을 살펴보라. 그러면 UDP 기반 또는 TCP 기반 통신상 지연에 대해 눈여겨볼 수 있는 컬러링 규칙을 쉽게 생성할 수 있다.

최초로 컬러링 규칙 생성

3장의 '통신 지연에 집중하기 위한 필터 사용' 절에서 추적 파일의 지연을 어떻게 필터링하는지 배웠다. 비슷한 기법을 이용해서 단일 컬러링 규칙을 생성한 뒤 델타 시간이 긴 패킷을 탐지할 수 있다.

컬러링 규칙 문자열에는 디스플레이 필터 구문을 사용하기 때문에 디스플레이 필터를 컬러링 규칙 문자열 영역에 복사해서 자신의 모든 디스플레이 필터를 컬러링 규칙으로 쉽게 바꿀 수 있다.

View ➤ Coloring Rules를 선택하고 Add 버튼 ⊞을 누른다. Name 필드에 T-Delays 라는 이름을 입력한다.

그림 84에서처럼 필터 영역에 frame.time_delta > 1 || tcp.time_delta > 1을 입력한다.

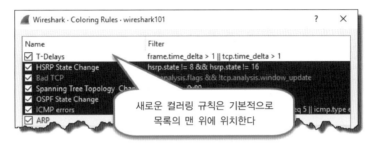

그림 84 배경색과 전면색을 설정하기 전에 컬러링 규칙 이름을 입력한다.

이제 자신만의 컬러링 규칙을 위해 전경색(텍스트)과 배경색을 지정할 차례다.

새로운 컬러링 규칙을 선택하는 동안 배경 버튼을 클릭한다. 와이어샤크는 기본 컬러링 배열과 맞춤형 컬러링을 지정하고 저장할 수 있는 기능을 제공한다. 컬러링을 반복적으로 사용하려면 이를 저장하기 위해 Add to Custom Colors 버튼을 클릭한다.

또는 Pick Screen Color를 사용해 디스플레이에서 컬러를 선택할 수 있다.

나는 오랫동안 오렌지 컬러링을 황토색[butt-ugly]으로 정했다. 나는 오렌지색을 좋아하지 않아서 이 배경색을 사용해 추적 파일에 있는 잠재적 문제를 알려준다. 그림 85에서는 기본 컬러링 집합에서 오렌지색을 선택했다.

지능형 스크롤바는 컬러링이 지정된 트래픽과 잘 맞는다. 지능형 스크롤바에 대해서는 4장의 뒷부분에 설명돼 있다.

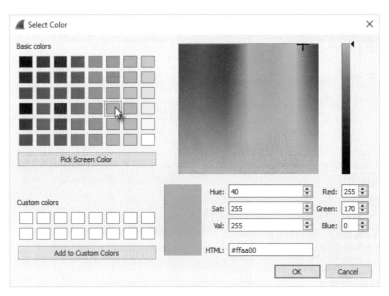

그림 85 와이어샤크는 기본 색상과 사용자가 원하는 색상을 지정하고 저장하는 기능을 제공한다.

와이어샤크는 항상 Name 필드에 전경색과 배경색 표를 보여주므로 그림 86과 같이
원하는 대로 보이게 할 수 있다.

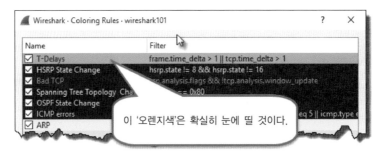

그림 86 와이어샤크는 전경색과 배경색을 채색 규칙 목록에 적용한다.

새로운 컬러링 규칙은 자동으로 컬러링 규칙 집합의 맨 위에 배치된다. 컬러링 규칙의
배치가 중요하다. 컬러링 규칙은 위에서 아래로 순서대로 처리되며, 패킷은 첫 번째
일치하는 컬러링 규칙에 따라 컬러링이 지정된다.

컬러링 규칙 생성에 오른쪽 클릭 방법 사용

새로운 컬러링 규칙을 생성하는 가장 빠른 방법은 패킷 상세 창에서 관심 있는 필드를 선택한 후 오른쪽 클릭을 해서 Colorize with Filter > New Coloring Rule을 선택하는 것이다.

TIP

컬러링과 이름을 무엇으로 할지 사전에 계획하라. 예를 들면 어떤 색상을 하이라이트시켜 성능 문제를 나타내고자 한다면 컬러링 규칙 이름 앞에 'T-'('troubleshooting'을 나타내기 위해)를 붙이고 모든 문제점 해결 컬러링 규칙 배경색을 오렌지색으로 설정하라. 보안 컬러링 규칙의 앞부분에는 'S-'('security'를 나타내기 위해)를 붙이고 배경색을 붉은색으로 설정하라. 관심 있는 패킷 앞에 'N-'('notes')를 붙이고 이 규칙의 배경색을 진한 초록색으로, 전경색을 흰색으로 설정한다. 이렇게 하면 디스플레이된 컬러링을 보고 쉽게 트래픽을 분류할 수 있다.

다음 예에는 'S-'가 붙은 하나의 보안 컬러링 규칙과 'T-'가 붙은 두 개의 troubleshooting 컬러링 규칙이 적용됐다.

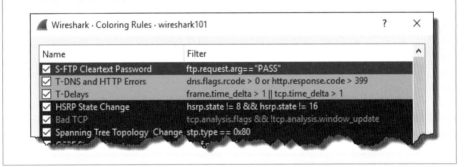

실습 26: FTP 사용자 이름, 패스워드 등을 하이라이트하기 위한 컬러링 규칙 설정

이 실습에서는 USER, PASS, TYPE, SIZE, MDTM, RETR 및 CWD 명령어와 연관된 변수인 FTP 요청 변수에 주목하기 위한 컬러링 규칙을 생성하기로 한다. 여기서 다시 ftp-crack101.pcapng를 사용하기로 한다.

1단계   ftp-crack101.pcapng를 연다. 다양한 FTP 통신 중에 수집을 시작한다. 프레임 11에서는 패킷 상세 창의 Info 칼럼에서 'Request: PASS merlin'을 볼 수 있다.

2단계   프레임 11의 패킷 상세 창에서 File Transfer Protocol (FTP) 줄을 전부 확장한다. 두 개의 섹션이 있는데, 하나는 Request command이고 다른 하나는 Request arg(ument)다.

3단계   다음 그림처럼 Request arg 줄을 오른쪽 클릭하고 Colorize with Filter ＞ New Coloring Rule을 선택한다.

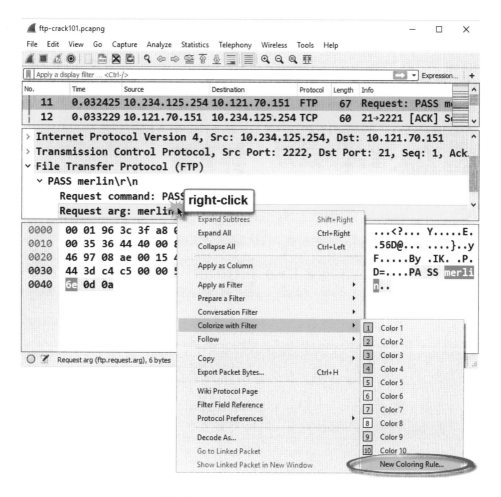

4단계   Color Rules 창에서 필터 `ftp.request.arg`를 편집하기 위해 자신의 컬러
        링 규칙을 'S-FTP Arguments[41]'로 이름 붙인다.

Background 버튼을 클릭하고 Basic Color 영역에서 red를 선택한다.
배경색 설정을 저장하기 위해 OK를 클릭한다. Foreground 버튼을 클릭
하고 Basic Color 영역에 white라고 입력한다. 전경색 컬러링 설정을 저
장하기 위해 OK를 클릭한다.

---

41 'S-'를 사용해서 이것이 보안 관련 내용임을 나타낸다. 이 명명 규칙을 사용하면 보안 컬러링 규칙과 일치하
는 모든 패킷을 식별하는 'S-'가 포함된 `frame.coloring_rule.name`을 만들고 적용할 수 있다.

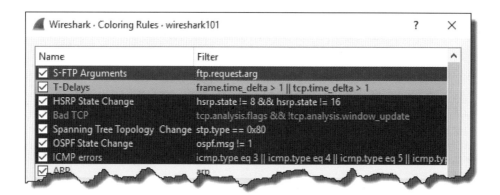

5단계   OK를 클릭해 컬러링 규칙 창을 닫은 다음 새로운 컬러링 규칙과 일치하는 프레임을 식별하기 위해 이 추적 파일을 스크롤한다. 이 추적 파일에서 캡처한 FTP 사용자 이름과 암호를 쉽게 알아낼 수 있을 것이다.

컬러링 규칙을 신속하게 생성하기 위해 오른쪽 클릭 방법을 사용하라. 여러 경우에 사용자는 오른쪽 클릭을 해서 필터 문자열 'as is'를 그대로 수용할 수 있다. 그 외에는 좀 더 구체적으로 문자열을 편집할 수 있을 것이다.

4.4 단일 대화의 신속한 컬러링

네트워크 통신에 대화^{conversation}가 서로 많이 얽혀있는 경우 트래픽을 분석하는 것이 간단하지 않다. 컬러링을 사용해 패킷 목록 창에서 대화를 시각적으로 분리해 추적 파일을 스크롤할 때 대화를 구분할 수 있다.

오른쪽 클릭으로 대화 임시 컬러링

TCP 대화를 임시로 컬러링하려면 패킷 목록 창에서 아무 대화나 오른쪽 클릭을 하고 그림 87에서처럼 Colorize Conversation ▶ TCP ▶ Color 1을 선택한다. 와이어샤크는 10개의 임시 컬러링을 제공한다. 이 컬러링 중에서 몇 가지는 매우 비슷하기 때문에 서로 구별하기가 쉽지 않다.

임시 컬러링은 사용자가 다른 프로파일로 변경하거나, 와이어샤크를 다시 시작하거나, 수동으로 이를 삭제하기 전까지는 그대로 유지된다.

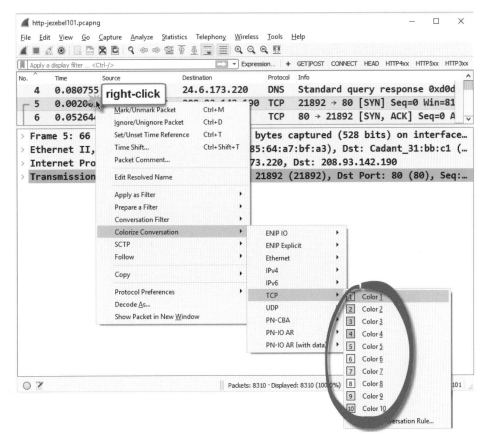

그림 87 패킷 목록 창의 대화(conversation)를 오른쪽 클릭하고 대화 유형을 선택한 후 임시 컬러링을 선택한다. [http-jezebel101.pcapng]

그림 88에서는 사이트 아이콘 파일(favicon.ico)을 다운로드하기 위해 설정한 TCP 대화에 임시 컬러링 규칙을 적용했다.

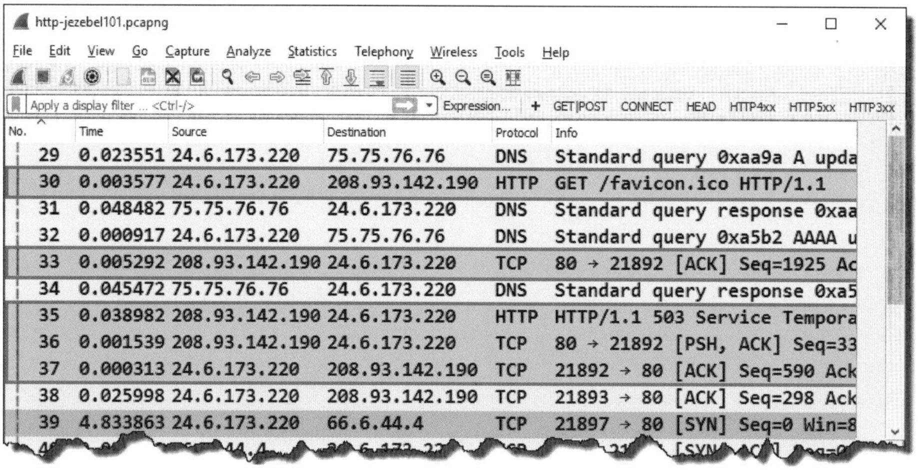

그림 88 conversation을 컬러링으로 구분하면 추적 파일에서 대화를 구별하기가 쉽다.

[http-jezebel101.pcapng]

임시 컬러링 삭제

대화에 임시 컬러링 규칙을 적용했을 때 이렇게 색을 적용하는 걸 '임시'라고 했지만, 추적 파일을 닫고 다시 열어보면 아직까지 그 색이 그대로 적용되고 있다는 걸 알 수 있다.

임시 컬러링 규칙은 사용자가 프로파일을 교체할 때까지 와이어샤크를 종료하거나 이들을 삭제할 때까지 유효하다.

모든 임시 컬러링 설정을 삭제하려면 View > Colorize Conversation > Reset Colorization을 선택하거나 Ctrl + Space를 이용한다.

🖥 실습 27: 임시 대화 컬러링 규칙 생성

이 실습에서는 세 개의 임시 컬러링 규칙을 서로 다른 TCP 대화에 적용해보기로 한다. 추적 파일을 스크롤할 때 이전 대화가 언제 시작했는지 쉽게 볼 수 있다.

1단계   http-browse101d.pcapng를 연다.

2단계   프레임 1은 TCP 핸드셰이크 패킷(SYN)이다. 패킷 목록 창에서 frame 1을 오른쪽 클릭하고 Colorize Conversation ➤ TCP ➤ Color 1을 선택한다.

3단계   다음 SYN 패킷인 frame 12를 만날 때까지 스크롤다운한다. 패킷 목록 창의 frame 12를 오른쪽 클릭하고 Colorize Conversation ➤ TCP ➤ Color 2를 선택한다.

4단계   다음 SYN 패킷인 frame 61을 만날 때까지 스크롤다운한다. 패킷 목록 창의 frame 61을 오른쪽 클릭하고 Colorize Conversation ➤ TCP ➤ Color 8을 선택한다.

5단계   추적 파일을 스크롤해서 이 3개의 대화가 뒤에도 나타나는지 확인해본다. frame 138에 가면 3개의 대화가 다시 나타나는 걸 볼 수 있다.

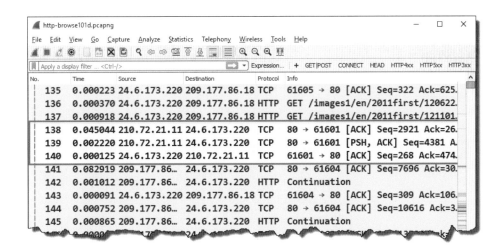

6단계   실습 완료 View > Colorize Conversation > Reset Colorization을 선택
        해 임시 컬러링 규칙을 삭제한다.

이런 임시 컬러링은 여러 개의 연결이 필요한 애플리케이션을 분석할 때 매우 유용하
다. 마이크로소프트의 SharePoint를 생각해보라! 서로 다른 대화에 색을 다르게 부여
하면 네트워크상에 일어나는 다양한 프로세스를 쉽게 구별할 수 있다.

4.5 지능형 스크롤바 마스터

지능형 스크롤바Intelligent Scrollbar는 와이어샤크 버전 2에서 소개됐다. 이 기능은 기본적
으로 패킷 목록 창에 나타나는 색이 매우 크고 날씬한 모양을 제공하므로, 추적 파일
에서 원하는 영역을 빠르게 찾을 수 있다.

참고 이 책의 다른 절은 컬러링에 초점을 두고 있으며, ebook 형식에서만 볼 수 있다
(한국어판은 컬러로 인쇄돼 바로 확인할 수 있다 – 편집자).

지능형 스크롤바에는 공간이 제한돼 있다. 대부분의 경우 지능형 스크롤바는 전체
추적 파일의 컬러링을 디스플레이하지 않는다. 파일의 다른 지점에 대한 지능형 스크
롤바 정보를 보려면 스크롤바의 선택 막대thumb를 드래그해야 한다.

그림 89에서는 ftp-bounce.pcapng를 열고 스크롤바의 선택 막대를 패킷 31에 적용되
는 사용자 정의 컬러링 규칙을 볼 수 있는 지점으로 이동했다.

지능형 스크롤바에서 빨간색 줄무늬도 볼 수 있다. 이것들은 추적 파일에 있는 TCP
재설정을 나타낸다.

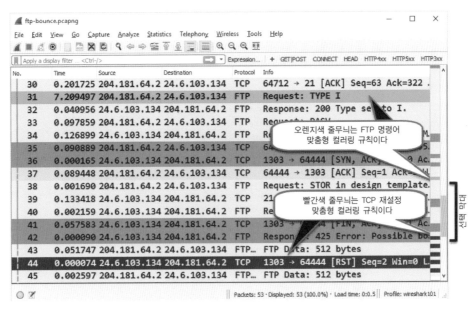

그림 89 지능형 스크롤바는 패킷 목록 창의 축소형 컬러링 보기다.

지능형 스크롤바에서 수동으로 탐색

지능형 스크롤바(다음에 설명 됨)에 사용할 수 있는 마우스 오른쪽 버튼 메뉴가 있지만, 지능형 스크롤바의 특정 지점으로 이동하는 가장 빠른 방법은 스크롤바에서 관심 영역을 클릭하는 것이다. 와이어샤크는 추적 파일의 해당 지점으로 이동한다.

지능형 스크롤바 메뉴 탐색

지능형 스크롤바에서 사용할 수 있는 마우스 오른쪽 버튼 메뉴가 있다. 오른쪽 클릭 메뉴 옵션 중 하나는 Scroll here다. 커다란 추적 파일에서 scroll here 기능을 사용하면 일반적인 관심 영역으로 이동할 수 있지만, 지능형 스크롤바에서 해당 지점을 클릭하기만 하면 추적 파일의 해당 지점으로 이동할 수 있다.

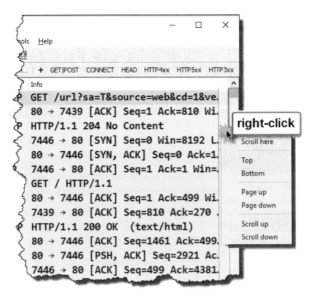

그림 90 지능형 스크롤바에서 스크롤 기능을 사용하면 원하는 위치로 이동할 수 있다.

컬러링 규칙을 개별적으로 해제하거나 Coloring Rules 버튼 ▤을 해제하면 지능형 스크롤 막대가 비활성화된다.

이 새로운 지능형 스크롤바를 사용하는 가장 효율적인 방법은 컬러링 규칙을 향상시켜 지능형 스크롤바에서 관심 있는 지점이 두드러지게 나타나는 것이다. 실습 28에서 이 문제를 해결할 수 있는 기회가 주어진다.

🖥 실습 28 문제점을 빨리 찾기 위한 지능형 스크롤바 이용

이 실습에서는 TCP 재전송을 식별하는 새로운 컬러링 규칙을 만든다. TCP 재전송은 네트워크상의 패킷 손실을 나타내며, 와이어샤크의 TCP 분석 플래그가 지정된 패킷의 일부다. 재전송(패킷 손실 표시)이 보이는지 확인하기 위해 지능형 스크롤바를 살펴본다.

1단계	net-lost-route.pcapng를 연다.
2단계	먼저 모든 트래픽에서 재전송을 구분하기 위해 새로운 컬러링 규칙을 만든다. View > Coloring Rules를 클릭해 컬러링 규칙 창을 연다.
3단계	Add 버튼 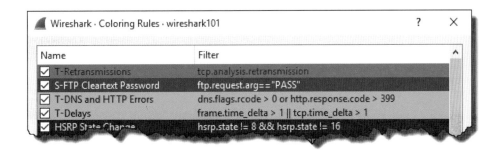을 클릭한다. 새로운 컬러링 규칙 T-Retransmissions에 이름을 붙인다. 필터는 `tcp.analysis.retransmission`이 된다.
4단계	새로운 컬러링 규칙을 선택한 상태에서 Background 버튼을 클릭하고 vibrant color(자홍색 또는 밝은 분홍색과 같은)를 선택한다. OK를 클릭해 Select Color 창을 닫는다. OK를 다시 클릭해 컬러링 규칙 창을 닫는다.

지능적인 스크롤바에 새로운 자홍색이 나타나지 않으면 메인 툴바에서 Reload 버튼 을 클릭한다.

이 추적 파일에 패킷 손실 문제가 있다는 것은 의심의 여지가 없다. 지능형 스크롤바를 보면 추적 파일의 끝부분에서 문제가 훨씬 심각하다는 것을 알 수 있다.

다시 말하지만 ebook 버전을 읽고 있다면 이러한 색상을 볼 수 있다(한국어판에서는 색상을 볼 수 있다). 실습 지침을 따르면 간단하게 화면상에서 모든 색상을 볼 수 있다.

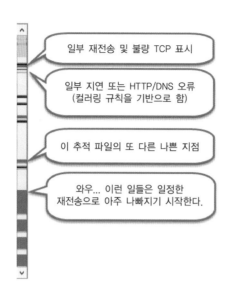

새로운 컬러링 규칙을 사용하면 이 추적 파일에서 재전송이 실제로 중요한 수준에 도달하기 시작하는 곳을 쉽게 확인할 수 있다. 컬러링 규칙을 더 잘 규정하면 지연과 HTTP/DNS 오류를 구별할 수 있다(두 가지 컬러링 규칙을 오렌지색으로 만들었다).

5단계　실습 완료 View > Coloring Rules를 선택하고 이 시점에서 all of your custom coloring rules를 해제한다. 이 책의 실습을 마친 후에 다시 사용할 수 있다.

지능형 스크롤바는 훌륭한 기능이다. 컬러링 규칙을 조정하면 훨씬 더 유용해지고 특정 문제를 더 빨리 찾을 수 있다.

4.6 관심 있는 패킷 내보내기

다양한 통신 유형이 포함된 대규모 추적 파일을 다룰 경우 대화나 프로토콜을 기반으로 한 필터를 적용하고 해당 패킷들을 새로운 추적 파일로 내보내는 경우를 생각해보자. 그러면 다뤄야 할 패킷 수가 줄어들고 내보낸 패킷에 대해서만 통계 자료가 생성된다.

디스플레이된 패킷, 마크된 패킷 또는 범위를 정한 패킷을 쉽게 내보낼 수 있다.

net-lost-route.pcapng를 열고 모든 HTTP GET이나 POST 트래픽(http.request.method 가 "(GET|POST)"와 일치함)에 대해 디스플레이 필터를 적용해보자. 이들 패킷을 새로운 추적 파일로 내보내려면 그림 91처럼 File ➤ Export Specified Packets를 선택한다.

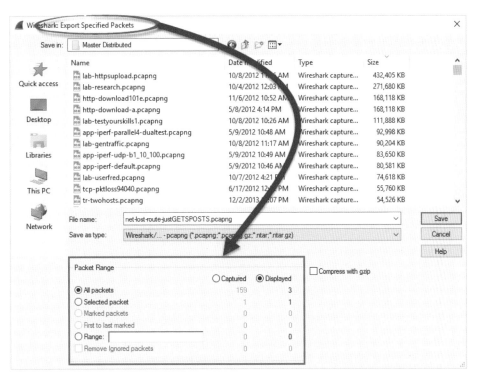

그림 91   수집된 패킷, 디스플레이된 패킷, 마크된 패킷, 또는 패킷의 범위를 저장하기 위해 File ➤ Export Specified Packets를 사용한다. [net-lost-route.pcapng]

디스플레이 필터에서 아주 딱 맞지 않는 패킷을 내보내고자 할 때는 File > Export Specified Packets를 선택하기 전에 패킷에 마크를 하는 것을 고려해보라. 패킷 목록 창에서 관심 있는 각 패킷에 대해 오른쪽 클릭을 하고 Mark/Unmark Packet을 선택한다. 각 패킷을 분리해서 마크해야 한다.

마크된 패킷의 배경은 검은색, 전방은 흰색으로 나타나는 것이 디폴트다. File > Export Specified Packets를 선택할 때 Marked packets 또는 First to last marked 를 선택한다.

패킷 마킹은 일시적이다. 새로운 추적 파일에서 내보낸 패킷을 열면 패킷이 마크돼 있지 않을 것이다.

실습 29: 단일 TCP 대화 내보내기

특정 애플리케이션이나 특정 파일 다운로드에 중점을 두면 대화를 개별 추적 파일로 추출하는 데 도움이 된다. 이 실습에서는 실행 파일 다운로드 프로세스에서 트래픽을 찾은 후 새로운 추적 파일을 만들고 추출한다.

1단계   http-misctraffic101.pcapng를 연다.

2단계   디스플레이 필터링 기술을 활용해서 HTTP 요청 URI 필드 안의 '.exe'를 포함하는 프레임(http.request.uri contains ".exe")을 필터링한다. 다음 그림에서처럼 오직 한 개의 프레임인 frame 211만 해당 필터와 일치한다.

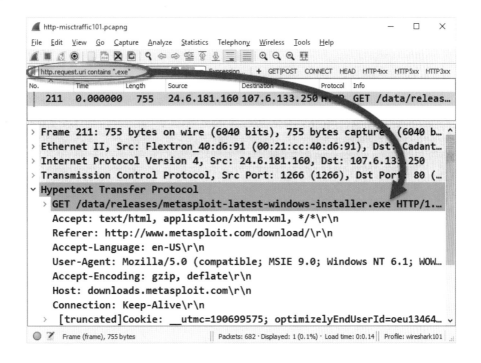

이걸 보면 누구든지 많이 사용하는 침투 테스트 프로그램인 Metasploit을 다운로드하고 있다는 걸 알 수 있다.

3단계 패킷 목록 창에서 frame 211을 오른쪽 클릭한다. Conversation Filter ▸ TCP를 선택해 이 단일 TCP 대화를 표시한다. 상태 바는 이제 475개의 패킷이 사용자 필터와 일치된다고 나타난다.

4단계 이 대화를 별도의 추적 파일에 저장하기 위해 File › Export Specified
Packets를 선택한다. 파일 이름으로 exportexe.pcapng를 입력하고 Save
를 클릭하기 전에 Displayed 라디오 버튼이 선택돼 있는지 확인한다.

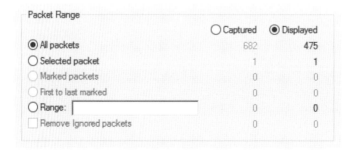

5단계 실습 완료 계속하기 전에 대화 디스플레이 필터를 삭제하기 위해 Clear
버튼 ⊠을 클릭한다.

이제 사용자는 원본 추적 파일에서 단일 대화만 추출해서 새로운 추적 파일을 생성했다. 단일 대화로 작업하는 것이 한 추적 파일 안에 있는 수천 개의 대화를 처리하는 것보다 훨씬 쉽다.

4.7 패킷 상세 정보 내보내기

네트워크 통신이나 패킷 내용에 관한 보고서를 작성하고자 한다면 분석해서 얻은 내용에 몇 가지 패킷들을 보여주면 훨씬 나은 보고서가 될 것이다. 패킷 상세 정보를 내보내는 것은 쉽지만, 처리 과정에서 너무 많은 정보를 내보내지 않도록 주의해야 한다.

패킷 해석 내보내기

패킷 상세 정보를 내보내기 위해 그림 92처럼 File ❯ Export Packet Dissections를 선택한다. 6개의 내보내기 옵션이 있지만 가장 많이 사용되는 내보내기 유형은 평문과 CSV^{Comma Separated Value} 형식이다.

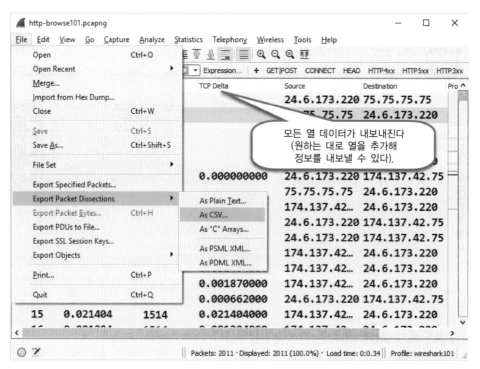

그림 92 보고서에 패킷 상세 정보를 포함시키려면 File ≻ Export Packet Dissections를 선택한다.
[http-browse101.pcapng]

보고서에 패킷 내용이나 요약 정보를 포함하고자 한다면 평문 텍스트 형식을 선택한다.

패킷 정보를 더 가공하거나 분석 목적으로 다른 프로그램(스프레드시트 프로그램 같은)으로 내보내려면 CSV 형식을 선택한다.

무엇을 내보낼지 지정하라

규정해야 할 추가적인 옵션이 있다. 사용자 필터나 마크된 패킷을 기반으로 한 특정 패킷 내보내기 옵션을 선택할 수 있다. 출력 과정에 포함되는 패킷 정보가 무엇인지도 지정할 수 있다. 그림 93에 있는 것처럼 Packet summary line(패킷 목록 창으로부터 사용자가 추가한 모든 열을 포함시킨다), Packet details(패킷 상세 창에 있는 All expanded, As displayed나 All collapsed를 선택한다), 또는 Packet Bytes(16진수나 ASCII 상세 정보를 출력한다)를 내보낼 수 있다.

다른 페이지에 있는 각 패킷을 얻기 위한 옵션을 선택할 수도 있다. 주의할 점은 이 방법을 이용할 때 엄청난 양의 출력이 될 수도 있다는 점이다. 보고서에 가장 최적의 형식이 무엇인지 알아내기 위해 패킷 정보 내보내기를 연습하라.

그림 93 패킷 해석을 내보낼 때 얼마나 많은 패킷 상세 정보가 필요한지 결정하라.

텍스트 출력 예

다음의 출력은 패킷 상세 정보를 이용해서 단일 패킷을 평문 텍스트 형식(.txt)으로 내보낸 예다.

```
Frame 4: 77 bytes on wire (616 bits), 77 bytes captured (616 bits) on interface 0
Ethernet II, Src: HewlettP_a7:bf:a3 (d4:85:64:a7:bf:a3), Dst: Cadant_31:bb:c1
(00:01:5c:31:bb:c1)
Internet Protocol Version 4, Src: 24.6.173.220, Dst: 75.75.75.75
User Datagram Protocol, Src Port: 54997 (54997), Dst Port: 53 (53)
Domain Name System (query)
    [Response In: 7]
    Transaction ID: 0x8920
    Flags: 0x0100 Standard query
    Questions: 1
    Answer RRs: 0
```

```
    Authority RRs: 0
    Additional RRs: 0
    Queries
```

CSV 출력 예

CSV 형식으로 내보내면 엑셀^{Excel} 같은 다른 도구를 이용해서 정보를 가공할 수 있다. 다음의 출력은 추적 파일의 모든 패킷 요약을 CSV 형식(.csv)으로 내보낸 것이다.

```
"No.","Time","Length","TCP Delta","Source","Destination","Time to
live","Host","Protocol","Coloring Rule Name","Info"
"1","0.000000","77","","24.6.173.220","75.75.75.75","128","","DNS","UDP",
"Standard query 0x9ba8 A www.wireshark.org"
"2","0.021978","93","","75.75.75.75","24.6.173.220","59","","DNS","UDP",
"Standard query response 0x9ba8 A www.wireshark.org A 174.137.42.75"
"3","0.000783","77","","24.6.173.220","75.75.75.75","128","","DNS","UDP",
"Standard query 0x8920 AAAA www.wireshark.org"
"4","0.030017","77","","24.6.173.220","75.75.75.75","128","","DNS","UDP",
"Standard query 0x8920 AAAA www.wireshark.org"
"5","0.003284","135","","75.75.75.75","24.6.173.220","59","","DNS","UDP",
"Standard query response 0x8920 AAAA www.wireshark.org SOA
ns1.softlayer.com"
"6","0.001704","66","0.000000000","24.6.173.220","174.137.42.75","128","",
"TCP","HTTP","42379 > 80 [SYN] Seq=0 Win=8192 Len=0 MSS=1460 WS=4
SACK_PERM=1"
"7","0.008046","135","","75.75.75.75","24.6.173.220","59","","DNS","UDP",
"Standard query response 0x8920 AAAA www.wireshark.org SOA
ns1.softlayer.com"
"8","0.013215","66","0.021261000","174.137.42.75","24.6.173.220","54","",
"TCP","HTTP","80 > 42379 [SYN, ACK] Seq=0 Ack=1 Win=5840 Len=0 MSS=1460
SACK_PERM=1 WS=128"
"9","0.000197","54","0.000197000","24.6.173.220","174.137.42.75","128","",
"TCP","HTTP","42379 > 80 [ACK] Seq=1 Ack=1 Win=65700 Len=0"
"10","0.000853","345","0.000853000","24.6.173.220","174.137.42.75","128",
```

"www.wireshark.org","HTTP","HTTP","GET / HTTP/1.1 "
"11","0.020101","60","0.020101000","174.137.42.75","24.6.173.220","54","",
"TCP","HTTP","80 > 42379 [ACK] Seq=1 Ack=292 Win=6912 Len=0"

⊘TIP

패킷 요약 정보를 내보내기 전에 원하는 열 머리부를 오른쪽 클릭하고 Displayed Columns를
선택해서 숨겨진 열을 확인한다. 숨겨진 열은 내보내는 파일에 자동으로 포함된다. 작업을 할
때 눈에 보이는 열 전체를 포함하지 않아도 상당량의 열 데이터를 내보낼 수 있기 때문에 이렇게
하는 방식을 좋아할 것이다. 하지만 와이어샤크가 파일을 열고 디스플레이할 때, 디스플레이 필터
를 적용할 때, 그리고 컬러링 규칙을 설정할 때 더 많은 작업을 해야 한다는 뜻이기 때문에 주의할
필요가 있다. 이들 열을 내보내기 하고 싶지 않으면 삭제해야 한다.

▣ 실습 30: 추적 파일에서 HTTP Host 필드 값 목록 내보내기

이 실습에서 사용자는 정보를 CSV 형식으로 내보내기 전에 HTTP Host 필드를 나타내
기 위해 패킷 목록 창을 수정할 것이다.

1단계   http-au101b.pcapng를 연다.

2단계   실습 14에서 HTTP Host 열을 생성해봤다. 이 열은 현재 숨겨져 있을 수도
        있다. 패킷 목록 창에서 임의의 열 머리부를 오른쪽 클릭하고 Displayed
        Column ▸ Host(http.host 필드를 기반으로 한)를 선택한다.

        실습 14에서 HTTP Host 열이 없으면 frame 8의 패킷 상세 창에 있는
        Hypertext Transfer Protocol 섹션을 오른쪽 클릭하고 Expand Subtrees
        를 선택한다. Host 필드를 오른쪽 클릭하고 Apply as Column을 선택한
        다. 호스트 이름 전체를 보려면 새로운 Host 열 폭을 조정해야 할 것이다.

3단계   디스플레이 필터에 **http.host**를 입력하고 Apply 버튼 을 클릭하거나 Enter 키를 누른다. 이 필드를 포함한 패킷만 나타날 것이다. 이 실습에서 는 이 패킷들만 내보내기를 원하는 패킷들이다.

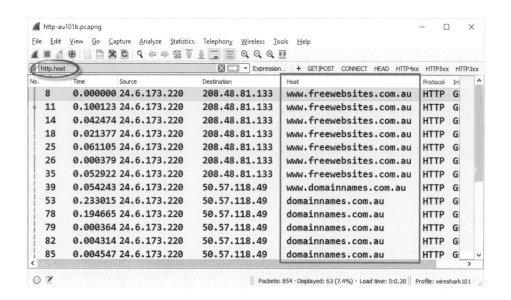

모든 패킷 목록 창의 열 정보(감춰진 열에 있는 정보까지)가 내보내진다는 점에 유의하라. 결코 사용하지 않을 많은 열을 추가하고 감추기 전에 이 점을 명심하기 바란다. 이들 열을 감추는 대신에 Edit > Preferences > Columns를 이용해 삭제하는 열을 선택하고 Delete 버튼 을 클릭한다.

4단계   File > Export Packet Dissections > As CSV를 선택한다.

5단계   패킷 범위에서 All packets와 Displayed가 선택됐다.

6단계   패킷 형식에서 Packet details 선택을 해제한다. 패킷 요약 라인에만 관 심이 있다. Displayed는 이미 Export File 창에서 선택됐다.

File Name 필드에 hostinformation.csv를 입력하고 Save를 클릭한다.

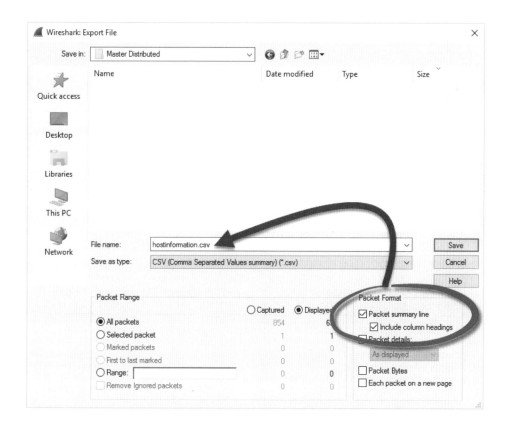

7단계   스프레드시트 프로그램(엑셀 같은)에서 파일을 열고 추적 파일에 있는 모든 HTTP Host 필드 값 목록을 보기 위해 Host 열을 분류한다.

8단계   실습 완료 와이어샤크로 돌아와서 `http.host` 필터를 삭제하기 위해 Clear 버튼 ⊠을 클릭한다. Host 열 머리부를 오른쪽 클릭하고 목록으로부터 열을 감추기 위해 선택을 해제한다. 나중에 다시 이 열을 보려면 임의의 열 머리부에서 오른쪽 클릭하고 열 목록에서 선택하면 된다.

와이어샤크에서 직접 생성할 수 없는 많은 차트와 그래프가 있다. 원하는 필드를 제 3의 프로그램으로 내보내면 트래픽을 가시화하기 위한 다양한 옵션을 사용할 수 있다.

TIP

> 8장에서 커맨드라인 도구인 Tshark를 이용해서 신속하게 HTTP 호스트 목록을 내보낼 수 있는
> 방법을 배울 것이다.

도전 과제

challenge101-4.pcapng를 열고 패킷 컬러링과 내보내기 기능을 이용해서 다음 도전
과제에 답하라. 해답은 부록 A에 있다.

질문 4-1   어떤 컬러링 규칙이 프레임 170과 일치하는가?

질문 4-2   임시로 TCP 스트림 5를 옅은 파란색 배경으로 하고 이 트래픽에 필터를
           적용하라. 얼마나 많은 패킷이 이 필터에 일치하는가?

질문 4-3   100초를 초과하는 TCP 델타 지연에 대한 컬러링 규칙을 생성하고 적용
           하라. 얼마나 많은 프레임이 이 컬러링 규칙에 일치하는가?

질문 4-4   TCP 델타 정보가 CSV 형식으로 필터링된 것을 내보내기하라. 스프레
           드시트 프로그램을 이용할 때 평균 TCP 델타 시간은 얼마인가?

5장

기술: 표와 그래프 작성과 해석

네트워크 프로토콜에 대한 지식이 많지 않으면서도 왜 와이어샤크를 사용해야 하느냐고 사람들이 물어보면 와이어샤크를 엑스레이 이미지와 비교해서 말해준다. 사람의 위 속에 가위가 들어있는 엑스레이 이미지를 보게 된다면 누구나 뭔가 잘못됐다고 생각한다. 그곳에 가위가 있어서는 안 되기 때문이다.

와이어샤크의 경우 DNS 응답을 수신하지 않는 특성과 TCP RST가 뒤에 이어지는 TCP SYN를 관찰하지 않는 특성을 갖고 있다. 네트워크 추적을 자세히 살펴보면 살펴볼수록(네트워크 프로토콜을 읽어보면 읽어볼수록) 패킷으로부터 더 많은 정보를 추출할 수 있다. 의사 입장에서 특정 세포 조직을 자세히 잘 알고 있다면 초보자적인 관찰보다는 엑스레이 이미지를 보는 편이 훨씬 더 많은 정보를 추출해낼 수 있다는 걸 알 수 있을 것이다.

사케 브로크(Sake Blok)/와이어샤크 핵심 개발자이자 SYN-bit 창시자

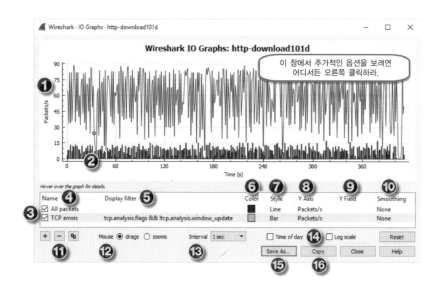

① **그래프 영역(Y축)** 이 그래프의 눈금은 로그 함수 단위로 설정됐다.[42]

② **그래프 영역(X축)** X축은 초 단위로, 필요한 경우 오른쪽/왼쪽으로 스크롤한다.

③ **그래프 체크박스** 이 체크박스를 클릭해서 그래프 항목을 활성화/비활성화한다.

④ **그래프 항목 이름** Copy를 사용할 때 열 머리부로 사용된다.

⑤ **디스플레이 필터 영역** 그래프로 나타낼 필드 이름이나 필터를 입력한다.

⑥ **컬러링** 목록에서 그래프 항목의 색상을 선택한다.

⑦ **그래프 스타일** 그래프로 나타낼 항목의 모양을 선택한다.

⑧ **Y축** 와이어샤크의 기본 Y 간격 설정을 변경한다. 액세스 Calc 함수(예, SUM, COUNT, AVG, MIN, MAX)로, Y 필드 설정과 함께 사용한다.

⑨ **Y 필드** Calc 함수와 함께 사용된다.

---

42 실습 36에서 로그 함수를 이용한 그래프 기능에 대해 연습하기로 한다.

⑩ **스무딩(Smoothing)** SMA^Smoothed Moving Average 값 정의

⑪ **그래프 항목 추가, 삭제 및 복사** 필요한 만큼 그래프 선을 추가한다.

⑫ **마우스 동작** 마우스로 그래프를 드래그할지 또는 확대할지 선택한다.

⑬ **간격** X 축 값 변경

⑭ **로그 스케일** 서로 다른 숫자 값을 그릴 때 유용하다.

⑮ **다른 이름으로 저장** 그래프를 PDF, .png, .bmp, .jpg 또는 .csv 형식으로 저장한다.

⑯ **복사** 그래프 아이템 이름과 플롯 포인트를 메모리에 .csv 형식으로 버퍼링한다.

5.1 네트워크에서 대화중인 사람 찾기

현재 진행 중인 트래픽을 수집하거나 저장된 추적 파일을 열 때 어떤 호스트가 네트워크에서 통신하고 있는지 반드시 확인해야 한다.

두 개의 통계 창을 이용해서 어떤 호스트가 네트워크에서 통신하고 있는지 알 수 있는데, 이 통계 창이 Conversations와 Endpoints다.

네트워크 대화 확인

3장의 '와이어샤크 통계에서 대화 필터링' 절에서 Conversations 창을 열었다. 그림 94와 그림 95에서 http-espn101.pcapng를 열고 Statistics > Conversations를 선택하고 모든 열을 확인하기 위해 창을 확장한다.

그림 94에서 TCP 탭을 선택했고, Bytes 열을 기반으로 대화를 정렬시켰다.

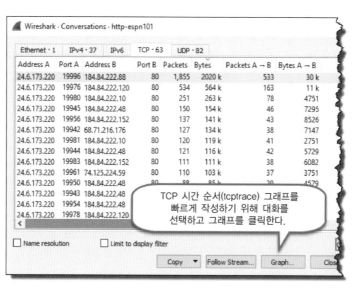

그림 94 Statistics ▸ Conversations ▸ TCP를 선택해 어떤 호스트가 TCP를 통해 통신하고 있는지 알아본다.
[http-espn101.pcapng]

디스플레이 필터 영역에 필터가 있는 경우 Limit to display filter 앞에 있는 상자를 선택해 Conversations 창에 해당 필터를 적용할 수 있다. 또한 Name resolution 옵션도 활성화할 수 있지만, Edit ▸ Preferences ▸ Name Resolution 아래에 있는 네트워크(IP) 주소 변환하기도 활성화해야 한다.

선택한 대화를 재조립하려면 Follow Stream(TCP와 UDP 탭 아래에서 사용 가능)을 클릭하라. 이로 인해 호스트 간의 통신을 더 쉽게 이해할 수 있다.

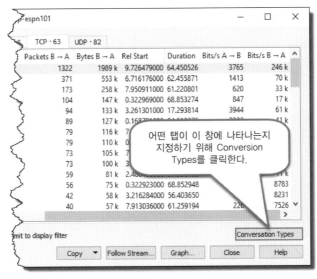

Packets B → A	Bytes B → A	Rel Start	Duration	Bits/s A → B	Bits/s B → A
1322	1989 k	9.726479000	64.450526	3765	246 k
371	553 k	6.716176000	62.455871	1413	70 k
173	258 k	7.950911000	61.220801	620	33 k
104	147 k	0.322969000	68.853274	847	17 k
94	133 k	3.261301000	17.293814	3944	61 k
89	127 k	0.168			41 k
79	116 k	7			
79	110 k	0			
73	105 k	7			
73	100 k	3			
59	81 k	2.48			1 k
56	75 k	0.322923000	68.852948		8783
42	58 k	3.216284000	56.403650		8231
40	57 k	7.913036000	61.259194	226	7526

어떤 탭이 이 창에 나타나는지 지정하기 위해 Conversion Types를 클릭한다.

Conversation Types

mit to display filter   Copy ▼   Follow Stream...   Graph...   Close   Help

그림 95 Conversations 창을 확대해서 상대적 시작 시간과 통신에 걸린 시간을 알아본다.
[http-espn101.pcapng]

Conversations 창을 확장하거나 오른쪽으로 스크롤하면 상대적 시작 시간$^{Rel Start}$과 경과 시간^{Duration} 열을 볼 수 있을 것이다. 상대적 시작 시간은 추적 파일에서 통신이 시작된 때를 나타낸다. 경과시간 열은 추적 파일에서 최초 통신 패킷과 마지막 통신 패킷 사이에 얼마나 많은 시간이 경과했는지를 나타낸다.

대화의 신속한 필터링

임의의 대화를 필터링하기 위해 conversation을 오른쪽 클릭하고 Apply as Filter나 Prepare a Filter를 선택한다. 표준 디스플레이 필터와는 달리 그림 96에서와 마찬가지로 conversations를 필터링할 때 관심 있는 통신 방향을 구체적으로 지정할 수 있다.

'A'는 'A'로 지정된 모든 열을 나타내고 'B'는 'B'로 지정된 모든 열을 나타내고 있다. 예를 들어 IPv4 탭을 클릭하면 주소 A와 주소 B를 볼 수 있다. TCP 탭이나 UDP 탭을 클릭하면 주소 A와 포트 A, 주소 B와 포트 B를 볼 수 있다.

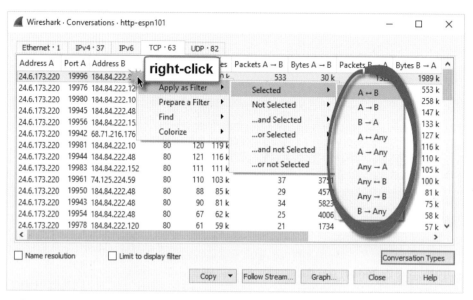

그림 96 필터를 적용하고, 필터를 준비하고, 대화에서 패킷을 찾고, 해당 대화에 컬러링 규칙을 설정하려면 임의의 conversation을 오른쪽 클릭한다. [http-espn101.pcapng]

> Conversation 창을 확장해야 한다는 점에 주의하라. 이 창이 열면 오른쪽에 감춰진 중요한 열(상대 시간, 경과시간, 초당 비트 수)이 있다.

5.2 최다 대화자 찾기

네트워크나 링크가 트래픽으로 꽉 차 있는 이유를 알아내려면 어떤 호스트가 가장 많은 대역(패킷이 아닌 바이트 기준으로)을 사용하고 있는지 알아봐야 한다.

가장 활동적인 대화를 찾기 위한 정렬

어느 IPv4나 IPv6 대화가 가장 많은 대역폭을 사용하고 있는지 살펴보려면 그림 97처럼 Statistics > Conversations > IPv4나 IPv6를 선택하고, 가장 많은 대역폭부터 적은 대역폭까지 순서대로 나열하려면 Bytes 열을 두 번 클릭한다.

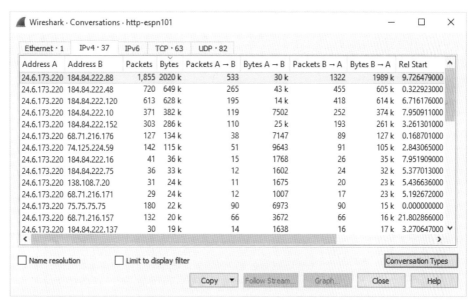

그림 97 추적 파일에서 가장 활동적인 대화를 찾기 위해 IPv4 탭이나 IPv6 탭 아래의 Bytes 열을 순서대로 정렬한다.

이들 최고 대화자를 기준으로 필터를 적용하거나 준비하고, 통신상 패킷을 찾아내고, 해당 통신에 대한 컬러링 규칙을 설정하기 위해 최상위 대화 라인을 오른쪽 클릭한다.

가장 활발한 호스트를 찾기 위한 정렬

네트워크상 가장 많은 통신을 하는 단일 호스트를 찾기 위해서는 다른 통계 창으로 이동해야 한다. Conversation 창을 닫고 Statistics > Endpoints > IPv4 또는 IPv6를 선택하고, 그림 98과 같이 높은 데서 낮은 순으로 Bytes 열을 정렬하기 위해 두 번 클릭한다. 최소 사용자는 일반적으로 대역폭 사용량을 기준으로 하기 때문에 Bytes 열이 가장 사용하기 좋은 열이다.

네트워크상 가장 활동적인 전송을 하는 호스트에 관심이 있다면 Tx Bytes 열을 상위부터 하위 순으로 정렬해보라.

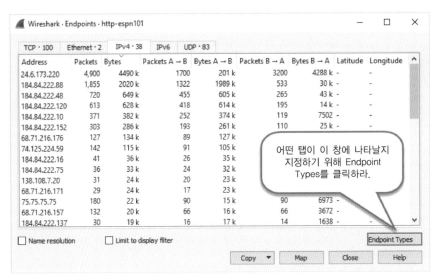

그림 98 추적 파일에서 가장 많은 통신을 하는 호스트를 찾기 위해 Bytes 열을 높은 데서 낮은 순으로 정렬한다. [http-espn101.pcapng]

와이어샤크는 추적 파일의 트래픽을 기반으로 탭을 표시한다. Endpoint Types 버튼을 클릭해 이 창에 표시할 탭을 지정할 수 있다.

TIP

> Map 버튼은 IPv4와 IPv6 탭을 볼 때만 활성화된다. 이 버튼을 사용해 세계지도에 IP 주소를 나타낼 수 있다. 실습 32에서 이 기능을 활성화/비활성화하고 이 기술을 사용할 수 있는 기회가 주어진다.

📺 실습 31: 가장 활동적인 TCP 대화 필터링

추적 파일에 들어 있는 수백 혹은 수천 개의 통신 중에서 가장 활발한 대화를 찾아내는 일은 일반적인 네트워크 분석 업무다.

1단계   http-misctraffic101.pcapng를 연다.

2단계   Statistics > Conversations를 선택한다.

3단계   이 추적 파일에서 두 개의 IPv4 대화를 조사하려면 IPv4 탭을 클릭한다. 바이트 수에 따라 가장 활발한 IPv4 대화는 24.6.181.160과 107.6.133.250 사이다.

4단계   가장 활발한 TCP 대화를 찾으려면 TCP 탭을 클릭한다. 높은 데서 낮은 순으로 정렬하기 위해 Bytes 열 머리부를 두 번 클릭한다.

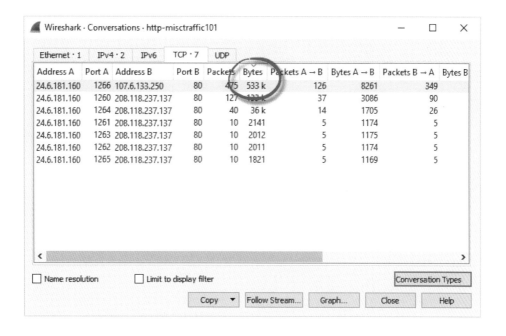

가장 활발한 TCP 대화가 24.6.181.160에 있는 포트 1266(동적 포트 번호)과 107.6.133.250에 있는 포트 80 사이의 통신임을 알 수 있다.

클라이언트는 HTTP 서버와 통신을 할 때 동적 포트 번호를 사용한다는 점에 유의하라. 이 경우 클라이언트는 포트 1266을 선택했다. 포트 번호보다 이름으로 변경된 포트 번호를 보려면 전송 이름 변환을 활성화하고 이 스크린에 있는 Name resolution 체크박스를 체크하면 된다.

5단계 가장 활발한 TCP 대화를 오른쪽 클릭하고 Apply as Filter ➤ Selected ➤ A ↔ B를 선택한다. 와이어샤크는 자동으로 해당 TCP 대화에 디스플레이 필터를 생성하고 적용한다.

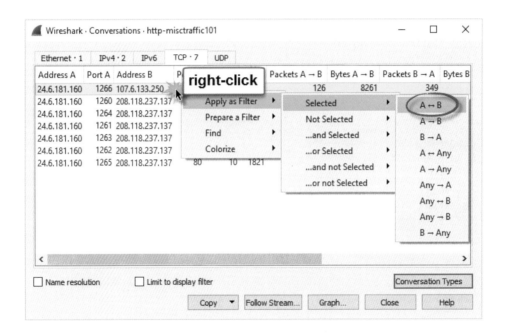

이 필터의 결과는 다음과 같다. 475개의 패킷이 이 필터와 일치한다.

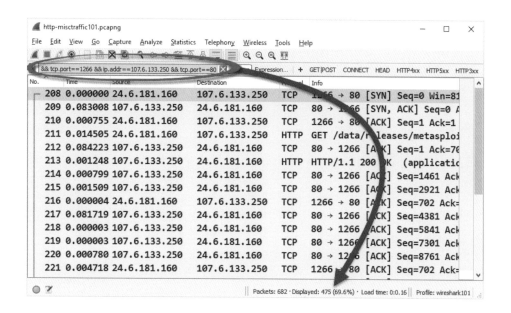

6단계   실습 완료 계속하기 전에 디스플레이 필터를 삭제하기 위해 Clear 버튼
         ⊠을 클릭한다. Conversation 창을 토글하고 Close를 클릭한다.

！TIP

Conversation 창으로 돌아와서 다른 TCP conversation을 오른쪽 클릭하고 Apply as Filter
〉 ...or Selected를 선택하면 사용자의 필터에 다른 대화를 쉽게 추가할 수 있다. conversation
필터링을 위한 이 방법을 효율적으로 사용하기 위해 여기에 시간을 좀 할애해보라. 현재 CSV
형식의 Conversations view를 버퍼링하기 위해 Conversation 창의 Copy 버튼을 클릭할 수도
있다. 정보를 텍스트 파일에 붙이고, 확장자를 .csv인 파일로 이름을 붙이고 스프레드시트 프로그
램에서 열어 그 정보를 더 분석해볼 수도 있다.

🖥 실습 32: 글로벌 지도에 목표물을 표시하기 위한 GeoIP 설정

와이어샤크는 MaxMind GeoLite 데이터베이스 파일을 사용해 IP 주소의 국가, 도시, AS^Autonomous System 번호, 위도와 경도를 나열하고 세계 지도에 IPv4와 IPv6 주소를 표시할 수 있다. 이 실습에서 사용자는 추적 파일 안에 있는 데이터베이스와 지도 IP 주소를 이용할 수 있게 와이어샤크를 설정해본다.

1단계   http-browse101c.pcapng를 연다.

2단계   www.maxmind.com 사이트에 방문해서 무료 GeoLite 데이터베이스 파일(geo*.dat 파일)을 다운로드한다. 이 파일을 찾아보려면 GeoIO 데이터베이스 링크와 서비스 링크를 클릭하고 GeoLite 데이터베이스 파일 링크[43]를 찾아보면 된다.

3단계   GeoIP 기능을 활성화하려면 드라이브에 maxmind라는 디렉터리를 생성하고 그 디렉터리 안에 maxmind 파일을 가져다 놓는다. 이제 Edit > Preferences > Name Resolution을 선택하고 GeoIP 데이터베이스 디렉터리 Edit 버튼을 클릭한다.

   Add 버튼 🛨을 클릭하고 maxmind 디렉터리를 브라우징한다. Select Folder를 클릭한다. GeoIP 데이터베이스 경로 창을 닫기 위해 OK를 클릭하고 와이어샤크 Preferences 창을 닫기 위해 OK를 클릭한다.

4단계   Statistics > Endpoints을 선택하고, IPv4 탭을 클릭한다. Country, City, Latitude와 Longitude 열의 정보를 볼 수 있다.

---

43 이 책을 쓴 시점에 MaxMindGeoLite 데이터베이스 파일에 대한 직접적인 링크는 www.maxmind.com/en/opensource이지만 변경될 수도 있다. 무료 GeoIP 데이터베이스와 무료 GeoLite binary/gzip 파일에 대한 참조를 위한 웹사이트를 찾아보기 바란다.

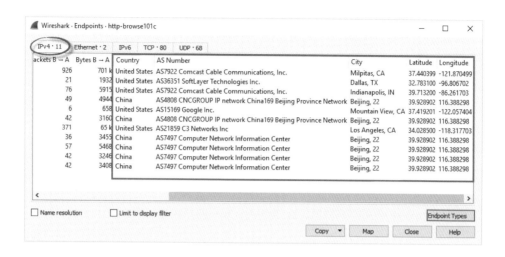

5단계 Map 버튼을 클릭한다. 와이어샤크는 알려진 IP 주소 지점을 지도에 표시해 브라우저에서 전체 보기를 시작한다. 이 과정에서 ActiveX를 사용하는데, 사용자는 ActiveX 과정이 실행되도록 허락을 해야 한다. 임의의 표시된 점을 클릭하면 해당 IP 주소에 대한 더 자세한 정보를 볼 수 있다.

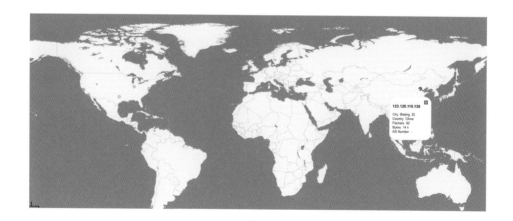

6단계 실습 완료 끝났으면 브라우저 창을 닫는다. 잠시 동안 트래픽을 수집하고 글로벌하게 이들의 위치를 표시해보라. 자신의 패킷이 어디로 이동하고 있는지 알아보라.

GeoIP 위치 표시는 자신의 트래픽에 대한 외부 목적지에 관해 알고 싶을 때 매우 유용하다. 예를 들면 자신이 업무를 보는 곳에서 외부로 나가는 트래픽을 절대로 자기 나라 밖으로 내보내지 않는다면 GeoIP 지도는 원치 않는 외부 목표를 인지하는 데 도움을 줄 것이다.

5.3 네트워크상 보이는 애플리케이션 나열

네트워크를 통해 전달되는 트래픽의 유형에 대해 관심이 있다면(호스트가 침해됐다고 의심할 수도 있다) 와이어샤크를 이용해서 TCP 기반과 UDP 기반 애플리케이션을 특성화한다.

프로토콜 계층 구조 살펴보기

Statistics › Protocol Hierarchy를 선택해서 어느 프로토콜과 애플리케이션이 추적 파일 내에 있는지 살펴본다. 그림 99에서 http-browse101b.pcapng를 열었다. 이 추적 파일이 IPv4와 IPv6 트래픽을 포함하고 있는 걸 볼 수 있다. IPv6로는 오직 UDP 트래픽만 전달되고, IPv4로는 오직 TCP 트래픽만 전송되고 있다.

목록의 계층적 구조 때문에 Protocol Hierarchy 안의 항목을 정렬하거나 재순서화할 수 없다.

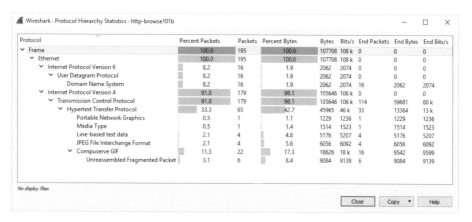

그림 99 와이어샤크는 추적 파일 안에 나타난 프로토콜과 애플리케이션의 계층적 뷰를 생성한다.
[http-browse101b.pcapng]

오른쪽 클릭으로 나열된 프로토콜과 애플리케이션의 필터링과 컬러링

나타난 모든 트래픽 유형에 대해 좀 더 알아보기 위해 줄을 오른쪽 클릭하고 Apply
as Filter 또는 Prepare a Filter를 선택한다. 프로토콜이나 애플리케이션에 기반을
두고 컬러링 규칙을 생성하기 위해 오른쪽 클릭을 이용할 수도 있다.

의심되는 프로토콜, 애플리케이션 또는 '데이터' 찾기

Protocol Hierarchy는 호스트가 침해됐다고 생각될 때 살펴봐야 할 창이다. 예를 들면
이 창은 비정상적인 네트워크 애플리케이션을 구별해내는 데 큰 도움을 준다. 비정상
적 애플리케이션은 그림 100에 나타난 것처럼 (1) TCP 바로 아래의 DCE/RPC[Distributed
Computing Environment/Remote Procedure Call] 트래픽, (2) IRC[Internet Relay Chat] 트래픽, (3) TFTP[Trivial
File Transfer Protocol] 트래픽이 있다. 이런 의심스런 트래픽을 발견하게 되면 해당 트래픽
을 필터링하기 위해 오른쪽 클릭하고 해당 트래픽이 악성[44]인지를 판단하기 위해 조
사한다.

---

44 어떤 것이 '비정상적'인지 실제로 아는 유일한 방법은 어떤 것이 정상적인 것인지를 아는 것이다. 어떤
   애플리케이션이 전형적으로 네트워크상에 나타나는지를 알기 위해 트래픽을 수집하고 분석해보라.

Protocol Hierarchy 창 안의 TCP나 UDP 바로 아래 목록화된 'Data'는 와이어샤크가 해석기^{dissector}를 트래픽에 적용할 수 없다는 걸 나타낸다. 포트 번호를 인식하지 못하고 어떤 경험적 해석기도 패킷을 매치시키지 못하기 때문이다.

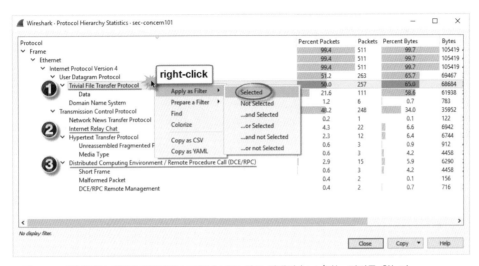

그림 100 비정상적인 애플리케이션이나 TCP나 UDP 바로 아래의 'data'라는 단어를 찾는다.
[sec-concern101.pcapng]

🖥 실습 33: 의심스런 프로토콜이나 애플리케이션 탐지

트래픽 파일에 보안 문제가 있다고 의심이 되면 우선 Protocol Hierarchy 창을 연다. 의심스런 애플리케이션이나 프로토콜을 찾아보고 IP, UDP, 또는 TCP에서의 의심스러운 'data'도 찾아본다.

1단계   general101c.pcapng를 연다.

2단계   Statistics › Protocol Hierarchy를 선택한다. 이 추적 파일에는 문제가 될 만한 트래픽이 있다. 여기서 TCP 섹션 아래에 있는 Internet Relay Chat과 Data를 볼 수 있다.

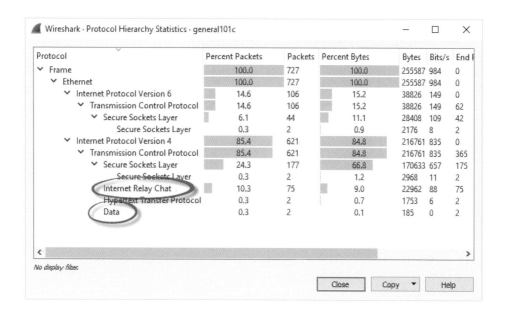

3단계 Internet Relay Chat 줄을 오른쪽 클릭하고 Apply as Filter 〉 Selected
를 선택해서 자세히 살펴본다. 패킷 상세 창의 Internet Relay Chat 섹션
을 확장해 통신에 대해 더 자세히 알아보자. 사용자 이름과 목표 IRC 서버
를 찾아본다. 'data'로 목록화된 트래픽을 검사하기 위해 동일한 방법으로
처리한다. 6장에서는 이 파일을 다시 활용해서 더 자세한 분석을 위해
이 통신을 재조립할 것이다.

4단계 실습 완료 Clear 버튼 ☒을 클릭해서 모든 디스플레이 필터를 제거한다.
Protocol Hierarchy 창으로 돌아와서 Close 버튼을 클릭한다.

네트워크에 의심스런 악성 트래픽이 있어 보이면 우선 Protocol Hierarchy 창을 사용
한다는 점을 명심하라. 이것이 침해된 호스트를 찾아내는 가장 빠른 방법이다.

5.4 그래프 응용과 호스트 대역폭 사용

Protocol Hierarchy를 이용해서 한 애플리케이션이 사용하는 총 바이트나 패킷의 비율을 파악할 수는 있지만, 그래프는 추적 파일에 있는 애플리케이션의 흐름을 분석하는 데 도움을 준다.

그래프화하기 전에 애플리케이션이나 호스트 트래픽 내보내기

하나의 애플리케이션이나 호스트가 얼마나 많은 대역폭을 사용하는지 살펴보기 위한 가장 쉬운 방법 중 하나는 해당 트래픽 유형을 필터링하고, 그 트래픽을 별개의 트래픽 파일로 내보내는 것이다. 예를 들면 http-download101e.pcapng에는 단일 호스트 24.6.173.220으로 들어가고, 그곳에서 나오는 트래픽이 포함돼 있다. 이 추적 파일은 대규모 추적 파일에서 한 호스트의 트래픽만을 내보내기 해서 생성한 것이다.

참고   이 추적 파일은 용량이 커서(168MB) 로드하는 데 시간이 걸린다.

Statistics > IO Graph를 선택한 뒤 패킷이나 비트를 기반으로 추적 파일의 모든 트래픽을 그래프로 나타낸다. 디폴트로 와이어샤크는 패킷을 매 tick당(Y축) 그래프에 점으로 나타낸다. 여기서 각 tick은 1초(X축)를 나타낸다. 한 애플리케이션이 사용하는 대역폭을 분류할 때 초당 비트 수 또는 초당 메가비트 단위를 말한다. 그림 101에서 Y축을 bits/tick(각 tick은 X축 설정을 기반으로 1초다)로 변경했다. 이렇게 하면 단일 호스트로 들어가고 그 호스트에서 나오는 트래픽을 명확히 볼 수 있다. 이 다운로드 과정은 평균 5Mbps다.

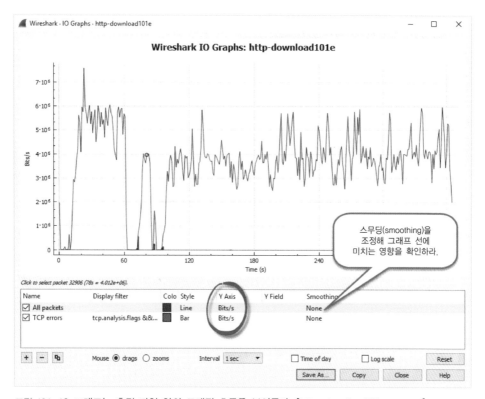

그림 101 IO 그래프는 추적 파일 안의 트래픽 흐름을 보여준다. [http-download101e.pcapng]

IO 그래프에서 애플리케이션별 사용량을 비교해보려면 필터 영역에서 애플리케이션 트래픽을 지정해야 한다. TCP 기반 애플리케이션을 그래프로 그릴 경우 애플리케이션 이름보다는 포트 번호(tcp.port==80)에 대한 필터를 기본으로 해야 한다. 그렇게 해야 연결 설정과 확인 응답 관련 통신을 분명하게 수집할 수 있다. DNS 같은 UDP 기반 애플리케이션의 경우에는 포트 번호나 애플리케이션 이름(dns)을 기초로 해서 필터링할 수 있다. ICMP 같은 프로토콜을 그래프로 나타낼 때는 단순히 프로토콜 이름(icmp)으로 필터링하고 패킷을 새 추적 파일로 내보내기 한다. 여기서는 IO Graphs에 IP 주소 필터를 적용한 후에 IO Graphs에 포트 필터를 적용하는 작업을 해보기로 한다.

IO Graph에 ip.addr 디스플레이 필터 적용

추적 파일에 여러 IP 대화가 포함된 경우 디스플레이 필터 구문을 사용해 대화를 그래프로 나타낼 수 있다.

IO 그래프에서 Add 버튼 ⊞을 클릭하고 Display filter 영역에 IP 주소 필터를 입력한다. 새로운 그래프 항목 앞에 있는 체크박스를 클릭해 활성화시킨다.

그림 102에서는 tr-twohosts.pcapng를 열고 `ip.addr == 192.168.1.72`(Paige)와 `192.168.1.119`(Scott)에 대해 필터 `ip.addr==`를 사용해 두 개의 IP 주소를 그래프로 나타냈다. All packets 패킷 그래프 항목과 TCP errors 그래프 항목을 사용 중지했다. 또한 두 가지 스타일을 사용해 그래프로 표시된 항목을 차별화했다.

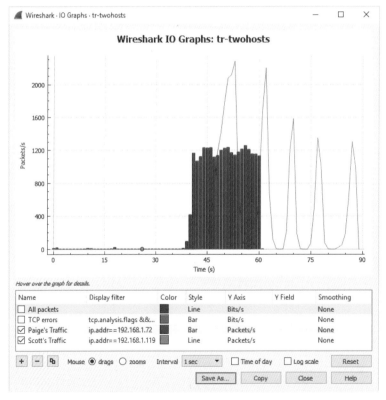

그림 102 IO 그래프를 이용해 별도의 호스트와의 트래픽 경향을 파악할 수 있다. [tr-twohosts.pcapng]

이 IO 그래프는 Paige의 컴퓨터로/에서 보내는 트래픽이 초당 약 1,100패킷을 훨씬 안정적으로 유지한다는 것을 나타낸다. Scott의 컴퓨터에서 보내고 오는 트래픽은 초당 약 2,200패킷과 초당 0패킷의 최곳값으로 산발적으로 나타난다. 이 유형의 필터링된 그래프를 사용해 둘 이상의 호스트의 트래픽 속도를 비교할 수 있다

IO 그래프에 ip.src 디스플레이 필터 적용

일방향 트래픽을 그래프로 나타내려면 ip.src, ip.dst, ipv6.src나 ipv6.dst 디스플레이 필터를 사용한다.

예를 들면 그림 103에서는 http-download101e.pcapng를 열어 IO Graph를 시작했다. 여기서는 추적 파일 안에서 2개의 IP 주소를 가진 ip.src 필터를 이용해 2개의 그래프 줄을 추가했다. ip.src 필터 안에 있는 2개의 IP 주소는 파일을 다운로드하고 있는 클라이언트의 IP 주소이고(24.6.173.220에 있는 Jill), 다른 하나의 IP 주소는 이 클라이언트에게 파일을 전송하고 있는 서버의 IP 주소다(199.255.156.18). Y축을 비트/s로 변경했다.

이 그래프는 Jill 컴퓨터가 추적 파일의 시작 부분에서 더 활동적임을 나타낸다(다른 서버와 통신하고 주소를 변환함).

그러나 추적 파일에 약 10초가 지나면 트래픽의 대부분이 서버(199.255.156.18)에 의해 전송되는 것을 볼 수 있다. 사실 서버의 트래픽은 거의 모든 비트를 나타낸다.

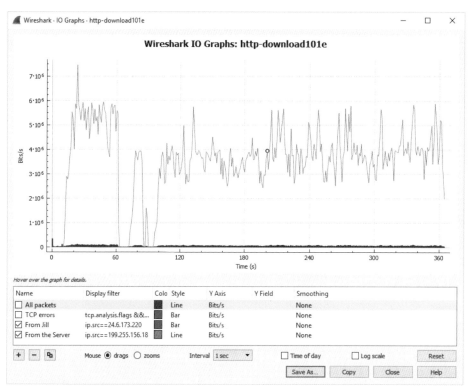

그림 103 ip.src를 이용해서 두 개의 서로 다른 호스트 트래픽을 비교하기 위한 필터를 적용했다.
[http-download101e.pcapng]

IO Graph에 tcp.port나 udp.port 디스플레이 필터 적용

추적 파일 안에서 다양한 애플리케이션이 사용하는 대역폭을 비교하길 원한다면 TCP
기반 애플리케이션에는 포트 번호에 필터를 적용하고 UDP 기반 애플리케이션에는
애플리케이션 이름이나 포트 번호에 필터를 적용한다.

그림 104에서는 실시간 수집을 실행하는 동안 IO 그래프를 시작했다. Y축을 비트/s로
설정한다. 포트 80에서 HTTP 트래픽이 사용하고 있는 대역폭의 양을 확인하기 위해
세 번째 그래프 항목으로 디스플레이 필터(tcp.port = 80)를 추가했다. 네 번째 그래프
항목으로 HTTPS 트래픽용 필터(tcp.port = 443)를 추가했다. All packets와 TCP

errors 그래프 항목을 사용하지 않게 설정했다. 이 그래프는 포트 80 트래픽이 추적 프로세스에서 약 27초 동안 최고점에 나타나는 반면, 포트 443 트래픽은 추적 프로세스에서 약 36초가 최고점으로 나타나는 것을 보였다.

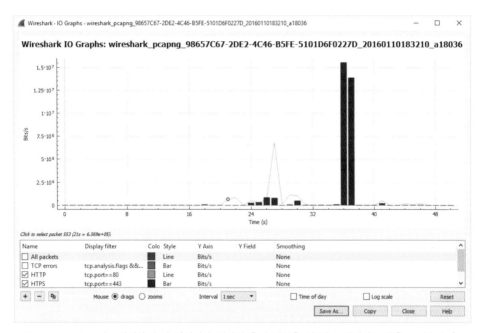

그림 104 IO Graph는 실시간 수집 과정이나 저장된 추적 파일을 열 때 트래픽의 흐름을 보여준다. [live capture process]

🖥 실습 34: 서브넷상 트래픽과 다른 트래픽 비교

이 실습에서는 서브넷 184.0.0.0/8에서 나오고 들어가는 모든 트래픽과 기타 트래픽을 비교한다. 비교하려면 2개의 IP 주소 필터가 필요하다. 하나는 inclusion 필터이고, 다른 하나는 exclusion 필터다.

1단계   http-espn101.pcapng를 연다.

2단계   Statistics > IO Graph를 선택하라.

3단계   All packets와 TCP errors 그래프 항목 앞에 있는 체크박스를 선택 해제한다.

4단계   먼저 inclusion 필터를 사용한다. Add 버튼 ➕을 클릭하고 디스플레이 필터 필드에 **ip.addr == 184.0.0.0/8**을 입력한다. 그래프 스타일을 Line으로 설정한다. Y축을 Bits/s로 설정한다.

         그래프 항목을 사용하려면 이름 필드(선택을 취소) 앞에 있는 체크박스를 클릭한다.

5단계   이제 exclusion 필터를 사용할 것이다. Add 버튼 ➕을 다시 클릭하고 디스플레이 필터 필드에 **! ip.addr == 184.0.0.0/8**을 입력한다. 그래프 스타일은 Bar로 설정한다. Y축을 Bits/s로 설정한다.

         그래프 항목을 사용하려면 이름 필드(선택을 취소) 앞에 있는 체크박스를 클릭한다.

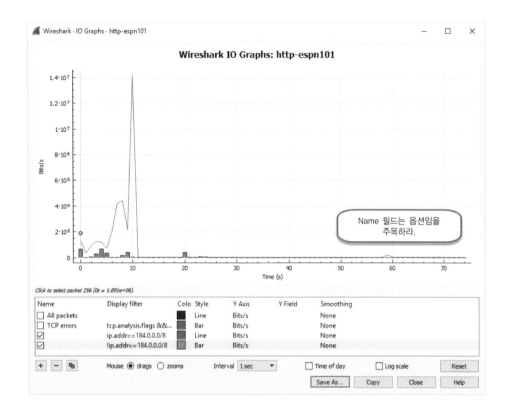

6단계 실습 완료 다른 곳으로 이동하기 전에 IO Graph를 닫는다.

다양한 서브넷으로 또는 서브넷에서 트래픽을 쉽게 그래프로 나타낼 수 있다. 네트워크에서 트래픽을 수집해서 트래픽이 전달되는 곳을 확인하라.

5.5 네트워크상 TCP 오류 탐지

와이어샤크는 여러 가지 유형의 TCP 네트워크 오류를 탐지해낼 수 있다. 예를 들면 패킷 손실이나 수신자의 혼잡 등을 알 수 있다. 네트워크 문제가 발생했다는 사실을 인지할 수 있는 패킷을 와이어샤크가 탐지하면 와이어샤크는 Expert System에 이 사실을 알린다.

상태 바의 Expert Infos 버튼 이용

잠시 IO 그래프를 접어두고 Expert 창을 한 번 살펴보자. 상태 바에서 Expert Information 버튼 ⬤을 클릭한다. Expert는 정보를 6가지로 분류한다. Expert Information 버튼의 색은 상세 Expert가 관찰한 것 중 가장 높은 계층을 나타낸다.

- **오류** 붉은색red
- **경고** 노란색yellow
- **주의** 청녹색cyan
- **대화** 파란색blue
- **패킷 설명** 초록색green

그림 105에서 Expert Information 버튼은 노란색이다. 이것은 Expert 오류가 없다는 걸 나타낸다. 하지만 http-espn101.pcapng에서 경고를 나타내고 있다.

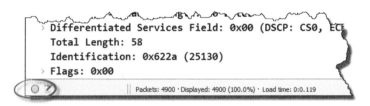

그림 105 Expert Information 버튼은 컬러링 코드화돼서 관찰된 Expert 상세 정보 중 해당되는 가장 상위 수준을 알려준다. [http-espn101.pcapng]

Expert의 심각도 수준 살펴보기

그림 106에서는 Expert Information 버튼을 클릭하면 6개의 항목이 나타난다. 각 항목은 색으로 구분된다. 이것은 Expert Information 버튼에 나타나는 색상이다. 이추적 파일에는 오류 수준이 표시되지 않는다. 경고(들), 메모와 채팅만 표시된다.

일반적으로 오류 및 경고에만 집중한다.

Group 열은 항목을 더 분류한다. 'Malformed'란 와이어샤크 해석기가 필드나 프로토콜을 완전히 해석하지 않았음을 의미한다. 이는 비표준 패킷 구조, 구식 패킷 구조 또는 필드 용도, 구식 해석기 또는 망가진 해석기를 나타낼 수 있다.

Sequence 그룹 항목은 TCP와 같은 순차적 통신 문제(프로토콜 열에도 표시됨)와 관련이 있다.

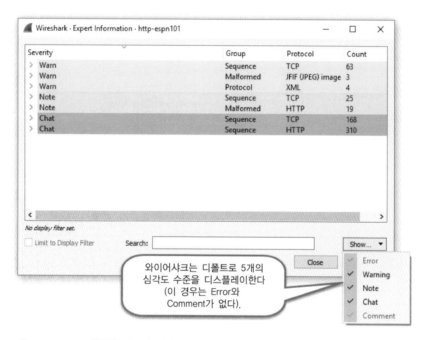

그림 106   Expert 항목은 별도의 심각도 수준과 그룹으로 나뉜다. [http-espn101.pcapng]

그림 107에서는 와이어샤크가 발견한 문제의 유형을 조사하기 위해 Warn 그룹의 상위 항목을 확장했다. 추적 파일에 수신 버퍼 문제(제로 윈도우 조건)가 있다는 여러 가지 징후가 있다. 각 행은 경고를 트리거한 패킷으로 시작한다. Expert를 사용해 추적 파일을 신속하게 이동할 수 있다. 두 번째 항목을 클릭하면 와이어샤크가 추적 파일에 있는 패킷 256으로 점프한다.

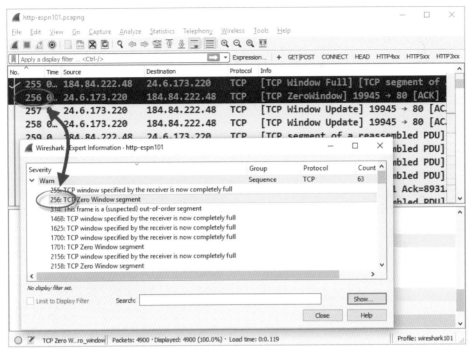

그림 107 Warning 영역은 호스트가 수신 버퍼 공간에 더 이상 여유가 없다는 걸 나타내고 있다(Zero window).
[http-espn101.pcapng]

TCP 분석 플래그 패킷 필터링

Expert에 나열된 항목을 오른쪽 클릭해서 Apply as Filter나 Prepare a Filter를 선택
해 개별 TCP 분석 플래그 패킷의 수를 빠르게 얻을 수 있다. 그림 108에서는
challenge101-5.pcapng를 열고 Expert Information 창을 시작했다. Warn 탭 아래의
패킷 8을 오른쪽 클릭해서 필터로 Apply as Filter > Selected를 선택했다.

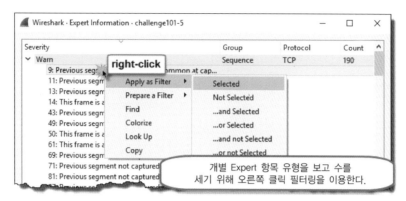

그림 108 Expert Information 창에서 오른쪽 클릭 필터링을 사용할 수 있다. [challenge101-5.pcapng]

이로써 `tcp.analysis.lost_segment`에 대한 필터가 생성됐다. challenge101-5.pcapng에는 172개의 경고 인스턴스가 있다.

또는 `tcp.analysis.flags`에 대한 디스플레이 필터를 입력하기만 하면 된다.

추적 파일에서 TCP 문제만 살펴보고 싶다면 `tcp.analysis.flags && !tcp.analysis.window_update`로 필터링할 때 반드시 윈도우 업데이트[Window Update] 패킷을 제외시키면 된다. TCP 윈도우 업데이트 패킷은 TCP 분석 플래그로 마크돼 있지만 이것이 문제가 되지 않는다. 이는 호스트가 공지한 수신 버퍼 공간을 확장했다는 걸 나타낸다.

5.6 Expert Information Errors의 의미

와이어샤크는 여러 가지 네트워크 오류를 탐지해낼 수 있다. 하지만 왜 이런 문제가 발생했는지는 알려주지 않는다. 오류, 경고 또는 주의에 대한 원인을 이해하게 되면 네트워크의 성능에 영향을 미치는 요인이 무엇인지를 파악할 수 있게 된다.

이 절에서는 가장 빈번하게 일어나는 Expert 오류, 경고 및 주의의 원인을 알아본다.

패킷 손실, 복구 및 결함 추적 파일

애플리케이션 문제를 살펴보기 전에 추적 파일 내에 TCP 오류가 있는지 살펴보자. 기본 네트워크가 결함이 있다면 어떠한 애플리케이션이든 그 위에서 잘 돌아가지 않는다.

수집되지 않은 이전 세그먼트(경고)

이 경고는 와이어샤크가 TCP 통신에서 이전 패킷을 보지 못했다는 걸 나타낸다. 와이어샤크는 TCP 순서 번호를 기초로 패킷 순서를 인지하기 때문에 패킷이 손실되면 쉽게 탐지할 수 있다. 패킷 손실은 스위치나 라우터 같은 내부 네트워크 장치에서 자주 발생한다. 이 방식으로 마크된 패킷 안의 송신자 TCP 순서 번호와 송신자의 이전 패킷을 비교해서 얼마나 많은 패킷이 손실됐는지 파악한다.

수집되지 않은 확인 응답된 세그먼트(경고)

이 경고는 와이어샤크가 TCP ACK를 봤다는 걸 나타내지만, 확인 응답된 데이터 패킷은 보지 못했다는 의미다. 확장된 스위치에서 수집을 했다면 스위치는 용량이 초과돼서 모든 패킷을 와이어샤크에 전달하지 못했을 수도 있다. 수집되지 않은 많은 확인 응답된 세그먼트(경고)가 들어 있는 추적 파일은 분석에 사용할 수 없다. 트래픽에 대한 전체적인 정보가 없다.

중복 ACK(주의)

이 주의는 다른 호스트로부터 데이터를 수신하는 TCP 호스트가 한 패킷이 손실됐다고 믿고 있다는 걸 나타낸다. 핵심적으로 이것은 손실된 패킷에 대한 재전송 요청이다. 송신 측이 동일한 데이터 패킷을 요청하는 3개의 ACK를 수신하게 되면(ACK의 확인 응답 번호 필드에서 언급했듯이) 손실된 패킷을 재전송해야 한다. 이것은 패킷 손실 복구 과정의 일부고, 이런 패킷 손실은 주로 스위치나 라우터에서 발생한다.

재전송(주의)

이 주의는 와이어샤크가 두 개의 데이터 패킷이 동일한 순서 번호를 가졌다는 걸 알게 됐을 때 발령된다. 송신 측은 자신이 보낸 데이터 패킷에 대한 수신 확인이 제시간 내에 이뤄지지 않으면 해당 패킷을 재전송한다. 이것이 패킷 손실 복구 과정 중의 또 다른 일부분이다(스위치나 라우터가 패킷을 다 처리하지 못하고 잃어버릴 때 발생한다).

빠른 재전송(주의)

이 주의는 와이어샤크가 다른 사용자가 중복 ACK를 통해 요청한 데이터 패킷을 20ms 이내, 또는 해당 중복 ACK 중 하나를 초기 왕복 시간^{RTT} 이내에 볼 때 발생한다. 이것은 패킷 손실 복구 과정의 또 다른 부분이다(이는 스위치나 라우터가 패킷을 삭제할 때 발생할 가능성이 크다).

가짜 재전송(주의)

이 주의는 와이어샤크가 해당 데이터 패킷에 대한 ACK를 목격한 후 재전송되는 것을 볼 때 발생한다. 와이어샤크의 관점에서 보면 재전송 송신자가 제대로 동작하지 않은 것이다. 그렇지만 실제는 수신자와 가까이 트래픽을 수집했고, ACK는 단순히 데이터 패킷의 송신자에게 도착하지 않았다는 것이다. 이 경우 ACK를 볼 수는 있지만 데이터 패킷의 발신자에게 보낸 적이 없다. 이런 경우에는 데이터 패킷을 재전송해야 한다.

비동기 및 다중 경로 경보

비동기 경로는 패킷이 나가는 경로와 돌아오는 경로가 다른 경우를 나타낸다. 다중 경로란 개별 데이터 스트림 패킷이 목적지까지 가는 데 분리돼 서로 다른 경로를 통해서 가는 것을 의미한다. 한 경로가 다른 경로보다 더 빠르게 패킷을 전달할 때 이런 문제가 발생한다.

순서 번호 틀림(경고)

이 경고는 와이어샤크가 이전 패킷보다 낮은 TCP 순서 번호를 발견했다는 걸 나타낸다. 패킷이 서로 다른 경로로 목적지에 도착할 때 이런 일이 생긴다. 이것은 일반적으로 수신자가 순서가 잘못된 패킷을 기다리는 시간을 초과하고 중복된 ACK를 보내지 않는 한 문제가 되지 않는다.

Keep-Alive 경보

TCP 연결 유지 프로세스는 나중에 사용할 수 있도록 유휴 TCP 연결을 유지하게 설계됐다. 그러나 연결 설정 프로세스에는 시간이 많이 걸리지 않으므로 유휴 상태일 때 연결을 끊어버리면 TCP로 연결된 양방이 연결 유지에 불필요한 오버헤드를 덜어준다.

Keep-Alive(경고)

TCP 호스트가 특정 기간 동안 상대로부터 어떠한 통신도 수신하지 못하면 TCP Keep-Alive 패킷을 보낸다. Keep-Alive ACK를 수신하지 못하면 연결은 종료된다. Keep-Alive를 생성하기 전까지 호스트가 대기하는 시간은 보통 TCP 호스트에서 설정한다. 이 절차는 그렇게 문제점으로 보이지 않는다.

Keep-Alive ACK(주의)

이 주의는 Keep-Alive 패킷에 대한 응답이다. 이것도 그렇게 문제점으로 보이지는 않는다.

버퍼 혼잡 경보 수신

TCP로 연결된 양측은 수신되는 데이터를 위한 수신 버퍼(수신 창)를 사용하고 있다. 어떤 애플리케이션이 버퍼로부터 데이터를 느리게 처리하면 버퍼가 쉽게 차버릴 것이다. 버퍼가 꽉 차면 호스트는 zero window 상태임을 알린다. 즉, 해당 연결에서 호스트가 윈도우 업데이트 패킷을 통해 버퍼에 여유 공간이 있음을 명시하기 전에는 더 이상의 데이터를 해당 호스트에 보내지 말 것을 알린다.

Window Full(주의)

이 메모는 와이어샤크가 패킷이 타겟의 사용 가능한 수신 버퍼 공간을 채울 것으로 계산했다는 것을 나타낸다. 이 패킷 자체가 문제가 되는 것은 아니다. 하지만 zero window 상태 이전에 수신되는 마지막 패킷이 될 것이다.

Zero Window(경고)

Zero Window 경고는 송신 측이 TCP 윈도우 크기 값이 0이라는 것을 알리는 것을 나타낸다. 이것은 더 이상 수신 측 버퍼 공간이 없다는 걸 말한다. TCP 연결의 상대방은 수신 측 버퍼 공간이 부족하면 더 이상 데이터를 보낼 수 없다. zero window 패킷을 보낸 호스트에서 구동 중인 애플리케이션은 수신 버퍼에서 데이터를 가져올 수 없다. 이런 현상은 결함 있는 애플리케이션, 오버로드된 호스트, 또는 의도적인 사용자 프롬프팅 절차(예를 들어 특정 위치에 파일을 저장하기 위한 프롬프트) 등에 의해 일어난다.

Zero Window Probe(주의)

이 주의는 목적지 호스트가 수신 버퍼 공간이 충분한지 아닌지를 파악하기 위해 호스트에서 사용한다. 일반적으로 이는 zero window 복구 과정의 옵션으로 사용된다.

Zero Window Probe ACK(경고)

이 주의는 호스트가 Zero Window Probe에 응답한 것을 나타낸다. 윈도우 크기가 아직 0으로 설정돼 있으면 zero window 조건 상태가 계속된다.

Window Update(대화)

이 대화(chat)의 세부 내용은 송신자가 이전 패킷 안에 더 많은 TCP 수신 버퍼 공간을 광고한다는 걸 나타낸다. 이 현상은 일반적인 TCP 통신에서 자주 볼 수 있고 zero window 조건 후에 관찰된 복구 패킷이다.

TCP 연결 포트 재사용 경보

연결 재사용은 한 애플리케이션이 단순히 자신만을 위해 연결 타임아웃을 허가할 경우에 발생하는 문제다. 호스트가 포트 번호를 다시 사용하기 위해 연결을 완전히 종료하지 않았다면 서비스 거부(TCP Reset)를 수신하게 될 것이다.

재사용된 포트(주의)

이 주의는 호스트가 동일한 포트 번호를 추적 파일의 이전 연결로 사용한다는 걸 나타낸다. 어떤 애플리케이션은 이전 포트를 그대로 사용한다. 그러나 보안 스캐닝 도구도 그렇다. 패킷 출처를 반드시 조사해봐야 한다.

라우터 문제 가능성 경보

라우터가 점점 더 지능화되기는 하지만 어떤 면에서 보면 기능이 약화되고 있다. 항상 라우터 구성을 검사해보고 라우터가 수용할 수 없는 방식으로 패킷을 변경하지 않는지 확인해보라. 다음은 그에 관한 내용이다.

연속된 4 NOP(경고)

이 경고는 NOP^{No Operation} 옵션인 TCP 옵션 값 0x01이 패킷 안에 4번 연속해서 나타났다는 걸 의미한다. NOP는 4바이트 경계의 끝에 TCP 헤더를 붙일 때 사용되기 때문에 일반적으로는 결코 4번 연속해서 나타나지 않는다. 이 문제는 보통 경로상의 라우터가 비정상적으로 작동할 때 생긴다.

설정 오류나 ARP 포이즈닝 경보

이것은 전문가적 경보로서 의도적이거나 우연한 문제에 당면했는지 아닌지를 판단하기 위해 더 조사해봐야 한다는 뜻이다.

IP 주소 중복 설정(경고)

이 경고는 2개 혹은 더 많은 ARP^{Address Resolution Protocol} 응답 패킷이 동일한 IP 주소에 대해 서로 다른 하드웨어 주소를 제시할 때 나타낸다. 이런 경우는 매우 드문 일로, 호스트 IP 주소가 부정확하게 설정됐을 때(동적으로 지정된 주소를 가진 동일한 주소가 정적 주소와 충돌될 때) 나타나기도 하고 시스템이 네트워크를 ARP 포이즈닝^{poisoning}시켰을 때 나타나는 현상이다.

네트워크 통신의 문제점을 파악할 때 항상 Expert Information 창을 열어 모든 경고와 주의를 찾아내 살펴보라. 성능이 떨어질 때 그 원인을 애플리케이션에서 찾기 전에 TCP와 연관된 모든 문제를 살펴보라.

실습 35: 오버로드된 클라이언트 구별

이 실습에서는 Expert Information 창을 이용해서 성능이 떨어지는 네트워크의 원인을 알아보기로 한다. 이 추적 파일의 오버로드된 클라이언트뿐만 아니라 경로를 따라서 패킷 손실도 있을 수 있다.

1단계   http-download101.pcapng를 연다.

2단계   상태 바에서 Expert Information 버튼을 클릭한다.

3단계   이 추적 파일에서 탐지된 문제점을 파악하기 위해 Warn과 Notes 섹션을
클릭한다.

4단계   Warn 섹션에서 363: TCP window specified by the receiver is now
completely full을 클릭하라. 와이어샤크는 추적 파일에 있는 363 패킷으
로 점프한다. 이 위치가 바로 와이어샤크가 클라이언트의 수신 버퍼 공간
이 고갈돼 간다는 걸 나타내는 곳이다.

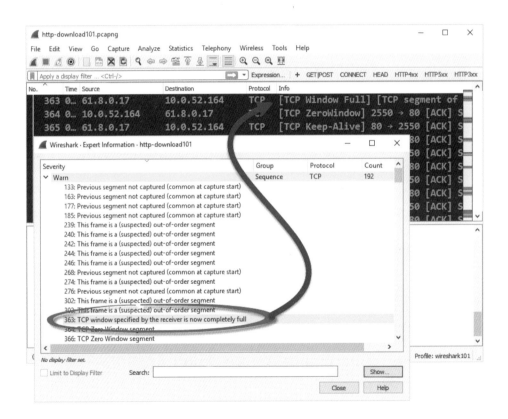

이 추적 파일에서 윈도우 제로 문제점을 살펴보면 프레임 377과 378에서 윈도우 업데이트 패킷으로 클라이언트를 복구해서 볼 수 있다. Time 열 (Seconds Since Previous Displayed Packet으로 설정)을 살펴보면 왜 이것이 네트워크에서 감시해야 할 조건인지 알 수 있다.

5단계   실습 완료 Expert 정보를 전부 살펴본 뒤에 Expert Information 창의 Close 버튼을 클릭한다.

Expert Information 창은 네트워크 성능 문제를 분석할 때 제일 먼저 살펴봐야 하는 곳 중 하나다.

5.7 다양한 네트워크 오류 그래프

와이어샤크는 패킷 손실이나 수신 측 혼잡 같은 다양한 유형의 TCP 네트워크 오류를 이해하고 있다. 와이어샤크가 네트워크 문제가 발생한 것을 나타내는 패킷을 발견하면 그 패킷에 'tcp.analysis.flags.'를 붙인다.

이전의 작업에서 IP 주소를 적용하고 포트 필터를 적용하듯이 모든 TCP 분석 플래그나 특정 플래그를 그래프로 그릴 수 있다.

모든 TCP 분석 플래그 패킷 그래프로 그리기(윈도우 업데이트 제외)

모든 TCP 오류를 그래프로 나타내려면 태그가 잘못 지정된 패킷 유형을 제외시킬 필요가 있다. 윈도우 업데이트 패킷은 괜찮다. 이것은 호스트가 더 많은 버퍼 공간을 갖고 있기 때문에 데이터를 받을 수 있다는 걸 나타낸다. 와이어샤크는 이들 패킷에 tcp.analysis.flags 설정을 태그한다. 이 방식으로 플래그된 대부분의 다른 항목은 TCP 문제가 있다는 걸 나타내기 때문에 TCP 문제를 그래프로 나타낼 때 윈도우 업데이트 패킷을 완전히 제외시켜야 한다.

그림 109에서는 http-download101.pcapng를 열고 모든 패킷과 TCP 오류 패킷을 그래프로 나타냈다. TCP 오류 필터(tcp.analysis.flags && !tcp.analysis.window_update)에서 윈도우 업데이트 패킷을 완전히 제외시켰다.

이 그래프를 자세히 보면 패킷/초 속도가 감소하는 지점에서 TCP 오류가 증가하는 것과 상관관계가 있음을 알 수 있다. 이것은 TCP 문제와 처리율 문제 사이의 관계를 나타낸다.

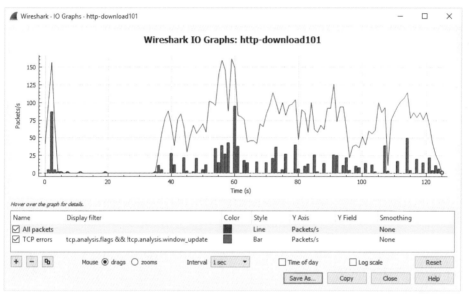

그림 109　윈도우 업데이트 패킷을 제외하면서 모든 tcp.analysis.flags 패킷을 그래프로 나타냈다. [http-download101.pcapng]

TCP 분석 플래그 패킷 개별 유형 그래프

그림 110에서는 TCP 문제들 간의 관계를 보기 위해 그래프상에서 TCP 문제를 구별했다. 손실된 세그먼트로 인해 ACK 중복이 이뤄졌고, 결국은 이로 인해 재전송이 이뤄졌다. 이 그래프에서는 Stacked Bar 스타일을 사용했다.

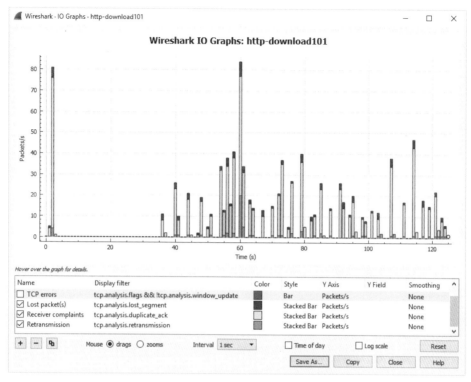

그림 110 TCP 문제 간의 관계를 살펴보기 위해 TCP 문제를 구별해 그래프에 나타냈다.
[http-download101.pcapng]

TIP

백문이 불여일견이란 말이 있다. 일반적 트래픽의 흐름에 따라 TCP 분석 플래그 패킷을 그래프에
나타내면 TCP 문제 간의 관계를 볼 수 있고 속도가 떨어지는 원인도 알 수 있다.

실습 36: 파일 전송 문제 탐지와 그래프로 나타내기

이 실습에서는 TCP상에서 이뤄지는 파일 전송 과정을 살펴본다. 애플리케이션 자체의 문제점을 고려하기 전에 TCP 문제는 배제해야 한다.

1단계   general101d.pcapng를 연다.

2단계   상태 바에서 Expert Information 버튼 ◯을 클릭한다.

3단계   추적 파일에서 와이어샤크가 확인한 문제점을 보기 위해 Warn 탭과 Note 탭을 확장하고 클릭한 후 자세히 살펴본다.

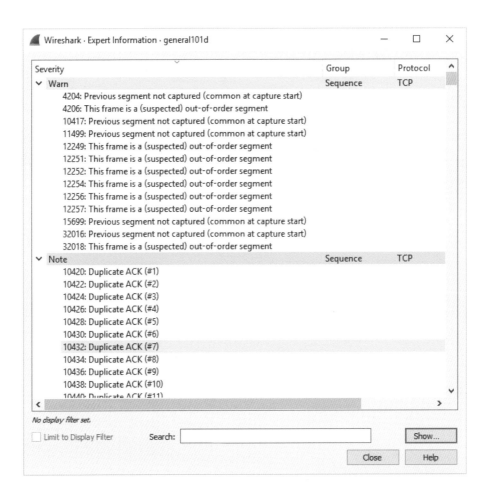

다음을 볼 수 있다.

- 와이어샤크는 수집된 인스턴스가 아닌 이전 세그먼트의 번호가 매우 높음을 나타낸다.

- 와이어샤크는 중복 ACK(패킷 손실 후 재전송 요청)가 많다는 것을 나타낸다.

- 와이어샤크는 이 추적 파일에 상당한 재전송 횟수가 있음을 나타낸다.

이 모든 것은 중요한 패킷 손실이 한꺼번에 발생한다는 것을 의미한다. 하나의 큰 데이터 뭉치가 수신자에게 전달되지 않았다.

4단계   Expert Information 창을 닫고 Statistics > IO Graph를 선택한다.

5단계   Graph 2의 필터 영역에 `tcp.analysis.flags && !tcp.analysis.window_update`를 입력하고 Graph 버튼을 클릭한다.

그래프는 이 시점에서 그다지 인상적이지는 않다. 두 가지가 매우 다른 값인 초당 패킷과 이러한 특정 분석 플래그 패킷을 그래프로 나타내기 때문이다.

계속해서 직면하게 될 문제 중 하나는 두 가지의 매우 다른 값을 그래프로 표시하는 문제다. 이 문제가 발생하면 Y축 스케일을 로그 눈금으로 변경하라.

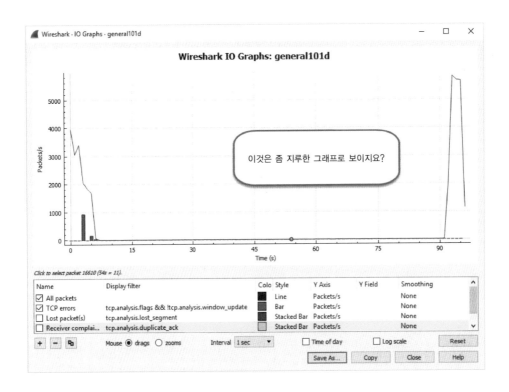

6단계   로그 스케일 기능이 동작하게 Log scale 체크박스를 클릭한다. 이렇게 하면 그래프가 완전히 다르게 나타날 것이다.

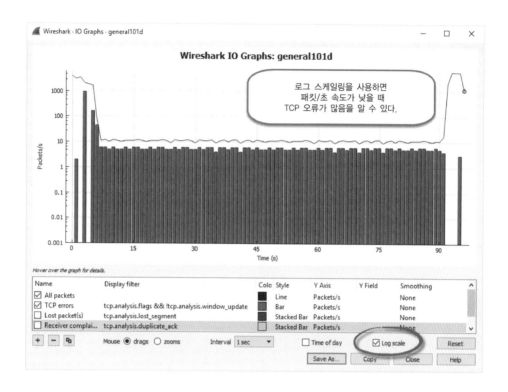

이제 처리율이 떨어지기 직전에 TCP 오류가 급증하는 걸 볼 수 있다. 그래프에서 임의의 지점을 클릭하면 와이어샤크는 추적 파일에 있는 해당 지점으로 점프해서 상황을 더 자세히 파악할 수 있다.

7단계   실습 완료 IO Graph를 보는 것을 마치려면 Clear 버튼을 클릭한다.

모든 디스플레이 필터 값에 대해 그래프로 나타낼 수 있다. 성능 문제가 생길 때 모든 트래픽에 대해 TCP 문제를 그래프로 나타내면 속도가 떨어지는 문제와 TCP 문제점이 연관돼 있는지 아닌지를 찾아낼 수 있다.

도전 과제

challenge101-5.pcapng를 열고 5장에서 다룬 기법을 이용해서 다음 도전 과제에 답하라. 해답은 부록 A에 있다.

질문 5-1 추적 파일에 대한 IO Graph를 생성해보라. 이 추적 파일에서 가장 높은 초당 패킷 비율 값은 무엇인가?

질문 5-2 이 추적 파일에서 가장 높은 초당 비트 비율 값은 무엇인가?

질문 5-3 이 추적 파일에는 얼마나 많은 TCP 대화가 있는가?

질문 5-4 이 추적 파일에서 몇 번이나 'Previous segment not captured'가 탐지됐는가?

질문 5-5 이 추적 파일에서 얼마나 많은 재전송과 빠른 재전송이 관찰됐는가?

6장

기술: 빠른 분석을 위한 트래픽 재조립

네트워크 분석은 패킷에 관한 모든 것이다. 패킷이 어떤 내용을 말해 주는가? 사용자가 2진수에 대해 잘 알고 있더라도 패킷과 프로토콜/패킷 구조를 신속히 분해할 수 있는 도구가 필요하다. 로그인에 실패했다고 할 때 진정으로 실패한 것이 무엇인가? 패킷이 그 답을 말해줄 수 있다. 이미지를 수집하기 위해 LANDesk를 사용했고 이미지를 수집했고 거의 성공한 것처럼 보이지만, 그냥 죽어버렸다. 오류도 없었다. 아무런 일도 없었다. 패킷이 그 이유를 설명해줄 수 있다(사용자의 이미징 AD 계정 패스워드의 유효 기간이 지났다. 누가 알았겠는가?) '모든 것이 실패할 때'까지 기다리지 말고 우선 패킷을 살펴보라.

라넬 알렌(Lanell Allen)/와이어샤크 공인 네트워크 분석가

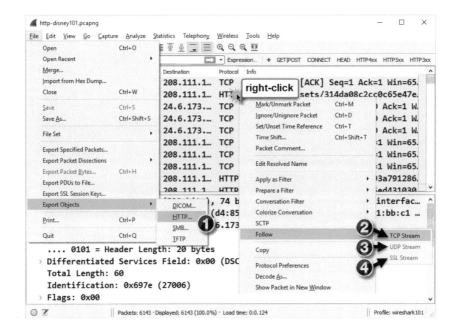

❶ 재조립된 객체를 내보기 위해 File ❭ Export Objects ❭ [DICOM|HTTP|SMB| TFTP]를 선택한다.[45]

❷ 패킷 목록 창을 오른쪽 클릭해서 Follow ❭ TCP Stream[46](TCP 스트림 필터)을 선택한다.

❸ 패킷 목록 창을 오른쪽 클릭해서 Follow ❭ UDP Stream(UDP 포트 번호와 IP 주소 필터)을 선택한다.

❹ 패킷 목록 창을 오른쪽 클릭해서 Follow ❭ SSL Stream(SSL 포트 번호와 IP 주소 필터)를 선택한다.

---

45 재조립을 시도하기 전에 Allow subdissector to reassemble TCP streams TCP preference 설정을 활성화해야 한다.

46 와이어샤크는 자동으로 사용자가 TCP, UDP, 또는 SSL 스트림에 오른쪽 클릭을 했는지 아닌지를 탐지한다. SSL 스트림은 재조립하거나 내용을 보고자 할 경우에 반드시 복호화해야 한다.

6.1 웹 브라우징 세션 재조립

속도가 떨어지는 웹 브라우징 세션 문제를 해결하려고 하거나 HTTP 통신 내에서 일어나는 일을 알고 싶을 때 와이어샤크의 재조립 기능을 사용해서 HTTP 클라이언트와 서버 사이의 통신을 재구성해 무슨 일이 실제로 벌어지는지를 알 수 있다.

Follow ❯ TCP Stream 사용

패킷 목록 창의 HTTP 패킷을 오른쪽 클릭하고 Follow ❯ TCP Stream을 선택한다. 와이어샤크는 어떤 MAC 계층, IPv4/IPv6, UDP/TCP 헤더나 필드 이름 없이 대화를 재구성한다. 그 결과로 호스트 간에 나눴던 대화가 무엇이었는지 명확하게 알 수 있다. 그림 111에서는 http-browse101.pcapng를 열고 패킷 목록 창 안의 패킷 10(하나의 HTTP GET 요청)을 오른쪽 클릭했고, Follow ❯ TCP Stream을 선택했다. 대화는 색으로 구분돼 있다. 대화에서 살펴본 첫 번째 호스트는 붉은색이고 대화에 나타난 두 번째 호스트는 파란색으로 나타나 있다.[47]

---

47 TCP 핸드셰이크로 시작한 브라우징 세션을 수집했다면 클라이언트 통신은 붉은색으로 나타나고, 서버 통신은 파란색으로 나타난다.

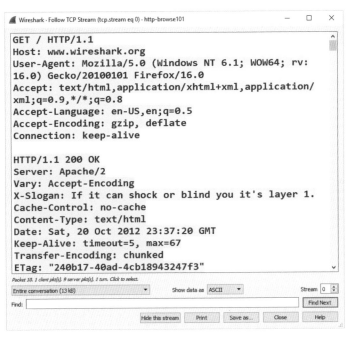

그림 111 스트림을 따라가 보면 대화가 훨씬 명확해진다. [http-browse101.pcapng]

디스플레이 필터 영역을 살펴보면 와이어샤크가 TCP 스트림 인덱스(tcp.stream eq 0)에 기반으로 한 필터를 적용했다는 걸 알 수 있다. 이것은 각 TCP 대화에 부여된 유일한 번호다. 이것은 파일 안의 첫 번째 TCP 스트림이고, 주어진 스트림 인덱스 번호는 0이다.

TCP 스트림 번호는 와이어샤크가 부여한다. 이 필드는 실제 패킷에는 존재하지 않는다.

Stream에 Find, Save, Filter 사용

스트림을 따라가 보면 여러 가지 옵션이 가능하다.

- 텍스트 문자열을 검색하기 위해 Find를 클릭한다.

- 서로 다른 스트림을 재조립하기 위해 Stream 필드에 있는 위/아래 화살표를 클릭한다.

- Save As를 클릭해서 해당 대화를 별도의 파일로 저장한다. Save As 기능은 대화를 따라 전송된 파일을 내보내고자 할 때 매우 유용하다.

- Hide this stream을 선택해서 이 스트림(!tcp.stream eq 0)에 대한 배제 디스플 레이 필터를 생성하고 적용한다. 이들을 점검한 뒤에 대화를 필터링할 수 있는 능력은 네트워크상 의심스런 트래픽을 잡아내는 데 있어서 매우 중요하다.

실습 38에서 Save As 기능을 사용해보자.

🖳 실습 37: 재조립을 사용해서 웹사이트의 감춰진 HTTP 메시지 찾기

웹사이트에 접속할 때 사용자의 브라우저에 도착하는 다양한 '감춰진' 메시지가 있다 는 게 드문 일이 아니다. 이 실습에서는 두 개의 은닉 메시지를 가진 추적 파일을 분석해본다. 그런 다음 동일한 웹사이트에 다시 접속해서 기타 흥미로운 메시지를 찾아본다.

1단계   http-wiresharkdownload101.pcapng를 연다.

2단계   첫 번째 3개의 패킷은 웹 서버에 연결하기 위한 TCP 핸드셰이크다. 프레 임 4는 download.html 페이지를 클라이언트가 요구하는 GET 요청이다. 프레임 4에서 오른쪽 클릭을 하고 Follow ▸ TCP stream을 선택한다.

3단계   와이어샤크는 이더넷, IP 또는 TCP 헤더가 없는 대화를 디스플레이한다. 스트림을 따라 스크롤해서 와이어샤크 제작자인 제랄드 콤즈^{Gerald Combs}의 은닉된 메시지를 찾아보라. 이것은 서버 스트림에 있는데, X-Slogan으로 시작된다.

X-Slogan: Sniffing the glue that holds the Internet together.

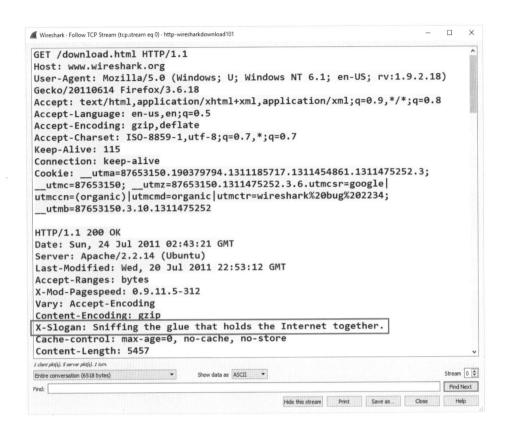

```
Wireshark · Follow TCP Stream (tcp.stream eq 0) · http-wiresharkdownload101              —    □    ×

GET /download.html HTTP/1.1
Host: www.wireshark.org
User-Agent: Mozilla/5.0 (Windows; U; Windows NT 6.1; en-US; rv:1.9.2.18)
Gecko/20110614 Firefox/3.6.18
Accept: text/html,application/xhtml+xml,application/xml;q=0.9,*/*;q=0.8
Accept-Language: en-us,en;q=0.5
Accept-Encoding: gzip,deflate
Accept-Charset: ISO-8859-1,utf-8;q=0.7,*;q=0.7
Keep-Alive: 115
Connection: keep-alive
Cookie: __utma=87653150.190379794.1311185717.1311454861.1311475252.3;
__utmc=87653150; __utmz=87653150.1311475252.3.6.utmcsr=google|
utmccn=(organic)|utmcmd=organic|utmctr=wireshark%20bug%202234;
__utmb=87653150.3.10.1311475252

HTTP/1.1 200 OK
Date: Sun, 24 Jul 2011 02:43:21 GMT
Server: Apache/2.2.14 (Ubuntu)
Last-Modified: Wed, 20 Jul 2011 22:53:12 GMT
Accept-Ranges: bytes
X-Mod-Pagespeed: 0.9.11.5-312
Vary: Accept-Encoding
Content-Encoding: gzip
X-Slogan: Sniffing the glue that holds the Internet together.
Cache-control: max-age=0, no-cache, no-store
Content-Length: 5457

1 client pkt(s), 5 server pkt(s), 1 turn.
Entire conversation (6518 bytes)    ▼        Show data as  ASCII  ▼              Stream 0 ⬍
Find:                                                                          Find Next

                         Hide this stream    Print     Save as...    Close      Help
```

4단계   이 메시지만이 웹 브라우저 세션 안에 유일하게 감춰진 메시지는 아니다.
메시지가 'X-Slogan'으로 시작된다는 걸 알았다. 그러면 어떻게 와이어
샤크가 이 ASCII 문자열을 가진 모든 프레임을 디스플레이하게 할 수 있
는가?

TCP 스트림 필터를 삭제하려면 Close 버튼 ☒을 클릭한 다음에 Clear
버튼 ☒을 클릭한다.

디스플레이 필터 frame contains "X-Slogan"을 적용한다.

5단계   두 개의 다른 디스플레이된 프레임에 오른쪽 클릭을 하고 Follow ▸ TCP
Stream을 선택해서 호스트 간에 교환된 HTTP 헤더를 검사한다. 다른 메
시지를 찾았는가?

스트림 탐색 화살표를 사용해 한 스트림에서 다른 스트림으로 이동한다.

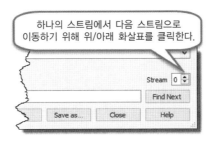

6단계   실습 완료 스트림 따라가기가 완료되면 Follow TCP Stream 창의 Close
버튼을 클릭한다.

추적 파일을 스크롤하는 대신에 각 패킷을 한 번에 하나씩 점검하고 TCP, UDP, 또는
SSL 스트림을 따라가라.[48] 이것이 사용자가 분석 과정에 계속해서 이용할 수 있는
기능이다.

6.2 FTP로 전송된 파일 재조립

네트워크상으로 전송되는 파일을 재조립할 수 있는 와이어샤크의 능력에 대해 사람들
이 놀라워한다. 안전한 채널을 사용한다는 중요한 사실과 원하지 않은 가로채기를
방지하기 위해 파일을 암호화한다는 사실 및 비밀이 필요한 파일을 재조립할 수 있는
사실도 강조돼야 할 부분이다.

FTP 통신에서는 두 가지 유형의 연결을 사용하는데, 이 두 가지는 명령어 채널과 데이
터 채널이다. 데이터 채널은 연결을 설정할 때 오직 TCP 핸드셰이크와 실제 데이터
전송 자체로만 구성된다. 데이터 채널에서 Follow > TCP Stream을 이용하면 전송된

---

48 SSL 스트림을 따라가고 복호화된 트래픽을 보기 위해 SSL preferences 영역에 있는 복호화 키로 와이어
샤크를 구성해야 한다.

파일을 원래의 형식으로 쉽게 재조립할 수 있다.

Allow subdissector to reassemble TCP streams 사용이 가능한지 TCP preference 설정을 확인하라. 이 설정은 적절한 재조립에 필요하다.

Protocol 열 안의 'FTP-DATA'의 위치를 찾고, 그곳으로 향하는 명령어 채널 안의 패킷을 관찰해서 데이터 채널 위치를 파악하거나 RETR이나 STOR 명령어 뒤에 따르는 최대 크기 패킷을 찾아 데이터 채널 위치를 파악하라. 어떤 때는 FTP 데이터 채널이 디폴트 포트 20에 설정된다. 하지만 요구되는 사항은 아니다. 명령어 채널 통신에서는 데이터 채널에 다른 포트 번호가 정의된다.

FTP 데이터 채널상으로 전송된 파일을 재조립하기 위해 그림 112에서 보여주는 것처럼 데이터 패킷을 오른쪽 클릭하고 Follow ▶ TCP Stream을 선택한다.

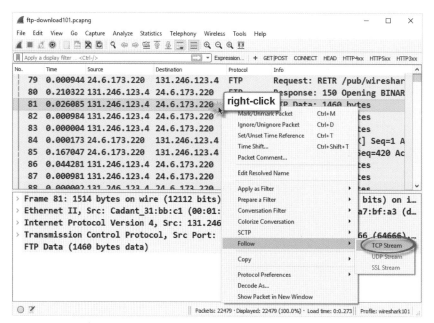

그림 112 FTP-DATA나 RETR 또는 STOR 명령어 뒤에 따르는 풀 사이즈 패킷을 찾아보라.
[ftp-download101.pcapng]

와이어샤크는 ASCII 형식으로 통신을 디스플레이 하는데, 이것은 컬러링 코딩을 이용한 데이터 흐름의 방향을 나타낸다(붉은색은 첫 번째 통신 호스트에 지정되고 파란색은 두 번째 통신 호스트에 지정된다). Raw(Show data as 드롭다운 목록에서 설정)에 대한 형식을 변경하고 Save As를 선택한다. 그런 다음 이 파일 전송에 앞선 RETR이나 STOR 명령어 안에 나타난 파일 이름을 기초로 한 새로운 파일 이름을 붙인다.

이제 다 됐다. 이제 FTP상으로 전송된 파일의 정확한 복사본 파일을 갖게 됐다.

⚠️ TIP

파일을 포함하고 있는 스트림을 따라가면 통상적으로 처음 몇 바이트를 기반으로 그 파일을 구분할 수 있다. 예를 들면 .jpg 이미지 파일은 JFIF로 시작하는 반면에 .png 이미지 파일은 바이트 문자열 0x89-50-4E-47로 시작한다. 해당 파일을 재조립하려면 그 파일이 사용하는 형식이 무엇인지 알고 있으면 좋다. 파일 유형을 알기 위해 TRIDnet라고 하는 도구를 한 번 살펴보기 바란다(mark0.net/soft-tridnet-e.html).

📋 실습 38: FTP 파일 전송에서 파일 추출

이 실습에서는 전송된 파일을 재조립하기 위해 FTP 데이터 스트림을 따라가 보자. 먼저 클라이언트 로그인과 파일 검색 명령어를 관찰하기 위해 명령어 채널 트래픽을 재조립해보고, 그런 다음에 전송된 파일을 살펴보기 위해 데이터 전송 채널 트래픽을 재조립한다.

1단계   ftp-clientside101.pcapng를 연다.

        Allow subdissector to reassemble TCP streams를 사용 가능하게 TCP preference 설정을 확인한다. 이 설정은 적절한 재조립에 필요하다.

2단계   이 추적 파일의 앞부분을 스크롤해서 관찰하라. 데이터 전송과 파일 검색을 위해 로그인하고, 디렉터리를 요청하고, 포트 번호를 지정하기 위해 사용된 다양한 FTP 명령어를 보게 될 것이다.

3단계 frame 6(USER anonymous)을 오른쪽 클릭하고 Follow > TCP Stream을 선택한다. 클라이언트와 서버 사이에 교환된 명령어와 응답을 쉽게 읽을 수 있다. 클라이언트는 로그인(USER와 PASS)하고, 디렉터리 목록을 요청(NLST)하고, 전송 유형을 바이너리로 설정(TYPE)하고, 데이터 채널로 사용할 포트를 지정(PORT)하고, 파일을 요청(RETR)하고 연결을 종료(QUIT)한다.

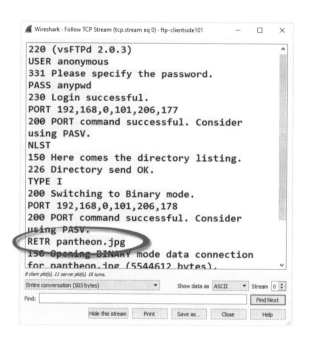

4단계 이 추적 파일 안에는 두 개의 데이터 연결이 있다. 하나는 디렉터리 목록을 위한 것이고, 다른 하나는 파일 전송을 위한 것이다. 우리는 오직 이 두 가지 데이터 스트림에만 관심이 있고, 명령어 채널 스트림에는 관심이 없다.

Follow TCP Stream 창은 추적 파일에 있는 패킷에 링크돼 있다. RETR pantheon.jpg 라인에서 클릭하면 와이어샤크가 그 패킷으로 점프한다. Close를 클릭한다.

5단계   스트림 지우기를 수행할 때 생성된 디스플레이 필터를 삭제하려면 Clear Filter 버튼 ❌을 클릭한다.

패킷 34가 선택돼야 한다. 패킷 바로 다음에 패킷 35에 새로운 TCP 연결 (SYN 패킷)의 시작이 나타난다. 이 파일은 pantheon.jpg 파일을 전송하는 데 사용되는 데이터 연결이다.

패킷 35를 마우스 오른쪽 버튼으로 클릭하고 Follow > TCP Stream을 선택한다.

6단계   .jpg 파일(JFIF)과 그래픽 파일에 포함된 메타데이터를 나타내는 파일 식별 자를 볼 수 있다.

7단계   이 FTP 통신에서 전송된 그래픽 이미지를 다시 재조립하려면 먼저 Show data as 드롭다운 화살표를 클릭하고 데이터 형식을 Raw로 변경해야 한다.

그런 다음 Save As 버튼을 클릭하고 파일의 대상 디렉터리를 선택한 다음 파일 이름을 pantheon.jpg로 설정한다. Save를 클릭한다.

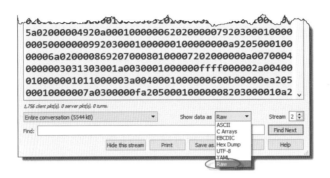

8단계 타겟 디렉터리로 이동해 pantheon.jpg를 연다. 다음과 같은 사진을 볼 수 있다.

9단계 실습 완료 추출한 Pantheon 이미지 확인이 끝나면 이미지 뷰어를 닫는다. 와이어샤크로 돌아와 TCP Stream 창을 닫고 디스플레이 필터를 지운다.

Follow > TCP Stream 또는 Follow > UDP Stream을 이용하면 FTP나 UDP로 전송된 파일을 재조립하는 것은 쉽다. 데이터 스트림이 깨끗한 경우(명령이 포함되지 않은 경우) 스트림을 다시 재조립하고 Save As를 선택한다.

6.3 웹 브라우징 세션에서 전송된 HTTP 객체 내보내기

HTTP 통신을 분석할 때 어떤 개별적인 페이지 요소(HTTP 객체)가 전송됐는지를 알고 있다면 도움이 된다. html, 그래픽, 자바스크립트, 비디오, 스타일 시트 객체 등을 재조립할 수 있다.

TCP Preference 설정 확인

이 과정을 시작하기 전에 TCP preference에서 Allow subdissector to reassemble TCP streams가 활성화된 상태로 만들어야 한다.

TCP 재조립을 활성화할 수 없다면 와이어샤크는 HTTP 객체를 재조립할 수 없다. 사실 와이어샤크는 각 객체보다는 하나의 객체를 전송하기 위해 사용되는 각 패킷을 나열한다.

추적 파일에 있는 모든 HTTP 객체 살펴보기

HTTP 트래픽을 수집하거나 HTTP 추적 파일을 연 뒤에 File > Export Objects > HTTP 를 선택한다. 와이어샤크는 HTTP 트래픽으로 전송된 모든 요소를 디스플레이 한다.

그림 113에서 http-espn101.pcapng를 열고 누군가 www.espn.com를 브라우징했을 때 전송된 다양한 객체를 나열하기 위해 File > Export Objects > HTTP를 선택한다. 클라이언트는 웹사이트의 메인 뷰를 설정할 때 여러 개의 서버에 접속했다. 이들 객체 중의 몇 가지는 애드 서버가 제공한 것이다.

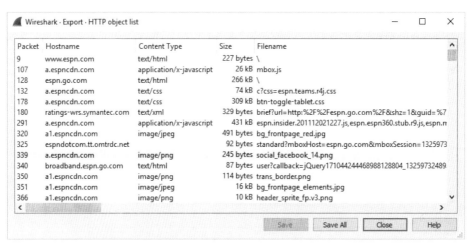

그림 113 한 개 또는 모든 객체를 내보내기 위해 File › Export Objects › HTTP를 선택한다.
[http-espn101.pcapng]

HTTP 객체 목록 창은 추적 파일 내에 전송된 모든 파일을 나열한다.

- Packet 열은 재조립된 각 객체의 마지막 패킷을 가리킨다.

- Hostname 열은 각 파일 전송에 앞서 행한 GET 요청 시 생긴 http.host 값을 제공한다.

- Content Type 열은 객체의 형식을 나타낸다. 객체는 그래픽(예를 들면 .png, .jpg, 또는 .gif), 스크립트(예를 들면 .js), 또는 심지어 비디오(예를 들면 .swf 또는 .flv)일 수도 있다.

- Size 열은 전송된 객체의 크기를 나타낸다.

- Filename 열은 요청된 객체의 이름을 제공한다. '\'에 대한 요청은 웹페이지 상의 디폴트 요소(index.html 같은)에 대한 요청을 의미한다.

모든 객체를 내보내려면 Save All을 선택한 후 참을성을 갖고 기다려라. 상당히 많은 HTTP 객체가 나열돼 있으면 시간이 오래 걸린다.

객체 한 개를 내보내려면 객체를 선택하고 객체를 저장하고자 하는 디렉터리를 선택하고 Save를 클릭한다. 와이어샤크는 객체 이름에 기초한 파일 이름을 채워 넣기 때문에 사용자는 내보내기할 디렉터리만 선택하면 된다.

TIP

HTTP 객체 목록 창에 나타난 파일 확장자 중에서 잘 모르는 게 있다면 www.fileinfo.com/help/file_extension 사이트에 방문해서 살펴보라. 검색 창에 파일 확장자를 입력하고 파일 유형이 무엇인지 살펴보고, 이런 유형의 파일을 사용하는 프로그램 목록도 살펴보라.

실습 39: 웹 브라우징 세션에서 HTTP 객체 찾기

이 실습에서는 웹브라우징 세션을 포함하는 추적 파일을 연다. File > Export Objects 과정을 이용하면 웹브라우징 세션 동안 전송된 이미지 한 개를 추출해낼 수 있다.

1단계   http-college101.pcapng를 연다.

2단계   앞 절을 읽었을 때 그렇게 하지 않았다면 Allow subdissector to reassemble TCP streams 설정(Edit > Preferences > Protocols > TCP)을 활성화한다. 이 실습을 마치면 이 설정은 다시 비활성화된다. 이 설정은 File > Export Objects 기능을 사용하기 위해 필요하다.

3단계   실습 14에서 Host 열을 생성해 놓았다.[49] 하지만 이것이 감춰질 수도 있다. 임의의 열 헤딩을 오른쪽 클릭해서 Host 열이 활성화되게 한다. 어떤 경우에는 Host 열을 확장시켜야 호스트 이름 전체를 볼 수 있다.

---

49 Host 열을 저장해놓지 않았다면 실습 14로 돌아가서 Host 열 생성 과정을 다시 하라.

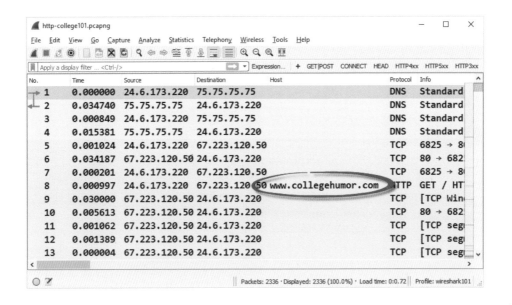

추적 파일을 스크롤해가면 사용자가 collegehumor.com을 브라우징하고 있다는 걸 알게 된다. 이 추적 파일에서 전송된 HTTP 객체 목록을 생성하고 파일 중에서 하나를 추출하려고 한다.

실습 38에서는 FTP 데이터 전송 과정에서 하나의 파일을 추출하기 위해 Follow > TCP Stream을 사용해봤다. HTTP 객체를 추출하기는 더 쉽다.

4단계   File > Export Objects > HTTP를 선택한다. 객체 목록을 스크롤하면서 파일 이름이 7c7b8db9ca172221a20922a49e92a86b-definitely-real-trampoline-trick.jpg인 파일을 찾는다. 이 파일은 프레임 307에서 다운로딩을 시작한다.

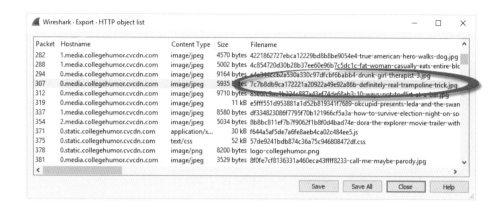

5단계 Save를 클릭하고 타겟 디렉터리를 선택하고 와이어샤크가 실제 파일 이름을 사용할 수 있게 한다. Save를 클릭한다.

타겟 디렉터리를 살펴보고 저장된 파일을 열어본다.

6단계 실습 완료 HTTP 객체 목록 창을 닫고 패킷 목록 창 안의 TCP 헤더를 오른쪽 클릭하고 Allow subdissector to reassemble TCP streams 설정을 비활성화시킨다.

와이어샤크의 객체 내보내기 기능은 웹브라우징 세션으로부터 HTTP 객체를 잘 끄집어낼 수 있게 도와준다. 그렇다고 해서 내보낸 파일을 살펴보는 것까지는 도와주지 못한다. 하지만 외부 뷰어를 이용하면 파일을 살펴볼 수 있다.

트래픽으로부터 수천 개의 파일을 내보내야 하는 포렌식 수사관일 경우(또는 '데이터 카빙^{data carving}'이라고 간주되는) .pcap 파일[50]을 가져올 수 있으며, 이미지를 추출하고 디스플레이할 수 있는 무료 네트워크 포렌식 도구인 Network Miner 사용을 한 번 고려해보라. Network Miner는 www.netresec.com에서 다운로드할 수 있다.

도전 과제

challenge101-6.pcapng를 열고 6장에서 다룬 기법을 이용해서 다음 도전 과제에 답하라. 해답은 부록 A에 있다.

질문 6-1   이 추적 파일로부터 내보내기를 할 수 있었던 두 개의 .jpg 파일은 무엇인가?

질문 6-2   next-active.png가 어떤 HTTP 서버와 어떤 디렉터리에 들어있는가?

질문 6-3   이 추적 파일에서 booksmall.png를 내보내기 하라. 이 이미지에는 무슨 내용이 들어 있는가?

질문 6-4   TCP 스트림 7을 재조립하라. 이 스트림에서 클라이언트가 사용하는 브라우저 유형은 무엇인가?

---

50 이 책을 집필하는 현재, Network Miner의 무료 버전은 .pcapng 파일을 가져오기 할 수 없지만 유료 버전은 .pcapng 파일을 처리할 수 있다. .pcapng 파일을 .pcap 파일 형식으로 변환하기 위해 파일을 열고 File ❭ Save As를 선택해서 Wireshark/tcpdump/... – libpcap 형식을 선택한다. 해당 파일에 이름을 붙일 때 .pcap 확장자를 붙인다.

7장

기술: 추적 파일과
패킷에 주석 추가

와이어샤크는 엑스레이 기계와 같다. 네트워크 내부에서 무슨 일이 벌어지는지를 볼 수 있다. 하지만 본 것을 설명할 수 있는 기술을 개발할 필요가 있고, 무엇을 찾아서 봐야 하는 지도 알아야 한다. 연습을 해야 완벽해질 수 있다.

앤더즈 브로맨(Anders Broman)/와이어샤크 핵심 개발자이자 에릭슨 시스템 점검자

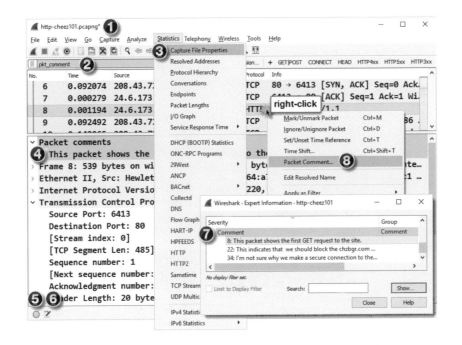

❶ **타이틀 바** 와이어샤크는 타이틀 바에 별표를 추가해 추적 파일(추적 파일 또는
패킷 주석과 같은)에 대한 변경 사항이 저장되지 않았음을 나타낸다.

❷ **Pkt_comment 필터** Pkt_comment 필터를 적용해서 주석이 들어 있는 모든 패
킷을 보여준다.

❸ **Statistics ➤ Capture File Properties** 추적 파일 주석과 패킷 주석을 포함해서
추적 파일 정보를 디스플레이한다.

❹ **Packet comments 섹션** 패킷 주석은 프레임 섹션의 맨 앞에 나타난다.

❺ **Expert Information 버튼** ❼에 나타난 것처럼 주석 섹션이 들어있는 Export
Information 창을 열기 위해 클릭한다.

⑥ **Trace File Annotation 버튼** 추적 파일 주석[51]을 추가하거나 편집할 수 있는 Capture File Properties를 열기 위해 클릭하거나 편집한다.

⑦ **Expert Information window/Comments 섹션** 추적 파일에 들어있는 패킷으로 점프하기 위해 comment를 클릭한다.

⑧ **Edit or Add Packet Comment** 패킷을 오른쪽 클릭해서 패킷 주석[comment]을 생성/편집한다.

7.1 추적 파일에 주석 추가

추적 파일을 분석하기 위해 다른 사람에게 넘기거나 고객에게 넘기기 전에 주의할 만한 패킷이나 일반적인 추적 파일에 몇 가지 주의 사항을 추가하라. 추적 파일과 패킷 주석은 .pcapng 추적 파일로 저장되는데, 와이어샤크 버전 1.8보다 높은 버전에서 읽을 수 있다.

추적 파일 전체에 주석을 붙이려면 그림 114에서처럼 상태 바의 Annotation 버튼을 클릭한다. Capture file comments 섹션에서 텍스트를 입력하고 Save Comments를 클릭한다.

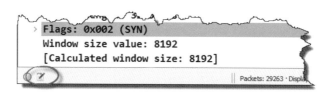

그림 114 상태 바의 Annotation 버튼을 클릭해서 추적 파일 주석을 추가한다.

---

51 주석은 .pcapng 형식으로만 저장할 수 있다. 파일이 .pcapng 형식이 아닌 형식으로 된 주석이 들어있는 추적 파일을 저장하려고 한다면 와이어샤크는 경고 대화상자가 팝업한다. 추적 파일이나 패킷 참고를 유지하려면 해당 파일은 pcapng 형식으로 저장해야 한다.

주석을 길게 입력할 수 있기는 하지만, 추적 파일의 크기는 주석 크기에 의해 영향을 받는다는 점에 유의하라. 그러니 소설 쓰듯이 길게 쓰지 마라. 이 추적 파일을 자신의 주석을 추가할 수 있는 다른 분석가에게 넘길 경우 그림 115처럼 자신이 작성한 주석 앞에 사용자의 이름을 붙이는 게 좋다. 와이어샤크는 이 창에서 누가 텍스트를 입력했는지 추적하지 않는다.

주석을 붙인 다음에는 반드시 저장하는 걸 명심하라. 와이어샤크는 추적 파일에 저장되지 않은 주석이 있다면 타이틀 바 안에 있는 파일 이름의 앞에 '*'를 표시한다.

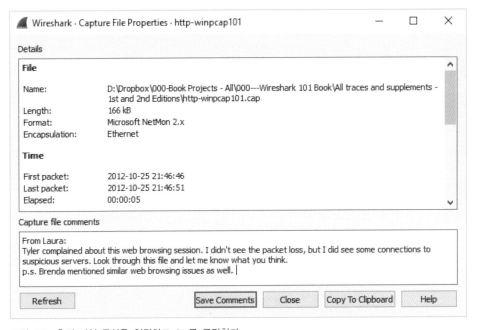

그림 115　추적 파일 주석을 입력하고 OK를 클릭한다.

파일에 추적 파일 주석이 포함돼 있는지를 판단하려면 Annotation 버튼을 클릭하거나 Statistics ▶ Capture File Properties를 선택한다.

7.2 개별 패킷에 자신의 주석 추가

단일 패킷에 주석을 추가하려면 패킷 목록 창의 패킷을 오른쪽 클릭하고 그림 116에
서처럼 Packet Comment를 선택한다. 패킷 주석을 편집하려면 동일한 절차에 따라
수행하면 된다.

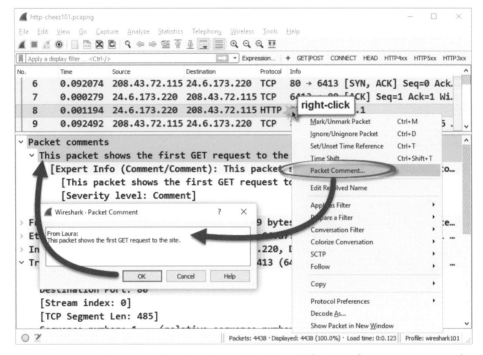

그림 116 사람들이 협력해서 분석할 경우 패킷 주석에 자신의 이름을 붙인다. [http-cheez101.pcapng]

일단 자신이 패킷 주석을 붙이면 그림 117과 같이 패킷 상세 창에 Packet comments
섹션이 나타난다. 패킷 주석에 대한 컬러링 코드는 밝은 초록색이다.

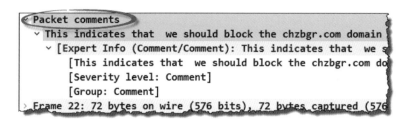

그림 117 Frame 섹션 앞에 Packet comments가 나타난다. [http-cheez101.pcapng]

추적 파일에 패킷 주석이 들어있는지 파악하려면 그림 118과 같이 상태 바에 있는
Expert Information 버튼을 클릭하고 Comments 섹션을 확장한다. 해당 패킷으로
점프하려면 comment를 클릭한다.

Wireshark · Expert Information · http-cheez101	— □ ×

Severity	Group	Prot
> Warn	Undecoded	X509
> Warn	Sequence	TCP
> Note	Sequence	SSL
> Note	Sequence	TCP
> Note	Malformed	HTT
> Chat	Sequence	TCP
> Chat	Sequence	HTT
⌄ Comment	Comment	Fram
8: This packet shows the first GET request to the site.		
22: This indicates that we should block the chzbgr.com domain as well. -Laura		
34: I'm not sure why we make a secure connection to the site.		

No display filter set.

☐ Limit to Display Filter   Search: [   ]   Show...

Close   Help

그림 118 패킷 주석은 Expert Information 창에 목록화된다. [http-cheez101.pcapng]

주석에 .pcapng 형식 사용

구형 추적 파일 형식을 사용하고 있는 추적 파일(.pcap 같은)을 열 경우 패킷 주석이나
추적 파일 주석을 추가한 뒤에 .pcapng 형식으로 추적 파일을 저장할 것을 명심하라.

다른 형식으로 저장할 경우 추가한 주석이 모두 삭제될 수도 있다.

빠른 보기를 위한 Comment 열 추가

패킷 목록 창에서 자신이 붙인 모든 주석을 보려면 주석을 포함하고 있는 프레임 안의 패킷 주석 섹션을 단순히 확장하기만 하면 된다(예를 들면 http-cheez101.pcapng 안의 프레임 8). 그림 119에서처럼 실제 주석을 오른쪽 클릭하고 Apply as Column을 선택한다.

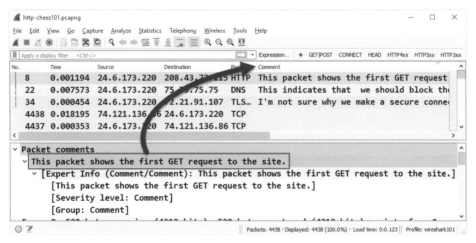

그림 119 Comment에서 오른쪽 클릭을 하고 Apply as Column을 선택한다. [http-cheez101.pcapng]

추적 파일에 주석을 추가하고 편집을 했다면 Save 버튼 🔳을 클릭한 뒤 파일을 저장해야 한다.

Reload 버튼 🔁을 클릭해서 자신의 Packet comments 열을 새롭게 할 수 있다.

실습 40: 악성 재지정 추적 파일 안의 분석 노트 읽기

트래픽 흐름을 따라가면서 다른 분석가(심지어 자신까지)에게 도움을 주기 위해 추적 파일 안에 노트note를 할 수 있다는 게 얼마나 다행인지 모른다. 이 실습에서는 특별한 통신을 포함하고 있는 추적 파일에 남겨진 노트를 검사한다.

1단계　　sec-suspicous101.pcapng를 연다.

2단계　　상태 바에 있는 Annotation 버튼 🖍을 클릭해서 Capture File Properties 창을 시작한다.

추적 파일 주석은 사용자에게 "좀 더 상세한 내용은 패킷 주석을 보라"고 권장한다.

Capture file comments 창을 닫기 위해 Close를 클릭한다.

3단계　　Expert Information 버튼 ◯을 클릭하고 이 추적 파일 내의 패킷에 있는 각각의 주석을 읽기 위해 Comment 섹션을 확장한다.

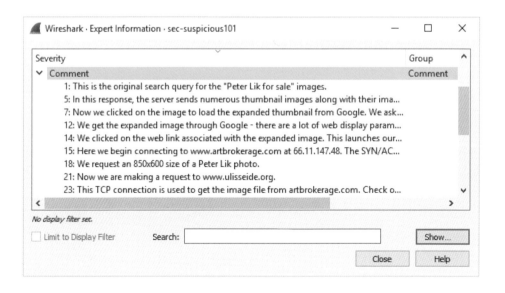

4단계	추적 파일 내의 해당 패킷으로 점프하려면 임의의 주석을 클릭한다. 시간을 내서 추적 파일과 패킷 주석을 충분히 읽어보라. 읽어보면 언제 재지정이 사용자를 악성 사이트로 유도하는지를 알 수 있게 된다.
5단계	실습 완료 패킷 주석을 다 읽고나면 Expert Information 창의 Close 버튼을 클릭한다.

추적 파일 주석은 추적 파일에서 많은 개별 이벤트가 발생할 때 매우 유용할 수 있다. 실습 41에서 추적 파일 내의 모든 패킷 주석을 내보내기 할 것이다.

7.3 보고서로 패킷 주석 내보내기

분석 결과를 인쇄된 보고서로 만들고자 한다면 패킷 주석을 추가하고, 이들 주석을 .txt 또는 .csv 형식으로 내보내는 것을 생각해보라.

Statistics > Comment Summary > Copy to Clipboard를 선택한 다음 주석 데이터를 다른 프로그램에 붙여 넣을 수 있다.

실습 41에서 Export Packet Dissections 기능을 이용해서 패킷 주석을 내보내기 연습을 해볼 기회가 있다. 임의의 필드 값을 내보내려면 이 기능에 반드시 숙달해야 한다.

주석을 포함하고 있는 패킷 필터링

먼저 추적 파일에 pkt_comment를 적용해서 유일하게 주석이 붙은 패킷을 살펴본다. 그런 다음에 임의의 디스플레이된 패킷의 Packet Comments 섹션을 확장한다. 그림 120처럼 나머지 패킷을 압축된 상태 그대로 놔둔다.

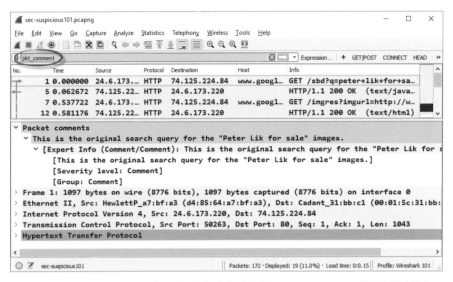

그림 120 pkt_comment로 필터링하고 내보내기 전에 패킷의 Packet Comments 섹션을 확장한다.
[sec-suspicious101.pcapng]

패킷 해석을 평문으로 내보내기

그림 121에서처럼 File ＞ Export Packet Dissections ＞ as Plain Text를 선택하고 All packets (Displayed), Packet details (As displayed)를 선택한다. Packet summary 체크박스의 체크를 해제한다. 추적 파일과 동일한 이름으로 텍스트 파일의 이름을 지정한다. 예를 들면 추적 파일 이름이 sec-suspicious101.pcapng이면 텍스트 파일 이름은 sec-suspicious101.txt라고 한다.

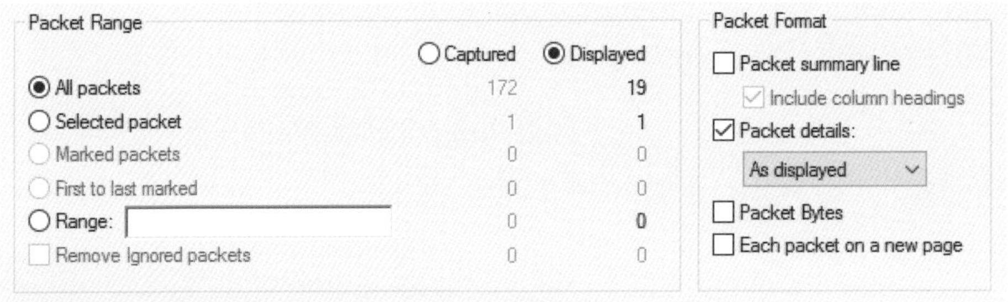

그림 121 디스플레이된 패킷을 포함하게 내보내기를 설정하고 패킷 상세 정보만 'As displayed'로 설정한다.

그림 122에 나타난 것처럼 각 패킷의 Frame summary 이전에 패킷 주석을 포함한 파일이 결과로 나타난다.

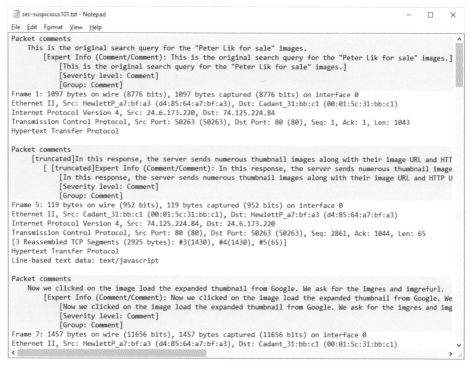

그림 122 패킷 주석을 보고서로 복사하기 위해 .txt 파일로 내보내기 한다.

와이어샤크 2.x에서는 Packet Comments 필드에 있는 127개의 문자만 내보내기 할 수 있다.

앞에서도 언급했지만 모든 패킷 주석과 기본 추적 파일 통계를 내보내기 위해 Statistics > Capture File Properties > Copy to Clipboard를 선택한다. 그림 123은 Capture File Properties 창을 보여준다. 단순히 Copy to Clipboard 버튼을 클릭해서 이 창의 내용을 버퍼에 저장하고 그 내용을 다른 프로그램에 붙여 넣는다.

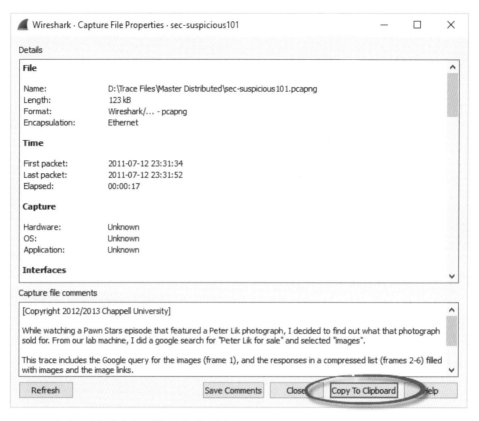

그림 123 추적 파일과 패킷의 주석을 빨리 내보내려면 Statistics ❯ Capture File Properties 기능을 이용해 Copy To Clipboard를 선택한다.

와이어샤크가 패킷과 파일 주석을 지원하고 있기 때문에, 추적 파일에 주석을 추가해서 와이어샤크 안에서 직접 문제 해결이나 네트워크 포렌식 보고서를 작성하는 걸 생각해보라. 분석 결과에 주석 붙이기가 끝나면 보고서에 신속하게 포함될 수 있게 패킷 주석을 내보낸다.

🖥 실습 41: 악성 재지정 패킷 주석 내보내기

이 실습에서는 추적 파일 sec-suspicious101.pcapng를 다시 사용하려고 한다. 주석 내보내기는 두 단계 절차로 진행된다. 먼저 가장 관심 있는 필드 정보를 내보내기 위해 추적 파일을 준비할 것이다. 필드를 텍스트 형식으로 내보낼 것이다. 이전 절과는 달리 Packet summary 줄을 이용해서 패킷 주석을 내보내려고 한다.

1단계	sec-suspicious101.pcapng를 연다.
2단계	프레임 1에서 패킷 상세 영역의 Packet comments를 오른쪽 클릭하고 Apply as Filter › Selected를 선택한다. 사용자의 디스플레이 필터와 일치하는 패킷은 오직 19개뿐이다.
3단계	이제 프레임 1의 Packet comments 섹션을 확장한다. 실제 주석 중에서 'This is the original…'로 시작되는 주석을 오른쪽 클릭하고 Apply as Column을 선택한다.

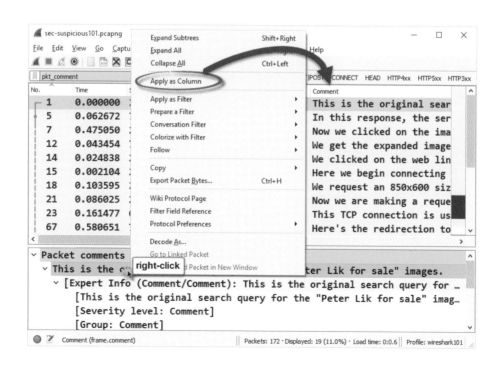

4단계   File ﹥ Export Packet Dissections ﹥ as CSV를 선택한다.

정밀한 분석 결과를 포함하는 많은 보고서를 만들고 있다면 리버베드 사에서 만든 SteelCentral™
을 한번 살펴보기 바란다(2장의 '다른 해결책을 고려하라: SteelCentral™ 패킷 분석기' 절을 보
라). 이 제품은 주석을 받아들이고 주석을 트래픽 패턴을 나타내는 도표나 그래프 형태를 포함하
는 보고서로 내보낼 수 있게 설계됐다.

5단계   텍스트 파일을 저장하고자 하는 디렉터리로 가서 해당 파일을 sec-
suspicous101.csv라고 이름 붙여라. Save를 클릭하기 전에 Displayed와
Packet summary line이 선택됐고 Packet details가 선택되지 않았는지
확인하라.

Packet Range	Captured	Displayed	Packet Format
⦿ All packets	172	19	☑ Packet summary line
○ Selected packet	1	1	☑ Include column headings
○ Marked packets	0	0	☐ Packet details:
○ First to last marked	0	0	As displayed
○ Range:	0	0	☐ Packet Bytes
☐ Remove Ignored packets	0	0	☐ Each packet on a new page

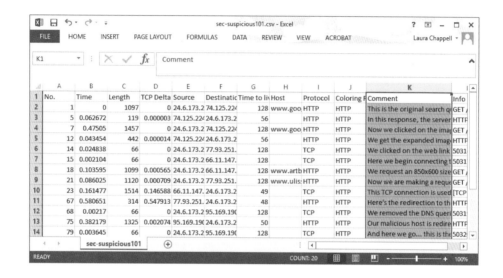

6단계   내보낸 정보를 점검하기 위해 스프레드시트 프로그램에서 CSV 파일을 연
다. 감춰진 열도 함께 내보낸다는 사실에 주의하기 바란다. 이런 이유 때
문에 감춰진 열 수를 최소화해야 한다. 감춰진 열 수가 너무 많으면 깔끔
하고 멋진 프로파일로 이동한 뒤 그곳에서 CSV 파일을 내보내면 된다.

7단계   실습 완료 와이어샤크로 돌아온 뒤 Clear 버튼을 클릭해서 디스플레이
필터를 삭제한다. Comment 열 헤딩을 오른쪽 클릭하고 Remove This
Column을 선택하거나 해당 열을 목록에서 감추기 위해 선택을 해제
한다.

내보내진 보고서에 사용할 열을 추가하는 기능을 반드시 숙지해야 한다. 또한
Statistics ➤ Capture File Properties ➤ Copy To Clipboard 기능을 이용해 분석
섹션에 대한 보고서를 작성한다.

도전 과제

challenge101-7.pcapng를 열고 7장에서 다룬 기법을 이용해서 다음 도전 과제에 답하라. 해답은 부록 A에 있다.

질문 7-1   추적 파일 주석에는 어떤 정보가 들어있는가?

질문 7-2   추적 파일에는 어떤 패킷 주석이 들어있는가?

질문 7-3   이 추적 파일의 POST 메시지에 주석을 추가하라. 어떤 패킷을 변경했는가?

8장

기술: 커맨드라인 도구로 트래픽 수집, 분리, 통합

네트워크 통신은 하나의 대화다. 우리는 사람들 사이의 민감한 대화 규칙에 별로 신경 쓰지 않는다. 무엇을 말하고, 다음에 무엇을 말해야 하는지, 그 말을 해야 하는 때 말한 것이 언제 예의에 어긋나는지, 공손하지 못한지, 상대방이 즉시 응답하게 하는지 등을 신경 쓰지 않는다. 일단 프로토콜 규칙에 대해 배우고 나서 요청과 응답이 어떻게 이뤄지는지를 알면 실제로 어떤 일이 일어나는지 검사할 수 있고 어디가 잘못됐는지 알 수 있다. 프로토콜의 어원과 규칙에 대해 더 잘 알면 알수록 추적을 더 잘 할 수 있다.

SYN="안녕, 파리! 너를 만나고 싶어!"
RST="미안, 나는 너에게 너무 섹시해!"

존 곤데르(John Gonder)/Las Positas 대학의 시스코 아카데미 원장

EDITCAP

editcap -h	Editcap 매개변수를 보여준다.
editcap -i 360 big.pcapng 360secs.pcapng	big.pcapng를 각 파일에 360초간 트래픽을 포함하는 별개의 360secs*.pcapng 파일로 분리한다.
editcap -c 500 big.pcapng 500pkts.pcapng	big.pcapng를 각 파일에 500개 패킷을 포함하는 별개의 500pkts*.pcapng 파일로 분리한다.

MERGECAP

mergecap -h	Mergecap 매개변수를 보여준다.
mergecap files*.pcapng -w merged.pcapng	files*.pcapng을 하나의 merged.pcapng 파일로 통합한다(패킷 타임스탬프에 기반을 둔 통합).
mergecap a.pcapng b.pcapng -w ab.pcapng -a	a.pcapng와 b.pcapng를 하나의 ab.pcapng 파일로 통합한다(순서 파일에 기반을 둔 통합을 목록화).

TSHARK

tshark -h	Tshark 매개변수를 보여준다.
tshark -D	-i 매개변수로 사용할 수 있는 수집 인터페이스를 목록화한다.
tshark -i2 -f "tcp" -w tcp.pcapng	인터페이스 2에서 TCP 기반 트래픽을 수집하고 tcp.pcapng에 저장한다.
tshark -i1 -R "ip.addr==10.2.1.1"	인터페이스 1의 모든 트래픽을 수집하지만, 10.2.1.1의 트래픽만 디스플레이한다.
tshark -r "myfile.pcapng" -R"http.hostcontains".ru"" -wmyfile-ru.pcapng	myfile.pcapng 추적 파일을 열고, HTTP 호스트 필드 안의 '.ru' 값에 대한 디스플레이 필터를 적용하고, 결과를 myfile-ru.pcapng 파일에 저장한다.

8.1 대규모 추적 파일을 파일 집합으로 분리

커다란 추적 파일을 다룰 경우 와이어샤크는 느려지거나 반응을 하지 않을 수도 있다. 100MB 이상의 크기를 가진 파일을 다룰 때 디스플레이 필터를 적용하고, 칼럼을 추가하고, 그래프를 구성하면 속도가 너무 느려진다. 빠른 분석을 위해 커다란 파일을 파일 집합set으로 분리할 것을 생각해봐라. 파일 집합은 추적 파일의 그룹으로서 동일한 파일 이름 형태를 갖고, 추적 파일 번호뿐만 아니라 시간과 날짜 스탬프도 들어있다.

자신의 경로에 와이어샤크 프로그램 디렉터리 추가[52]

Editcap을 이용해서 커다란 파일을 서로 연결되는 작은 파일로 나눈다. Editcap.exe는 와이어샤크 프로그램 파일 디렉터리에 있다(이 디렉터리 위치를 알아보려면 Help ▶ About Wireshark ▶ Folders를 살펴보라). 임의의 디렉터리에서도 Editcap(또는 포함된 모든 커맨드라인 도구)을 사용하려면 와이어샤크 프로그램 디렉터리를 자신의 경로에 추가한다.

일단 자신의 경로에 와이어샤크 프로그램 디렉터리를 추가했으면 명령 프롬프트/터미널 창을 열고 파일 집합으로 분리하고자 하는 커다란 파일을 포함하고 있는 폴더를 찾아간다. `editcap -h`를 입력해서 모든 Editcap 매개변수를 살펴본다. 패킷의 수(-c 옵션)에 기반을 두고 파일을 분리하거나 초 단위로 시간(-i 옵션)을 나눠 파일을 분리할 수도 있다.

Capinfos로 파일 크기와 패킷 번호를 얻기

Capinfos는 커맨드라인 도구인데, 그림 124에서 보여주듯이 추적 파일에 대한 기본적인 정보를 제공한다. Capinfos는 와이어샤크에 포함돼 있는데, 와이어샤크 프로그램

---

52 자신의 경로에 와이어샤크 프로그램 디렉터리를 추가하는 단계적 설명서를 보려면 Google 검색에서 'add directory to path for 〈operating system〉'를 검색해보라.

디렉터리에 존재한다. Capinfos 구문은 단순히 `capinfos <filename>`이다. 해당 추적 파일을 분리하기 전에 Capinfos를 이용해서 추적 파일의 수집 경과 시간(초 단위)과 패킷 수를 알아보라. 실습 42에서 다시 한 번 Capinfos를 사용한다.

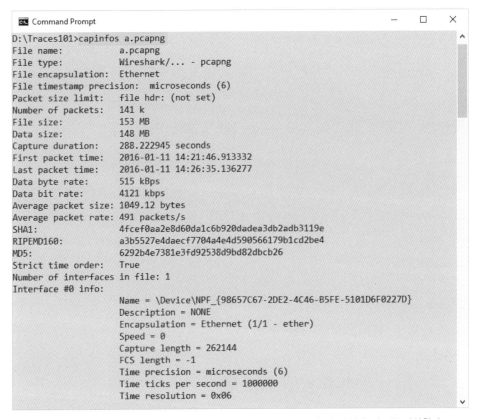

그림 124 추적 파일을 분리하기 전에 Capinfos를 이용해서 기본적인 추적 파일의 정보를 파악한다.
[http-disney101.pcapng]

추적 파일당 패킷에 기반을 둔 파일 분리

그림 125에서는 `editcap -c 1000 a.pcapng a1000set.pcapng`를 입력해서 단일 추적 파일 a.pcapng를 한 세트의 파일(a1000set*.pcapng)로 분리했다. 이들 각각 분리된 파일은 최대 1,000개의 패킷을 포함한다. 이 세트 파일 중 마지막 추적 파일은 원래

추적 파일이 1,000의 정확한 배수 패킷을 갖고 있지 않는 한 1,000개 미만의 패킷을 갖게 된다.

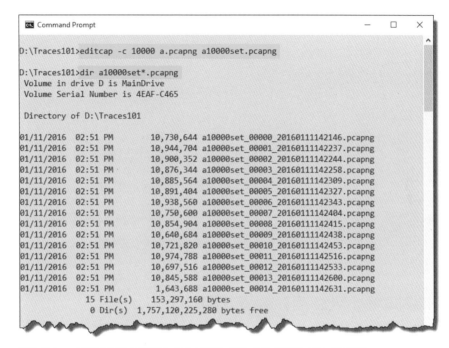

그림 125   -c 매개변수를 이용해서 추적 파일을 패킷 수에 기반을 두고 분리한다.

추적 파일당 초수에 근거한 파일 분리

그림 126에서는 `editcap -i 60 b.pcapng b360set.pcapng`를 입력해 추적 파일 b.pcapng를 파일 집합(b360set*.pcapng)으로 분리했다. 각 파일에는 최대 360초 동안의 트래픽이 포함된다. 와이어샤크는 패킷을 정확히 60초가 되는 곳에서 반으로 나눌 수 없다. 그래서 실제로 나눠진 파일은 60초보다 좀 적은 트래픽 양을 갖게 된다.

파일 집합 중 마지막 추적 파일은 원래 파일이 60초 경계로 딱 끊어지지 않는 이상 60초보다 적은 트래픽을 갖게 된다.

이 예에서 Editcap은 추적 파일 b.pcapng를 5개의 00000부터 00014까지 번호가 붙은 링크된 추적 파일로 분리한다.

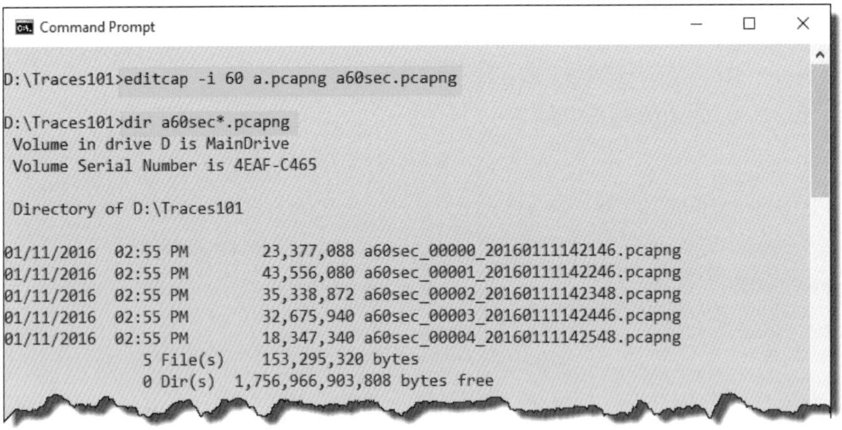

```
Command Prompt                                              —    □    ×

D:\Traces101>editcap -i 60 a.pcapng a60sec.pcapng

D:\Traces101>dir a60sec*.pcapng
 Volume in drive D is MainDrive
 Volume Serial Number is 4EAF-C465

 Directory of D:\Traces101

01/11/2016  02:55 PM        23,377,088 a60sec_00000_20160111142146.pcapng
01/11/2016  02:55 PM        43,556,080 a60sec_00001_20160111142246.pcapng
01/11/2016  02:55 PM        35,338,872 a60sec_00002_20160111142348.pcapng
01/11/2016  02:55 PM        32,675,940 a60sec_00003_20160111142446.pcapng
01/11/2016  02:55 PM        18,347,340 a60sec_00004_20160111142548.pcapng
                5 File(s)    153,295,320 bytes
                0 Dir(s)  1,756,966,903,808 bytes free
```

그림 126 매개변수 -i를 이용해서 추적 파일을 초 시간에 기반을 두고 분리한다.

와이어샤크에서 파일 집합을 열고 작업

와이어샤크 안에서 파일 집합으로 작업하려면 File > Open을 이용해 파일 집합의 임의의 파일을 연다. 그런 다음 File > File Set > List Files를 이용해서 파일 집합의 파일을 신속하게 교환한다.

그림 127에서는 15개의 파일로 이뤄진 파일 집합의 파일 목록을 볼 수 있다. 와이어샤크에 있는 파일을 열기 위해 임의의 파일을 클릭한다. 디스플레이 필터가 있으면 디스플레이 필터가 열려있는 각 파일에 적용된다.

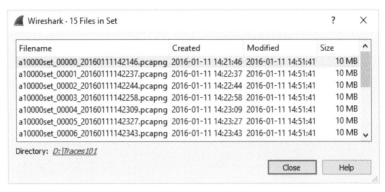

그림 127 파일을 클릭하면 파일 집합을 빠르게 이동할 수 있다.

🔲 실습 42: 파일 분리와 필터링된 파일 집합으로 작업

이 실습에서는 http-download101c.pcapng로 작업을 할 것이다. 이 추적 파일은 27MB뿐이지만 이 파일로 파일 분리 연습을 해볼 생각이다. 파일을 분리한 다음에 파일 집합을 이동하면서 디스플레이 필터를 적용할 것이다. 와이어샤크는 각 파일이 열릴 때마다 자동으로 각 파일에 디스플레이 필터가 적용된다.

1단계   command prompt(Windows) 또는 terminal window(리눅스/매킨토시)를 연다.

2단계   추적 파일 디렉터리를 찾아간다.[53] 이 실습에서는 http-download101c.pcapng로 작업한다.

3단계   이 파일을 패킷 수에 기반을 두고 분리하려고 한다. `capinfos "http-download101c.pcapng"`[54]를 입력한다.

---

53 앞에서 설명했듯이 자신의 경로에 와이어샤크 프로그램 디렉터리를 분명히 추가한다.

54 파일 이름에 스페이스가 있다면 파일 이름에 따옴표를 사용할 필요가 있다. 아무튼 모든 파일 이름에 따옴표를 추가하는 것은 좋은 습관이다.

이 파일 안에는 141,531개의 패킷이 들어있다. Capinfos는 패킷 수를 141k로 보여준다. 이 추적 파일을 각 파일에 최대 20,000개의 패킷을 포함하는 파일 집합으로 분할한다.

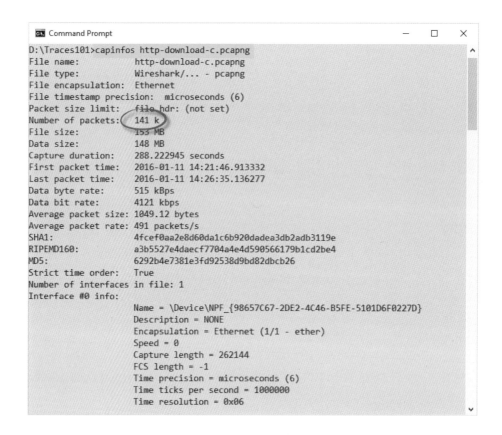

4단계   editcap -c 2000 http-download101c.pcapng http-downloadc2000.pcapng 를 입력하고 Enter 키를 누른다. 와이어샤크는 8개의 파일을 생성한다. 이 파일은 http-downloadc2000으로 시작하고 그 뒤에 파일 번호가 붙어 있다. 파일 수는 다음과 같이 날짜와 타임스탬프 뒤에 나타난다.

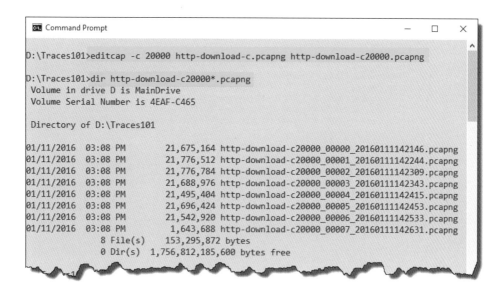

5단계 와이어샤크를 시작하고 File > Open을 선택한 다음 4단계에서 생성한
파일 집합 중 '_00002' 번호가 붙은 파일을 선택한다.

6단계 디스플레이 필터 영역에 tcp.analysis.flags && !tcp.analysis.window_
update를 입력한다. 다음 그림과 같이 _00002 파일에 있는 어떤 패킷도
이 필터와 일치되지 않는다.

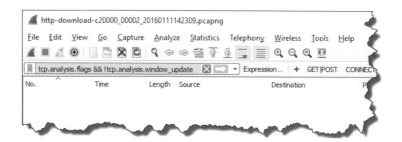

7단계 File > File Set > List Files를 선택한다. 파일을 살펴보기 위해 각 파일
이름을 클릭한다.

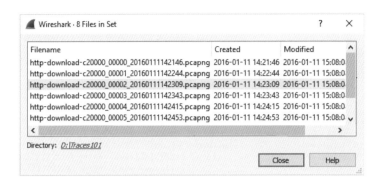

와이어샤크는 다양한 파일을 열 때 현재 디스플레이 필터를 적용한다.
파일을 이동할 때 상태 바를 보고 각 추적 파일에서 필터와 일치하는 패킷
수를 확인한다. '00002'와 '00007'을 제외한 모든 파일에는 이러한 플래그
가 지정된 TCP 패킷이 포함돼 있다.

8단계   실습 완료 File Set 창에서 Close 버튼을 클릭하고 Clear 버튼 **✕**을 클릭
해서 자신의 디스플레이 필터를 삭제한다.

와이어샤크는 파일 집합 안에서 파일 간 이동할 때 디스플레이 필터 설정을 그대로
유지하기 때문에 얼마나 많은 패킷이 해당 필터와 일치되는지를 쉽게 알 수 있다.

8.2 여러 추적 파일 통합

여러 개의 작은 파일을 통합해서 모든 트래픽을 IO Graph로 나타내고 싶거나, 주요
단어를 찾기 위해 디스플레이 필터를 적용하는 시간을 절약하고 싶거나, Protocol
Hierarchy 창을 열어 의심스런 프로토콜이나 애플리케이션을 탐지하고 싶을 때도
있다.

와이어샤크 프로그램 디렉터리가 경로에 존재함을 보증

Mergecap을 이용해서 작은 파일을 하나의 큰 파일로 만든다. Mergecap.exe는 와이어샤크 프로그램 파일 디렉터리 안에 있다(이 디렉터리를 찾으려면 Help › About Wireshark › Folders › Program을 보라).

Mergecap을 모든 디렉터리에서 사용하려면 와이어샤크 프로그램 디렉터리를 자신의 경로에 추가한다.

-w 매개변수로 Mergecap을 실행

와이어샤크 프로그램 디렉터리를 자신의 경로에 추가했다고 가정하고 명령 프롬프트를 열어 통합하고자 하는 파일들이 포함된 폴더를 찾아간다. mergecap -h를 입력해서 모든 Mergecap 매개변수를 살펴본다.

프레임 타임스탬프에 기반을 둔(디폴트) 하나의 파일을 통합하거나 매개변수 -a를 이용해서 통합 과정 동안 목록화한 순서에 기반을 둔 파일을 통합한다. 매개변수 -w를 이용해서 새 통합 파일을 디스크에 쓴다. 그림 128에서 c30set로 시작하는 파일 전체를 통합해서 파일 c.pcapng를 생성했다.

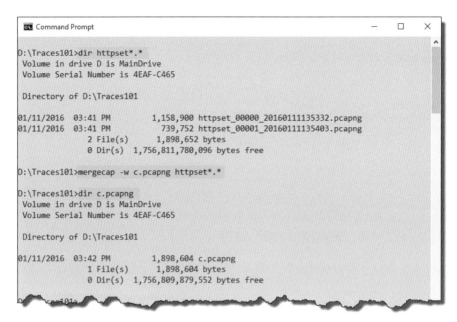

```
Command Prompt                                                    —   □   ×

D:\Traces101>dir httpset*.*
 Volume in drive D is MainDrive
 Volume Serial Number is 4EAF-C465

 Directory of D:\Traces101

01/11/2016  03:41 PM         1,158,900 httpset_00000_20160111135332.pcapng
01/11/2016  03:41 PM           739,752 httpset_00001_20160111135403.pcapng
               2 File(s)      1,898,652 bytes
               0 Dir(s)  1,756,811,780,096 bytes free

D:\Traces101>mergecap -w c.pcapng httpset*.*

D:\Traces101>dir c.pcapng
 Volume in drive D is MainDrive
 Volume Serial Number is 4EAF-C465

 Directory of D:\Traces101

01/11/2016  03:42 PM         1,898,604 c.pcapng
               1 File(s)      1,898,604 bytes
               0 Dir(s)  1,756,809,879,552 bytes free
```

그림 128   Mergecap을 이용해서 프레임 타임스탬프에 기반을 둔 추적 파일을 통합한다.

통합된 파일이 개별 추적 파일들의 크기를 합한 바이트 수보다 적다는 걸 알 수 있다.
파일 크기가 변화하는 것은 새로운 파일에는 통합 전에 총 바이트 수에 계산된 3개의
추적 파일 헤더 대신에 오직 하나의 추적 파일 헤더만 있으면 되기 때문이다.

실습 43에서 통합 기법을 시도할 기회를 갖게 될 것이다.

실습 43: 와일드카드를 이용한 파일 집합 통합

이 실습에서는 실습 42에서 생성한 6개의 파일로 된 http-downloadc2000*.pcapng
집합을 통합한다. 와일드카드를 이용해서 이 절차를 좀 더 간단하고 오류가 적게 하려
고 한다.

1단계   command prompt(윈도우) 또는 terminal window(리눅스/매킨토시)를
        연다.

2단계 추적 파일 디렉터리로 간다. dir http-downloadc2000*.* 또는 ls http-download-c20000*.*(유닉스 기반)를 입력해 실습 42에서 생성한 추적 파일을 살펴본다.

3단계 mergecap -w http-download2kset.pcapng http-downloadc2000*.*를 입력하고 Enter 키를 누른다.

dir http-download2kset.pcapng(윈도우)나 ls http-downloadc2kset.pcapng(유닉스 기반)를 입력해서 새로 만들어진 파일을 확인한다.

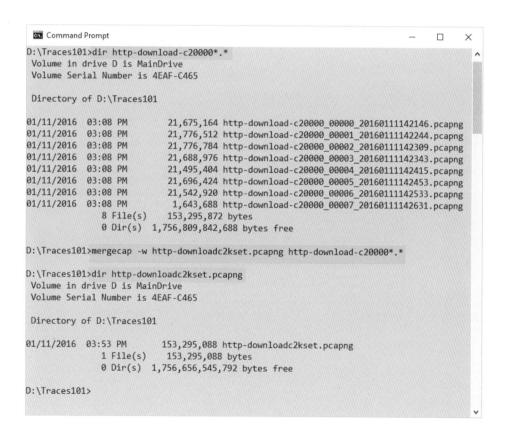

```
Command Prompt                                          —    □    ×

D:\Traces101>dir http-download-c20000*.*
Volume in drive D is MainDrive
Volume Serial Number is 4EAF-C465

Directory of D:\Traces101

01/11/2016  03:08 PM        21,675,164 http-download-c20000_00000_20160111142146.pcapng
01/11/2016  03:08 PM        21,776,512 http-download-c20000_00001_20160111142244.pcapng
01/11/2016  03:08 PM        21,776,784 http-download-c20000_00002_20160111142309.pcapng
01/11/2016  03:08 PM        21,688,976 http-download-c20000_00003_20160111142343.pcapng
01/11/2016  03:08 PM        21,495,404 http-download-c20000_00004_20160111142415.pcapng
01/11/2016  03:08 PM        21,696,424 http-download-c20000_00005_20160111142453.pcapng
01/11/2016  03:08 PM        21,542,920 http-download-c20000_00006_20160111142533.pcapng
01/11/2016  03:08 PM         1,643,688 http-download-c20000_00007_20160111142631.pcapng
               8 File(s)    153,295,872 bytes
               0 Dir(s)  1,756,809,842,688 bytes free

D:\Traces101>mergecap -w http-downloadc2kset.pcapng http-download-c20000*.*

D:\Traces101>dir http-downloadc2kset.pcapng
 Volume in drive D is MainDrive
 Volume Serial Number is 4EAF-C465

 Directory of D:\Traces101

01/11/2016  03:53 PM       153,295,088 http-downloadc2kset.pcapng
               1 File(s)    153,295,088 bytes
               0 Dir(s)  1,756,656,545,792 bytes free

D:\Traces101>
```

파일 http-downloadc2kset.pcapng와 http-download101c.pcapng를 비교해보면 크기가 다르다는걸 알 수 있다. 파일 분리 과정에서 추적 파일 주석이 삭제됐다. 통합 과정에서는 새 추적 파일 주석이 생성됐다. 이 주석은 다음 그림에서 보여주듯이 통합 파일을 목록화하고 있다.

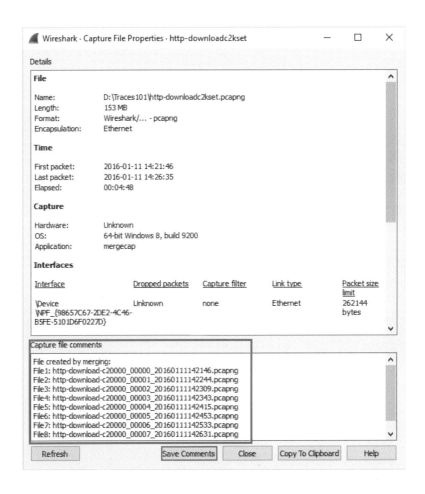

이 실습에서는 통합된 파일의 순서에 대해 디폴트 설정을 사용했다. 즉, 패킷 타임스탬프에 기반을 두고 통합했다. 특정 순서대로 파일을 통합하고 싶다면 매개변수 -a를 이용해서 각 추적 파일을 자신이 통합하기 원하는 순서대로 목록화해야만 한다.

8.3 커맨드라인에서 트래픽 수집

와이어샤크가 트래픽의 속도를 따라가지 못하면(상태 바에 그 내용이 나타난다) dumpcap.exe나 tshark.exe를 이용해 커맨드라인에서 트래픽을 수집한다. 그렇지 않으면 최신 원격 수집 호스트를 이용하거나 부재 시 수집을 하도록 스크립트를 작성해야 한다.

Dumpcap인가 Tshark인가?

흥미로운 질문이다. Dumpcap은 수집만을 위한 도구다. Tshark를 구동하면 사실 dumpcap.exe를 호출해서 그 수집 기능을 활용한다. Tshark는 추가적인 수집 후에 적용하는 매개변수를 갖고 있는데, 이것을 이용해서 여러 상황에 맞춰 더 적절하게 수집한다. 메모리 한계 때문에 고민하고 있다면 그냥 Dumpcap을 직접 사용하고, 그렇지 않을 경우라면 Tshark가 더 좋다.

두 도구 모두 커맨드라인에서 구동하는데, 트래픽을 수집해서 .pcapng 파일에 저장한다. 두 도구는 모두 와이어샤크 프로그램 파일 디렉터리 안에 있다(이 디렉터리 위치를 확인하려면 Help ▶ About Wireshark ▶ Folders ▶ Program을 보라). 이 두 도구 모두 수집 필터와 다양한 다른 수집 설정을 할 수 있다.

임의의 디렉터리에 Dumpcap이나 Tshark를 적용하려면 자신의 경로에 와이어샤크 프로그램 디렉터리를 추가한다.[55] 명령 프롬프트/터미널 창을 열고 추적 파일을 저장하고자 하는 폴더로 이동한다. 이 디렉터리에서 두 도구를 구동시킨다.

---

55 계속해서 주의를 주고 있는데, 아직까지 그렇게 하지 않았는가?

Dumpcap으로 커맨드라인에서 수집

dumpcap -h를 입력해 Dumpcap 매개변수를 확인한다.

그림 129에서 보여주는 것처럼 dumpcap -D를 입력해 어떤 인터페이스를 사용할 수 있는지 알아본다. 수집할 인터페이스 이름 앞에 있는 번호를 이용한다. 다음 그림에서는 수집하기 위해 인터페이스를 선택할 때 1, 2 또는 3을 이용할 수 있다.

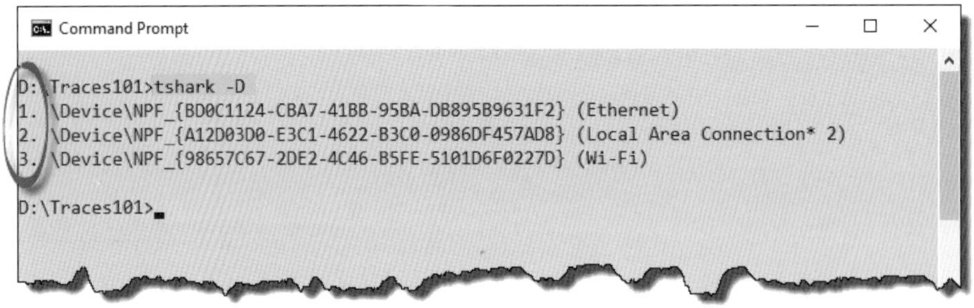

```
D:\Traces101>tshark -D
1. \Device\NPF_{BD0C1124-CBA7-41BB-95BA-DB895B9631F2} (Ethernet)
2. \Device\NPF_{A12D03D0-E3C1-4622-B3C0-0986DF457AD8} (Local Area Connection* 2)
3. \Device\NPF_{98657C67-2DE2-4C46-B5FE-5101D6F0227D} (Wi-Fi)

D:\Traces101>
```

그림 129 dumpcap -D를 이용해서 가능한 인터페이스를 살펴본다.

적당한 수의 패킷이 수집된 뒤에 -c 옵션을 이용해서 멈춘다. 예를 들어 dumpcap -c 2000 -w smallcap.pcapng를 입력하면 파일 smallcap.pcapng에 2,000개의 패킷을 수집한 뒤에 자동으로 멈춘다.

-a 옵션을 duration:n(seconds)나 filesize:n(KB)와 함께 사용하면 특성 시간이 경과한 뒤에 수집을 멈추게 하거나 추적 파일이 특정 크기에 도달하면 수집을 멈추게 할 수 있다. 예를 들어 그림 130에서는 dumpcap -i3 -a filesize:1000 -w 1000kb.pcapng를 입력했는데 이렇게 하면 파일 크기가 1000KB에 이르면 자동으로 수집을 멈춘다.

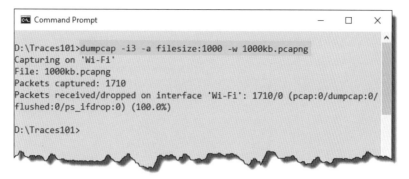

그림 130 -a 옵션을 이용해 `filesize:1000`과 같은 자동 정지 조건을 사용한다.

Tshark로 커맨드라인에서 수집

Tshark는 트래픽 수집할 때 Dumpcap 기능을 이용한다. `tshark -c 100 -w 100.pcapng` 라고 입력하면 Tshark는 Dumpcap을 구동해서 실제 수집을 시작한다.

Tshark는 커맨드라인으로 수집할 때 사용할 수 있지만, 기존 추적 파일에 대한 처리 옵션도 갖고 있다. `tshark -h`를 이용해서 Tshark로 할 수 있는 더 많은 커맨드라인 수집 기능을 알아보라.

`tshark -D`를 이용해서 가능한 인터페이스에 대해 알아보라. Dumpcap에서 해봤듯이 수집할 때 인터페이스 이름 앞의 번호와 매개변수 `-i`를 이용한다. 매개변수 `-w`를 이용해 수집한 파일의 이름을 정의하고, 자동 정지 매개변수 `-a`를 사용해본다.

호스트 정보 저장과 기존 추적 파일로 작업

사람들이 Dumpcap 대신 Tshark를 사용하는 이유는 무얼까? 몇 가지 장점이 있기 때문이다. 예를 들면 Tshark는 수집 과정에서 옵션 `-H <hosts file>`을 사용할 수 있다. 패킷이 추적 파일에 저장될 때 `<hosts file>` 안의 이름 해석 정보가 추적 파일이 저장되는 곳에 함께 저장된다.

Tshark도 기존 추적 파일을 처리할 수 있다. 예를 들면 입력할 추적 파일을 지정할 수 있고, 디스플레이 필터를 적용하고, 디스플레이 필터에 기반을 두고 새로운 파일을 저장할 수 있다. 그림 131에서는 http-espn101.pcapng에 dns.flags.response==1 디스플레이 필터를 적용하고 dns-espn-responsesonly.pcapng라는 새로운 추적 파일을 저장했다.

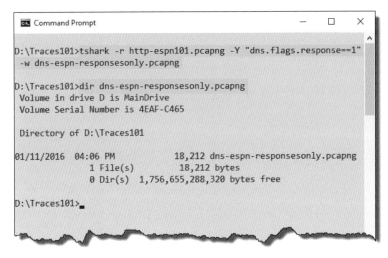

그림 131 Tshark도 기존 추적 파일에 적용할 수 있다.

tshark -h을 입력해서 나타나는 매개변수 목록을 이용해 Tshark 활용 방법을 연습하라.

실습 44: Tshark로 자동 정지가 설정된 파일 집합 수집

이 실습에서는 Tshark의 다양한 매개변수를 이용해본다. 파일 집합 'next file' 매개변수를 정의하고 부재 시 수집 조건인 자동 정지를 포함시킨다.

1단계	명령 프롬프트command prompt(윈도우) 또는 터미널 창terminal window(리눅스/매킨토시)을 연다.
2단계	추적 파일 디렉터리로 이동한다. tshark –D를 입력해서 가능한 인터페이스 목록을 확인한다. 어떤 인터페이스가 트래픽을 관찰하고 있는지 확신이 들지 않는다면 와이어샤크 시작 페이지로 돌아와서 스파크라인을 살펴본다.
3단계	일단 사용할 인터페이스를 결정했다면 tshark –h를 입력해서 복수 파일에 저장하거나 자동 정지 기능 설정을 위해 가능한 매개변수가 무엇이 있는지 확인한다. Capture stop conditions와 Capture output sections[56]를 살펴본다. 이 실습에서 30초 후에 next file로 이동할 것이고, 6개의 파일이 수집되면 종료된다.

---

[56] 수집 출력 옵션 영역은 반드시 링 버퍼를 사용해야만 한다는 데 주의하라. 우리는 그러지 않을 거다. 우리는 그저 이 매개변수에서 duration:NUM(secs) 기능만 사용할 뿐이다.

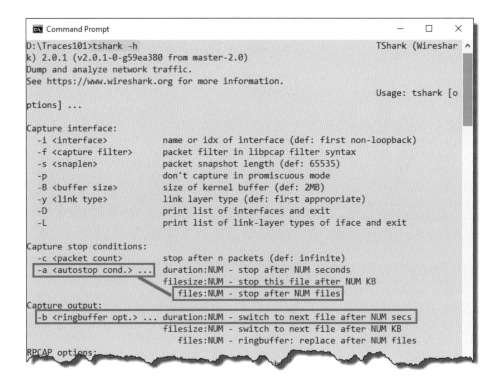

```
CM. Command Prompt                                        —    □    ×

D:\Traces101>tshark -h                          TShark (Wireshar ^
k) 2.0.1 (v2.0.1-0-g59ea380 from master-2.0)
Dump and analyze network traffic.
See https://www.wireshark.org for more information.
                                                Usage: tshark [o
ptions] ...

Capture interface:
  -i <interface>          name or idx of interface (def: first non-loopback)
  -f <capture filter>     packet filter in libpcap filter syntax
  -s <snaplen>            packet snapshot length (def: 65535)
  -p                      don't capture in promiscuous mode
  -B <buffer size>        size of kernel buffer (def: 2MB)
  -y <link type>          link layer type (def: first appropriate)
  -D                      print list of interfaces and exit
  -L                      print list of link-layer types of iface and exit

Capture stop conditions:
  -c <packet count>       stop after n packets (def: infinite)
  -a <autostop cond.> ... duration:NUM - stop after NUM seconds
                          filesize:NUM - stop this file after NUM KB
                          files:NUM - stop after NUM files
Capture output:
  -b <ringbuffer opt.> ... duration:NUM - switch to next file after NUM secs
                          filesize:NUM - switch to next file after NUM KB
                          files:NUM - ringbuffer: replace after NUM files
RPCAP options:
```

이 수집 과정에서 다음과 같은 매개변수를 사용할 필요가 있다.

- **-i 3** 3번째 인터페이스를 수집하기 위해

- **-a files:6** 6개 파일 수집 후 자동 정지를 위해

- **-b duration:30** 30초 후에 다음 파일을 생성하기 위해

- **-w mytshark.pcapng** 이 추적 파일 이름에 저장하기 위해

4단계 커맨드라인에서 tshark –i3 –a files:6 –b duration:30 –w mytshark.pcapng 를 입력해서 전체를 통합하고 Enter 키를 누른다.[57]

---

57 이 명령어는 매개변수 -i와 인터페이스 번호 사이에 빈 공간을 두거나 또는 빈 공간 없이 동작한다.

브라우저를 열고 www.wireshark.org 사이트를 잠시 동안 브라우징한다. 와이어샤크로 돌아간다. 수집 과정이 아직도 진행 중이라면 인내심을 갖고 좀 기다린다. 모든 버퍼된 파일에 쓰려면 와이어샤크에서 할당된 시간 (이 경우는 3분)보다 더 오래 걸릴 수도 있다.

5단계   파일을 보기 위해 dir mytshark*.*를 입력한다. 타임스탬프의 상세 내용이 30초 후에 다음 파일로 이동하게 한 설정과 일치하는지 주의하라.

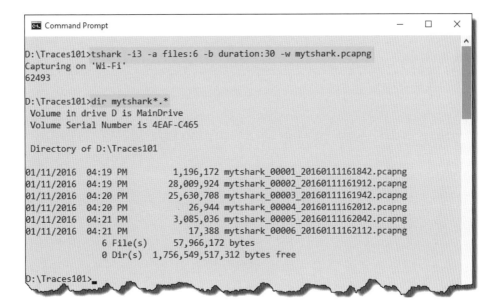

시간을 내어 Tshark 사용법을 숙지하라. 어떤 사람이 네트워크에 대한 불만으로 사무실에 소리치면서 들어오기 전에 Tshark 기능과 매개변수를 능숙하게 다룰 줄 아는게 최선이다.[58]

---

58 사무실 문을 잠글 때가 됐지, 응?

!TIP

사용자가 자주 동일한 매개변수나 매우 긴, 자세한 Tshark 문자열을 사용한다면 오타를 입력하는 실수를 줄이기 위해 변수를 포함한 배치 파일을 만들어 놓는 걸 생각해보기 바란다. 예를 들어 다음과 같은 내용이 담긴 t1.bat 파일을 만들어 놓을 수 있다.

```
tshark -i%1 -a files:6 -b duration:30 -w %2.pcapng
```

배치 파일을 사용하려면 t1 4 test1처럼 t1과 인터페이스 번호(%1 변수)와 파일 이름(%2 변수)을 입력한다. 이렇게 하면 인터페이스 4의 트래픽을 수집하고 30초씩 트래픽을 수집한 6개의 파일을 생성하고, 각 파일 이름이 test1_00000⟨date/timestamp⟩에서 test1_00005⟨date/timestamp⟩인 파일이 생긴다.

8.4 커맨드라인 수집 과정에 수집 필터 사용

트래픽이 많은 네트워크에서 수집을 하거나 수집 과정에서 특정 트래픽에 집중하기를 원할 때 Dumpcap이나 Tshark에 수집 필터를 적용한다.

Dumpcap이나 Tshark 모두 옵션 -f를 사용해서 수집 필터(BPF) 형식을 이용하는 수집 필터를 지정할 수 있다. 옵션 -w를 이용해서 새로운 추적 파일의 이름을 설정한다. 예를 들어 TCP 포트 21을 통과하는 모든 트래픽을 수집하고자 한다면 그림 132에서 보여주는 것처럼 dumpcap -i3 -f "tcp port 21" -w port21.pcapng를 입력한다. 수집 과정을 수동으로 정지(Ctrl + C)해야 할 것이다.

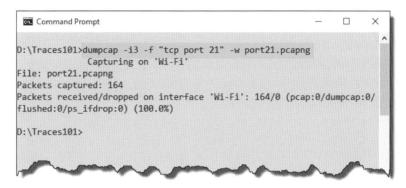

그림 132 정지 조건을 지정하지 않았으면 수집을 수동으로 정지해야 한다.

Tshark로 하는 수집 필터링에서도 동일한 매개변수를 사용한다. 예를 들어 그림 133 에서는 192.168.44.7로 들어가고 나오는 모든 TCP 포트 21 트래픽을 수집하고 있는 데, 이렇게 수집된 트래픽을 매개변수 -i, -f와 -w를 이용해서 파일 myport21.pcapng 에 저장한다.

명령어는 tshark -i1 -f "tcp port 21 and host 192.168.44.7" -w myport21.pcapng 가 될 것이다.

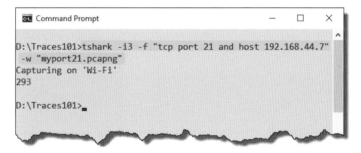

그림 133 Tshark와 Dumpcap는 모두 BPF 수집 필터 구문을 사용한다.

와이어샤크는 NotMyMAC(실습 12에서 생성했다) 같은 수집 필터 이름을 인식하지 못한다. 수집 필터 문자열을 이용하고 필터 문자열을 따옴표 안에 넣는다. 그림 133에서 봤듯이 필터 안에 스페이스가 있다면 반드시 따옴표를 이용해야 한다.

8.5 커맨드라인 수집 과정에 디스플레이 필터 사용

디스플레이 필터는 수집 필터보다 더 많은 옵션이 있다. 커맨드라인에서 수집을 할 때 반드시 알고 있어야 할 디스플레이 필터에 대한 제약 조건이 있다. 실제 수집 시 매개변수 -Y를 이용해 디스플레이 필터를 사용할 수 있다. 하지만 해당 매개변수를 사용하는 동안은 추적 파일을 저장할 수 없다.

이런 제약이 있기 때문에 모든 트래픽을 수집하고, 파일(필요할 경우 파일 집합)에 패킷을 저장하고, 디스플레이 필터를 저장된 추적 파일에 적용하고, 서브셋을 새로운 추적 파일에 저장한다.

예를 들어 `tcp.analysis.flags` 필터와 일치되는 패킷만 수집하길 원한다면 먼저 수집 필터를 이용해서 모든 TCP 트래픽을 수집하고 해당 트래픽을 파일에 저장한다. 그림 134에서 TCP 트래픽을 수집하고 파일 tcptraffic.pcapng에 저장한다. 이것이 첫 번째 단계다.

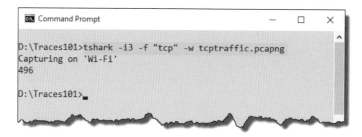

그림 134 수집 필터로 먼저 시작하고 패킷을 파일에 저장한다.

두 번째 단계에서는 매개변수 -r을 이용해서 생성한 추적 파일을 읽고, 매개변수 -Y를 이용해서 디스플레이 필터를 지정하고, 매개변수 -w를 이용해서 새로운 추적 파일을 저장한다. 이 과정이 그림 135에 나타나 있다.

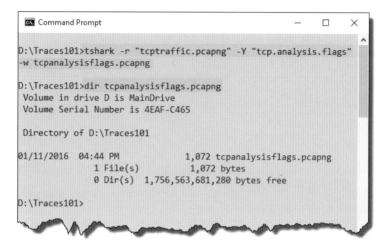

그림 135 매개변수 -Y와 -w를 이용해서 디스플레이 필터를 적용하고 패킷의 서브셋을 저장한다.

실습 45에서 매개변수 -Y를 이용해서 추적 파일로부터 HTTP GET 요청을 추출하고 새로운 추적 파일에 GET 요청을 저장한다.

🖳 실습 45: Tshark로 HTTP GET 요청 추출

이 실습에서는 매개변수 -r을 이용해서 추적 파일을 읽고, 매개변수 -R로 디스플레이 필터를 적용한다. 끝으로 오직 HTTP GET 요청만을 포함하고 있는 추적 파일을 저장한다.

1단계   command prompt(윈도우) 또는 terminal window(리눅스/매킨토시)를 연다.

2단계   추적 파일 디렉터리로 이동하라.

tshark -r "http-espn101.pcapng" -Y "http.request.method=="GET"" " -w "httpGETs.pcapng"를 입력하고 Enter 키를 누른다.

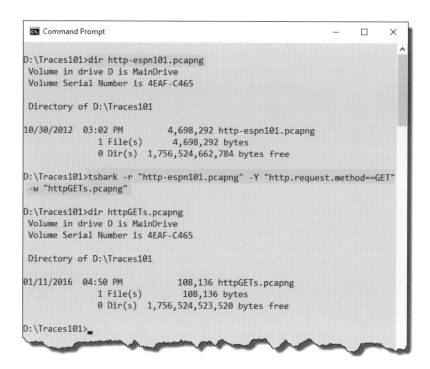

다 됐다. 이제 와이어샤크에서 추적 파일을 열 수 있고 더 자세한 분석을 해볼 수 있다.

 TIP

> 디스플레이 필터와 Tshark를 가장 잘 사용하는 방법은 Tshark로 모든 트래픽을 수집하고 저장한 다음에 와이어샤크에서 추적 파일을 열어 디스플레이 필터를 적용하고 분석 작업을 하는 것이다.

8.6 Tshark로 특정 필드 값과 추적 파일의 통계 자료 내보내기

어떤 경우에는 트래픽을 수집하거나 수집하지 않으면서 그냥 트래픽이 어떤지 상태를 파악하고 싶을 때가 있다. 여기가 바로 유일한 커맨드라인 도구인 Tshark를 사용할 때다.

tshark -h를 구동해서 가능한 옵션을 살펴본다. 필드 내보내기[field export] 옵션과 통계자료 내보내기[export statistics]가 Output 영역에 목록으로 나타날 것이다.

필드 값 내보내기

-T fields를 먼저 사용해야 한다. 그런 다음 매개변수 -e 뒤에 관심 있는 필드를 목록화할 수 있다. 필요할 경우 이들 매개변수를 디스플레이 필터와 합칠 수도 있다. 예를 들어 그림 136에서는 tshark -i3 -f "dst port 80 and host 192.168.44.7" -T fields -e frame.number -e ip.src -e ip.dst -e tcp.window_size를 입력해서 192.168.44.7의 인터페이스 3에 있는 포트 80번을 통과하는 트래픽을 수집하고, 프레임 번호, 발신지와 목적지 IP 주소, TCP 윈도우 크기 값을 표시한다.

Ctrl + C를 이용해서 수동으로 수집 과정을 정지시켜야 한다. 과정을 수동으로 멈출 수 없다면 Tshark 명령어에 정지 조건을 추가한다.

```
Command Prompt                                          —   □   ×

D:\Traces101>tshark -i3 -f "dst port 80 and host 192.168.44.7" -T fields
-e frame.number -e ip.src -e ip.dst -e tcp.window_size
Capturing on 'Wi-Fi'
1        192.168.44.7        68.71.212.186        63620
2        192.168.44.7        23.59.197.231        261
3        192.168.44.7        23.216.11.9          251
4        192.168.44.7        23.216.11.9          256
5        192.168.44.7        68.71.222.248        63397
6        192.168.44.7        64.233.177.156       256
7        192.168.44.7        23.61.194.170        256
8        192.168.44.7        23.61.194.170        256
9        192.168.44.7        23.61.194.170        256
10       192.168.44.7        23.61.194.170        256
11       192.168.44.7        23.61.194.170        256
12       192.168.44.7        23.61.194.170        256
13       192.168.44.7        23.216.11.9          796
14       192.168.44.7        23.216.11.9          796
15       192.168.44.7        23.216.10.218        254
16       192.168.44.7        23.216.10.218        254
17       192.168.44.7        23.61.194.243        256
18       192.168.44.7        23.216.11.9          256
```

그림 136 수집 과정을 수동으로 정지해야 한다.

매개변수 -E를 이용해서 내보낸 정보를 쉽게 읽을 수 있도록 옵션을 추가한다. 예를 들면 필드 헤더를 추가하기 위해 -E header=y를 넣는다.

스프레드시트에 있는 정보를 분석하려면 -E separator=를 이용한다. 이렇게 하면 내보낸 정보를 콤마(,)로 분리된 형식으로 설정할 수 있다.

명령어 끝에 > stats.txt를 사용하면 정보를 파일 stats.txt에 저장할 수 있다.

다시 tshark -h를 사용해서 모든 가능한 옵션을 살펴본다.

트래픽 통계 자료 내보내기

매개변수 -z를 이용해서 트래픽에 대한 다양한 통계 자료를 살펴본다. 매개변수 -q를 이용해서 Tshark가 스크린에 각 프레임을 표시하는 과정을 멈추게 하는 걸 생각해보라. 예를 들어 그림 137에서는 tshark -3 -qz io,phs를 구동시켜 인터페이스 3에 나타난 Protocol Hierarchy Statistics(phs)를 디스플레이하게 실행했다.

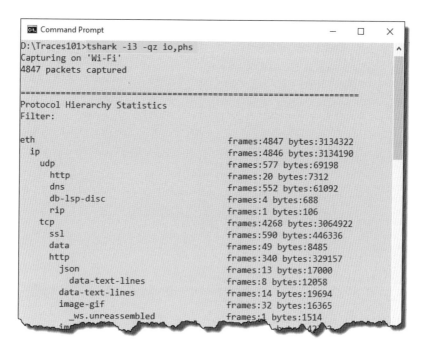

```
Command Prompt                                    —   □   ×

D:\Traces101>tshark -i3 -qz io,phs
Capturing on 'Wi-Fi'
4847 packets captured

===============================================================
Protocol Hierarchy Statistics
Filter:

eth                              frames:4847 bytes:3134322
  ip                             frames:4846 bytes:3134190
    udp                          frames:577 bytes:69198
      http                       frames:20 bytes:7312
      dns                        frames:552 bytes:61092
      db-lsp-disc                frames:4 bytes:688
      rip                        frames:1 bytes:106
    tcp                          frames:4268 bytes:3064922
      ssl                        frames:590 bytes:446336
      data                       frames:49 bytes:8485
      http                       frames:340 bytes:329157
        json                     frames:13 bytes:17000
          data-text-lines        frames:8 bytes:12058
        data-text-lines          frames:14 bytes:19694
        image-gif                frames:32 bytes:16365
        _ws.unreassembled        frames:1 bytes:1514
```

그림 137   트래픽을 수집하지 않고 사용 중인 다양한 프로토콜과 애플리케이션을 볼 수 있다.

모든 통계 자료를 텍스트 파일로 내보내고 싶다면 앞에서 언급했듯이 단순히 그 결과를 파일로 재지정하면 된다. 예를 들면 tshark -3 -qz io,phs > stats.txt와 같이 지정하면 된다. 통계 자료를 계속해서 수집하려면 > 대신에 >>를 사용해서 추가적인 정보를 기존 텍스트 파일에 추가한다.

가장 흥미로운 통계 자료 중 하나는 네트워크상에서 통신 중인 호스트 목록이다. 그림 138에서는 tshark -qz hosts를 입력해 인터페이스 3에 있는 동작 중인 호스트 목록을 추출했다.

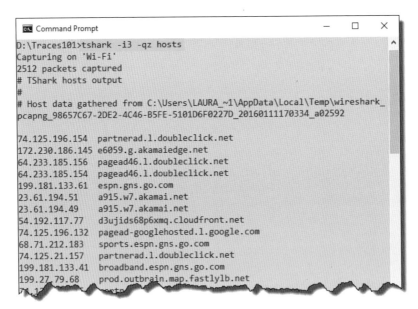

그림 138 tshark -qz hosts를 이용해서 네트워크상에 관찰된 활동 호스트 목록을 쉽게 만들 수 있다.

기존 추적 파일에서 Expert 경고, 주의, 또는 오류를 추출하고자 한다면 매개변수 -r을 이용한다. 예를 들면 그림 139에서는 tshark -r "http-download101.pcapng" -qz expert,warns를 입력해서 추적 파일에 패킷 손실과 zero window 조건이 있었다는 걸 알 수 있었다.

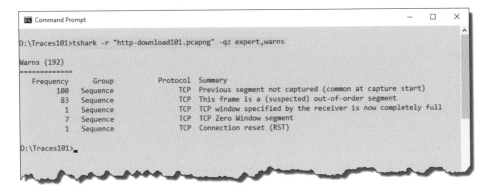

그림 139 expert 경고를 추출해서 수집되지 않은 세그먼트에 대한 몇 가지 경보를 볼 수 있다.

[http-download101.pcapng]

매개변수 -z에 대해 더 자세한 사항을 알고자 한다면 www.wireshark.org/docs/man-pages/tshark.html을 참조하라.

HTTP 호스트 필드 값 내보내기

Tshark를 사용해서 쉽게 네트워크상에 실시간 관찰된 모든 HTTP Host 필드 값을 수집할 수 있고, 그 정보를 텍스트 파일로 저장할 수 있다. 이렇게 하려면 http.host 필드를 갖고 있는 패킷에 대한 디스플레이 필터를 포함시킨다. 추가해서 내보낼 필드 이름으로 http.host를 정의하고 그 정보를 텍스트 파일로 내보낸다. 그림 140에서는 HTTP Host 필드 값을 파일 httphosts.txt에 저장했다.

그림 140 디스플레이 필터와 http.host의 필드 값을 이용해 호스트 목록 파일을 생성한다.

그림 141에서처럼 결과로 나온 텍스트 파일은 오직 HTTP Host 필드 값을 포함한다. 또한 다른 필드 매개변수를 추가해서 목적지 IP 주소(ip.dst)도 저장할 수 있다. 이에 대해서는 실습 46에서 해보기로 한다.

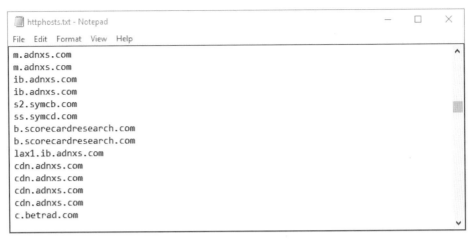

그림 141 추적 파일에서 살펴본 HTTP Host 필드 값 전체 목록을 생성할 수 있다.

실습 46: Tshark로 HTTP Host 이름과 IP 주소 추출

이 실습에서 디스플레이 필터와 파일 이름을 동시에 사용해서 네트워크에서 접속했던 HTTP 서버의 IP 주소와 호스트 이름을 포함하는 파일을 생성한다.

1단계 명령 프롬프트^{command prompt}(윈도우) 또는 터미널 창^{terminal window}(리눅스/매킨토시)을 연다.

2단계 새 HTTP 호스트 이름/주소 파일을 저장하고 싶은 디렉터리로 이동한다. tshark -i3 -Y "http.host" -T fields -e http.host -e ip.dst -E separator=, > httphostaddrs.txt를 입력하고 Enter 키를 누른다.

3단계 브라우저를 이용해 다양한 웹사이트를 방문한다. 몇 분 후에 명령 프롬프트나 터미널 창으로 다시 돌아와 수집 과정을 수동으로 정지시킨다(예를 들면 창에서 Ctrl + C를 입력).

와이어샤크는 수집한 패킷 수를 디스플레이하고, 이것은 텍스트 파일에 있는 호스트 수와 IP 주소의 수다.

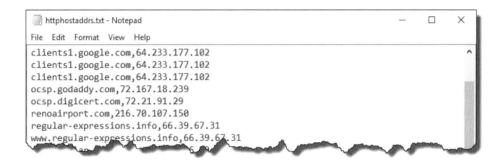

```
Command Prompt                                      —   □   ×

D:\Traces101>tshark -i3 -Y "http.host" -T fields -e http.host -e ip.dst
 -E separator=, > httphostaddrs.txt
Capturing on 'Wi-Fi'
39

D:\Traces101>_
```

4단계   파일 httphostaddrs.txt를 열고 살펴본다.

```
httphostaddrs.txt - Notepad                         —   □   ×
File  Edit  Format  View  Help
clients1.google.com,64.233.177.102
clients1.google.com,64.233.177.102
clients1.google.com,64.233.177.102
ocsp.godaddy.com,72.167.18.239
ocsp.digicert.com,72.21.91.29
renoairport.com,216.70.107.150
regular-expressions.info,66.39.67.31
www.regular-expressions.info,66.39.67.31
```

오직 관심 있는 정보만 추출하기 위해 필드와 필터를 갖고 연습을 해본다. 자주 사용하는 Tshark 명령어를 실행해보기 위해 배치 파일이나 스크립트를 생성해본다.

8.7 와이어샤크와 네트워크 분석 계속해서 배우기

여기까지 대부분의 중요한 와이어샤크 기능과 네트워크 분석 기능을 다뤘다. 46개의 실습을 해봤고, 이제 8장의 도전 과제를 해볼 때가 됐다. 일단 도전 과제를 해결하고 나면 그 다음은 무엇을 해야 할까?

네트워크 분석 교육을 지속해서 공부하라는 몇 가지 권장 사항은 다음과 같다.

- 사이트 www.wiresharkbook.com에 방문해서 이 책의 보조 자료와 사이트에 있는 다른 참고서 목록을 점검해본다.

- 사이트 www.wireshark.org에 방문해서 와이어샤크 메일링리스트에 등록해 언제 새로운 와이어샤크 버전을 다운로드할 수 있는지에 대한 통지를 수신하게 한다.

- 뉴스레터 www.chappellU.com에 등록해 무료 온라인 와이어샤크 활동에 대한 소식을 살펴본다.

- 자신의 트래픽을 수집하는 연습해 웹사이트를 방문해서 브라우징하고, 이메일을 보내고, 회사 서버에 로그인할 때 생성되는 트래픽 유형에 익숙해지도록 한다.

- 새로운 프로파일과 새로운 디스플레이 필터를 추가해서 지속적으로 와이어샤크를 자신의 목적에 맞게 만든다.

- 자신에게 맞춰진 설정을 다른 IT 팀 구성원과 공유해 팀의 네트워크 분석 효율을 높일 수 있는 마스터 프로파일을 생성한다.

- 와이어샤크 숙련도를 검증하려면 와이어샤크 공인 네트워크 분석가[WCNA] 인증을 고려한다. WCNA 프로그램에 대한 정보는 www.wiresharktraining.com/certification.html을 방문한다.

각 장의 제목이 있는 쪽을 읽고 나면 네트워크 분석에 능숙해지는 여러 가지 혜택이 있다. 이제 자신의 네트워크 트래픽으로 뛰어들어 문제를 찾아내고 비정상적 네트워크 상황을 신속하게 감지해야 할 때다.

도전 과제

challenge101-8.pcapng와 8장에서 다룬 커맨드라인 도구 기법을 이용해 다음 도전 과제에 답하라. 해답은 부록 A에 있다.

질문 8-1   자신의 와이어샤크 시스템에서 활성화된 인터페이스 목록을 만들려면 어떤 Tshark 매개변수를 사용해야 하는가?

질문 8-2   Tshark를 이용해서 프로토콜 계층 정보를 추출할 때 challenge101-8. pcapng 안에 얼마나 많은 UDP 프레임이 있는가?

질문 8-3   Tshark를 이용해서 challenge101-8.pcapng의 모든 DNS 패킷을 파일 ch8dns.pcapng로 내보내라. 얼마나 많은 패킷이 내보내졌는가?

도전 과제 해답

공유라는 말을 알고 있다. 지식을 다른 사람과 공유하라. 5분만 시간을 내서 다른 사람에게 멋진 내용을 가르쳐라. 그러면 네트워킹에 대한 악몽을 끝낼 수 있다는 것을 알게 된다.

내게 와이어샤크를 처음으로 알려준 사람을 결코 잊을 수가 없다. 평생 고맙게 생각할 것이다. 여러분도 알려주는 첫 번째 사람이 되라.

제니퍼 켈즈(Jennifer keels)/CNP-S, CEH, 네트워크 엔지니어

0장 도전 과제 해답

해답 0-1   상태 바는 이 추적 파일이 20개의 프레임을 갖고 있음을 나타내고 있다.

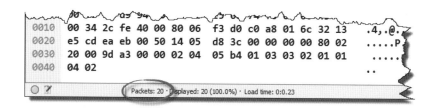

해답 0-2   Source 열과 Destination 열은 이 TCP 연결이 192.168.1.108과 50.19.229.205 사이의 연결임을 나타내고 있다.

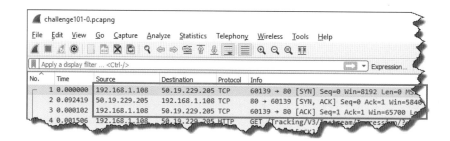

해답 0-3   프레임 4는 HTTP GET 요청이다.

```
4    0.001506  1384 192.168.1.108 50.19.229.205 HTTP  GET  /Tracking/V3/Instream/Impr
```

해답 0-4   Length 열을 정렬하면(파일을 스크롤하거나 Length 열을 살펴보는 것만으
로도) 가장 큰 프레임이 1,428 바이트임을 나타낸다.

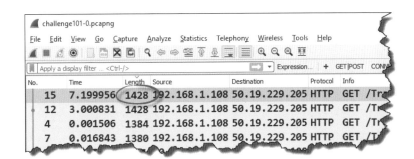

해답 0-5   와이어샤크는 Protocol 열에서 오직 HTTP와 TCP만 표시한다.

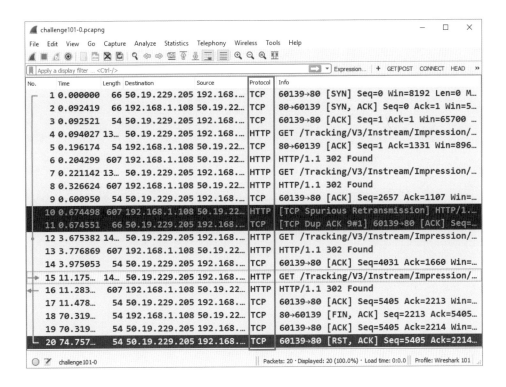

해답 0-6   HTTP 서버는 302 Found 응답(프레임 6, 8, 10, 13과 16)을 보낸다.

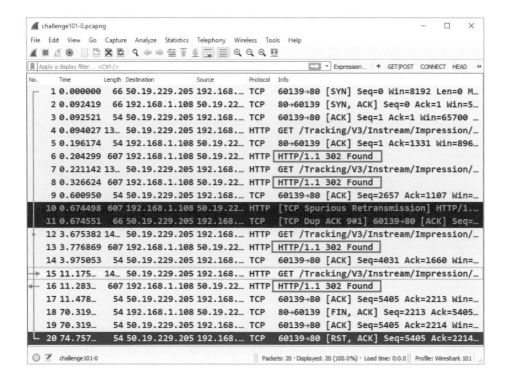

해답 0-7 이 추적 파일에는 IPv6 패킷이 없다. Source 열과 Destination 열은
오직 IPv4 주소만 표시한다.

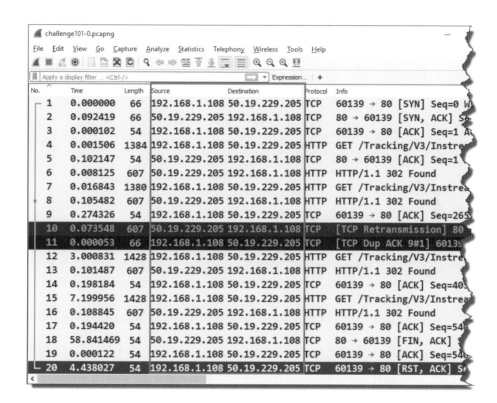

1장 도전 과제 해답

해답 1-1　이전 버전의 와이어샤크(와이어샤크 v1.x)를 실행하는 경우 다음 그림과
같이 HTTP 기본 설정((Edit › Preferences Protocols › HTTP)에서 포트
87을 추가해야한다. 새로운 설정을 추적 파일에 적용하려면 메인 툴바
에 있는 Reload 버튼을 클릭해야 한다.

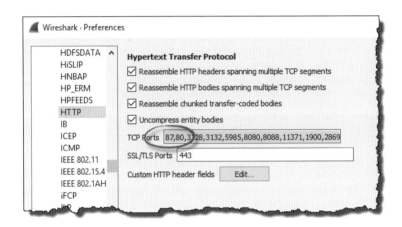

프레임 13이 디폴트 페이지에 대한 GET 요청임을 알 수 있다.

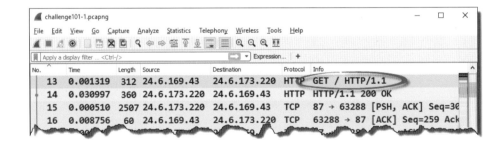

해답 1-2   프레임 14에서 서버는 200 OK로 응답한다. 이것은 TCP 재조립 기능을 활성화하면 프레임 17에 나타날 것이다(실습 5 참조).

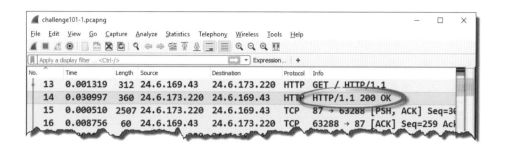

해답 1-3   TCP 델타 시간을 알아보기 위해 Calculate conversation timestamps TCP preference(Edit > Preferences Protocols > TCP)를 활성화해야 한다. 그런 다음 TCP 헤더의 끝에 있는 새로운 "Time since previous frame in this TCP stream" 라인을 오른쪽 클릭할 수 있고, Apply as Column을 선택하고, 새 열의 머리부를 두 번 클릭해서 높은 곳에서 낮은 순으로 분류한다. 프레임 285는 가장 큰 TCP 델타 시간을 포함하고 있는데, 이는 15.438012000초다.

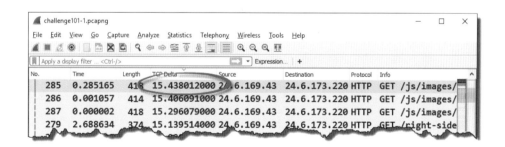

해답 1-4 질문 1-3에서 정렬한 TCP Delta 열에 기초해 Info 열과 TCP Delta 열을 살펴보고 얼마나 많은 SYN 패킷이 1초 이상인 값을 갖고 있는지 알 수 있다. 4개의 SYN 패킷이 적어도 1초 지연돼 도착했다(순서대로 보면 프레임 3, 6, 2와 5). 이것은 TCP 피어를 연결하는 데 문제가 있다는 걸 의미한다.

이 4개의 SYN 패킷은 TCP 재전송을 나타낸다.

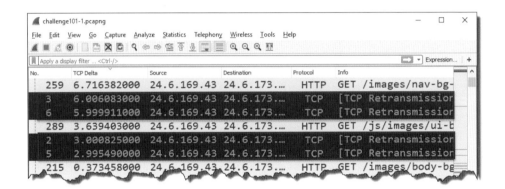

2장 도전 과제 해답

해답 2-1 먼저 자동으로 포트 80번을 통과하는 자신의 트래픽만을 수집하고 그 트래픽을 파일 mybrowse.pcapng에 저장하게 와이어샤크를 구성한다. Capture Options 창의 예가 다음 그림에 나타나 있다. 어떠한 ICMP 트래픽도 수집되지 않는다.

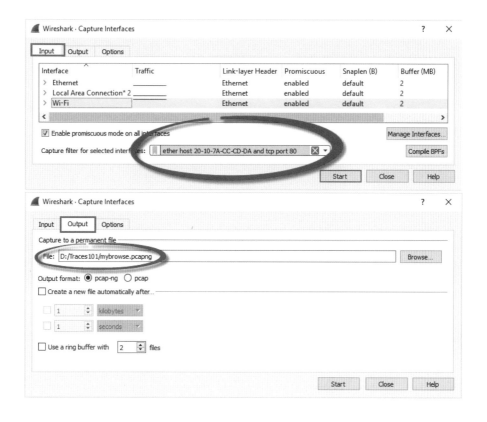

해답 2-2   www.chappellU.com에 ping을 해보고 브라우징한 뒤에 포트 80을 통
          과하는 트래픽만 수집할 수 있다. Protocol 열은 TCP와 HTTP 트래픽
          목록만 보여준다.

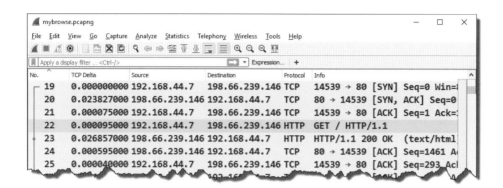

해답 2-3   이제 와이어샤크를 자동으로 ICMP 트래픽을 수집하고 myicmp.pcapng
           파일에 저장하게 설정했다. Capture Options 창의 예는 다음 그림과
           같다.

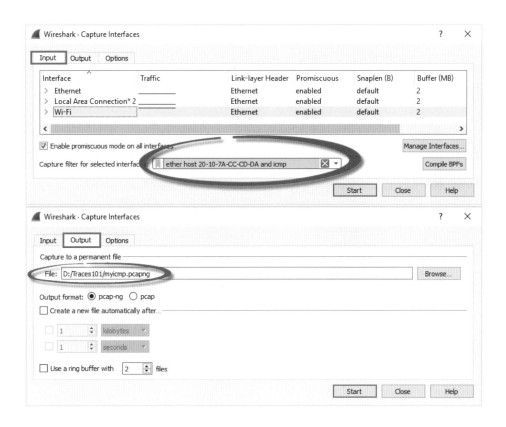

사이트 www.chappellU.com을 다시 ping 해보고 브라우징한 뒤에 추
적 파일이 수집 필터에 기반을 둔 ICMP 트래픽만 포함하고 있음을 볼
수 있다. 얼마나 많은 ICMP 패킷을 수집했는가는 ping 애플리케이션으
로 생성된 ICMP 트래픽의 양과 수집 과정 동안 생성된 모든 백그라운드
ICMP 트래픽에 따라 달라진다.

해답 2-4   패킷의 ICMP 부분 내부를 살펴보려면 Type 8/Code 0(Echo 요청)과
            Type 0/Code 0(Echo 응답)을 살펴봐야 한다. 다음 그림에서는 ICMP
            Type 필드를 오른쪽 클릭하고 Apply as Column을 선택했다.

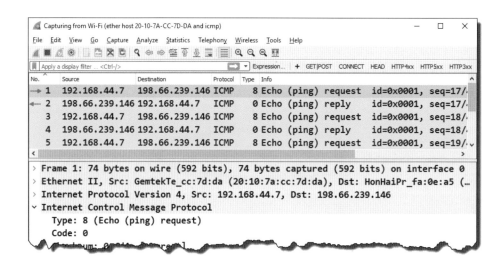

3장 도전 과제 해답

해답 3-1   ip.addr==80.78.246.209 필터를 이용해서 32개의 패킷이 80.78.246.
209를 통과했다고 판단했다.

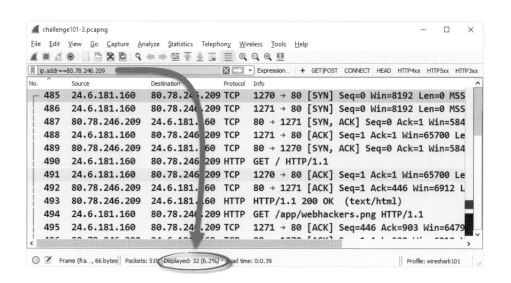

해답 3-2   dns 필터를 기반으로 추적 파일에 8개의 DNS 패킷이 있다고 판단했다.

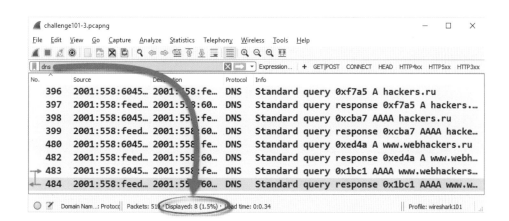

해답 3-3   tcp.flags.syn==1 필터를 기반으로 이 추적 파일에는 TCP SYN 플래
         그가 on으로 설정된 12개의 TCP 패킷이 있다고 판단했다.

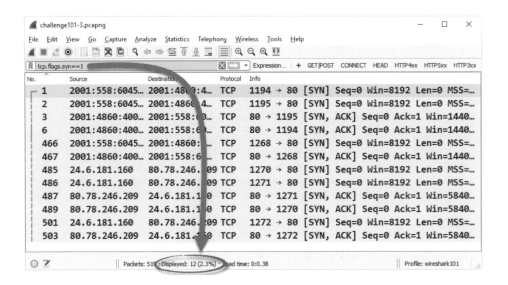

해답 3-4   frame matches "(?i)set-cookie" 필터를 기반으로 3개의 패킷이 이
         문자열에 포함돼 있다고 판단했다. 프레임 9에서 응답 코드 200 OK를
         보기 위해 TCP Preferences 안의 Allow subdissector to reassemble
         TCP streams를 비활성화했다.

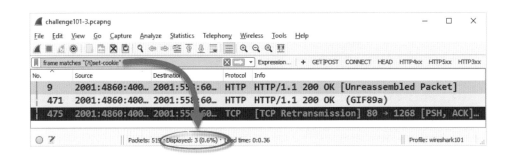

해답 3-5   tcp.time_delta > 1 필터를 기반으로 그들보다 앞서 18개의 TCP 프레임이 1초 이상 지연돼 도착했다고 판단했다.

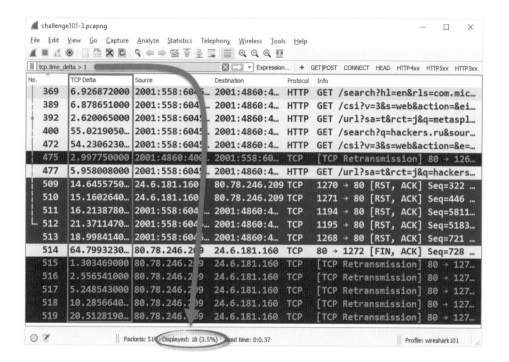

4장 도전 과제 해답

해답 4-1   프레임 170이 TCP 분석 플래그된 패킷(Window Update 패킷을 제외하고) 을 찾는 Bad TCP 컬러링 규칙에 일치한다.

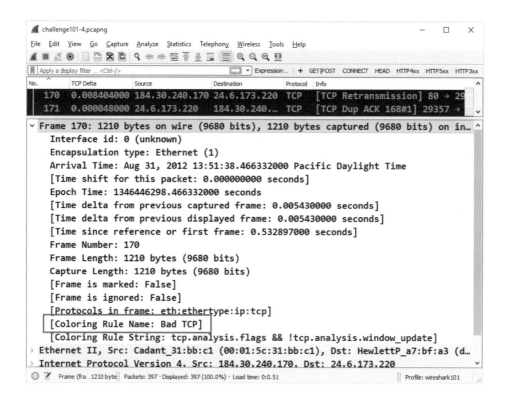

해답 4-2   `tcp.stream==5` 필터를 적용했고 패킷 목록 창의 한 줄을 오른쪽 클릭했다. Colorize Conversation ▸ TCP를 선택했고 Color 6를 선택했다. 이 TCP 스트림은 13개 프레임을 포함한다.

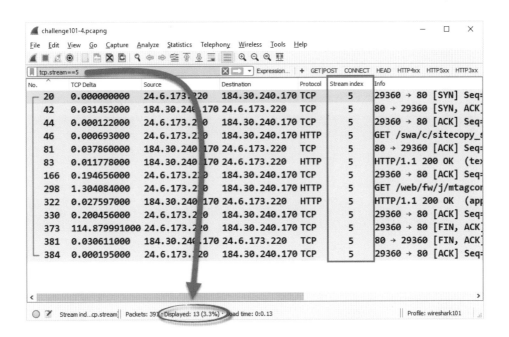

해답 4-3   tcp.time_delta > 100 필터를 이용해서 컬러링 규칙을 생성했다. 동일
한 문자열을 디스플레이 필터로 사용했고 9개의 프레임이 이 필터에
일치되는 걸 알았다. 하나의 패킷은 아직 질문 4-2로부터 임시 컬러링
규칙을 고수하고 있다.

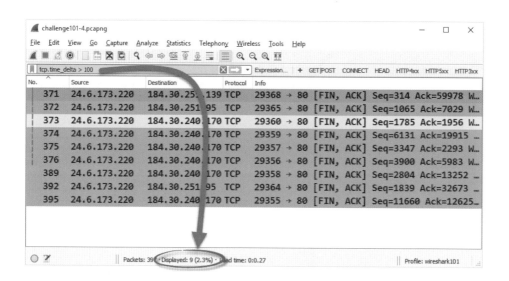

해답 4-4 TCP Delta 열을 생성한 뒤에 File › Export Packet Dissections › as CSV를 선택했다. 수집한 패킷과 유일한 Packet 요약 줄을 내보내기 위해 선택했다.

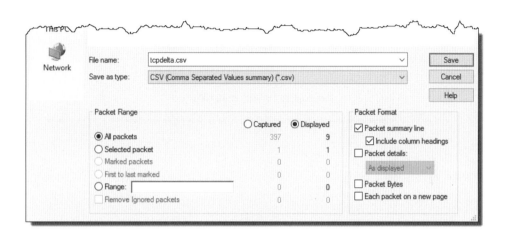

액셀에서 .csv 파일을 열었으며, 내보낸 TCP Delta 열의 평균값을 115.2703762로 파악했다.

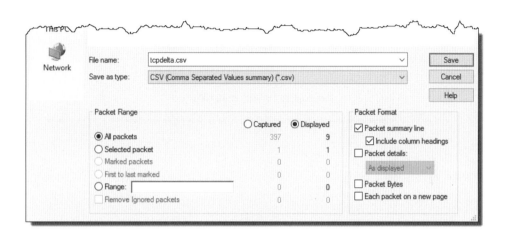

5장 도전 과제 해답

해답 5-1   Statistics › IO Graph를 선택했고 Y축에 디폴트 Packet/s 단위를 사용했다. 이 추적 파일에서 관찰된 가장 높은 패킷/초 값은 대략 86패킷/초다.

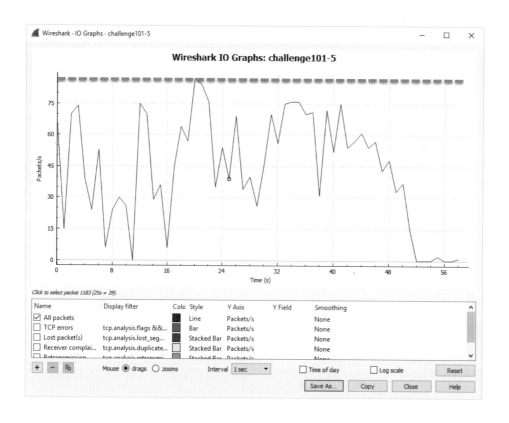

해답 5-2　Y축을 Bits/s로 변경한 후 이 추적 파일 안에 관찰된 가장 높은 비트/초 값은 대략 630,000비트/초다.

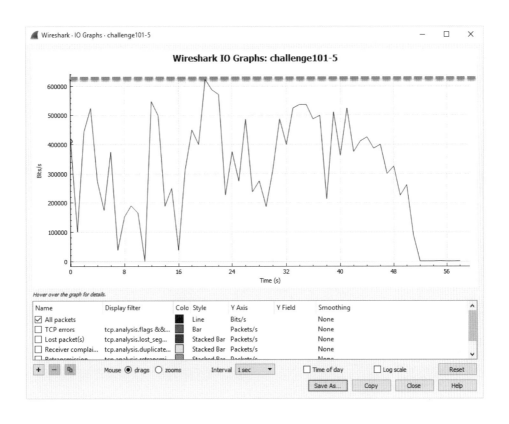

해답 5-3　Statistics > Conversations > TCP를 선택하면 추적 파일 안에 오직 하나의 TCP 대화만 있다는 걸 알 수 있다.

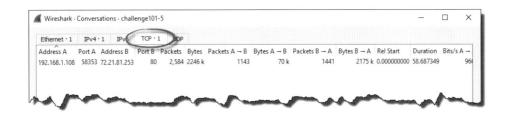

해답 5-4   Expert Informations 창에서 Warnings 섹션을 확장한 후에 Previous
          segment not captured 중 하나를 오른쪽 클릭하고 Apply as Filter >
          Selected를 선택한다. 상태 바는 추적 파일이 172개가 있음을 나타낸
          다. 경로를 따라 연결된 상호 연결 장치는 패킷을 삭제하는 경우가
          많다.

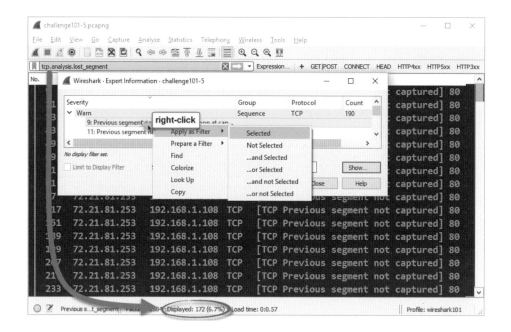

해답 5-5   Notes 섹션을 클릭하고 tcp.analysis.retransmission 필터를 적용
하면 총 183개의 재전송과 빠른 재전송이 있다는 걸 알 수 있다. 패킷
손실에 대한 복구 절차가 있다.

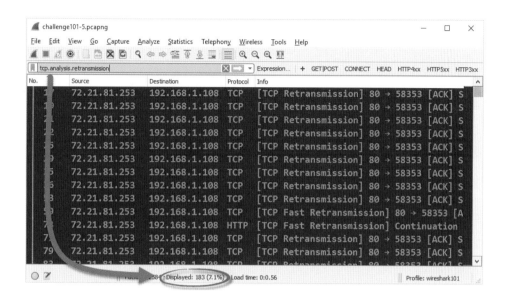

6장 도전 과제 해답

해답 6-1　먼저 TCP Allow subdissector to reassemble TCP streams preference 가 활성화돼 있는지 확인한다. 그런 다음에 File ❯ Export Objects ❯ HTTP를 선택해 추적 파일 안에서 어느 HTTP 객체가 전송됐는지 알았다. 두 개의 .jpg 파일은 sample2b.jpg와 featureb.jpg다.

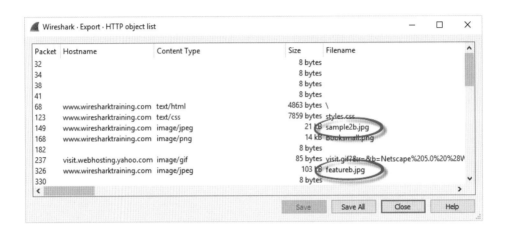

해답 6-2　HTTP 객체 목록을 스크롤다운하면 arbornetworks.com으로 목록화된 next-active.png를 볼 수 있다.

이 항목을 클릭해서 패킷 1,214로 점프해 갈 때 그 파일이 http://www.
arbornetworks.com/modules/mod_arborslideshow/tmpl/img/icon/
slider/next-active.png에 있다는 것을 나타내는 301개의 Moved
Permanently 응답을 보았다.

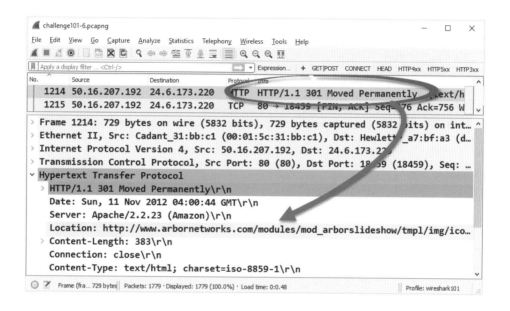

해답 6-3   booksmall.png를 선택했고 Save As를 선택했다. 이 파일은 오렌지색
         배경에 『Wireshark Network Analysis』 책 그림의 윗부분 반쪽을 나타
         내고 있다.

해답 6-4 프레임에서 오른쪽 클릭을 해 Follow TCP stream을 선택하기 전에 추적 파일을 tcp.stream eq 7로 필터링했다. 이 대화에서 클라이언트는 파이어폭스Firefox를 이용해서 www.wiresharktraining.com을 브라우징했다.

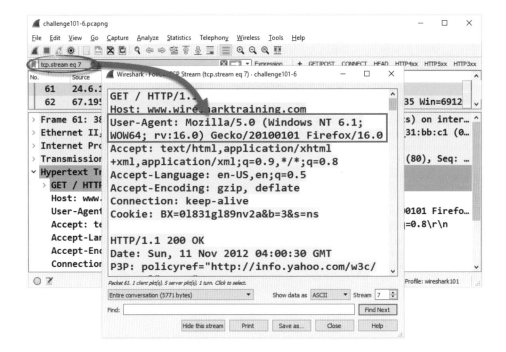

7장 도전 과제 해답

해답 7-1   상태 바에 있는 추적 파일에서 Annotation 버튼을 클릭해 저작권 주의
사항을 살펴봤고 추적 파일에 대한 몇 가지 기본 정보를 살펴봤다.

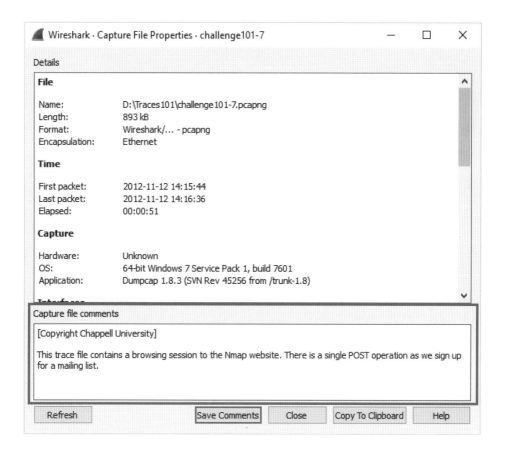

해답 7-2　　　상태 바의 Expert Infomation 버튼을 클릭했고 그런 다음 Comments
　　　　　　　　섹션을 클릭해서 3개의 패킷 설명을 살펴봤다.

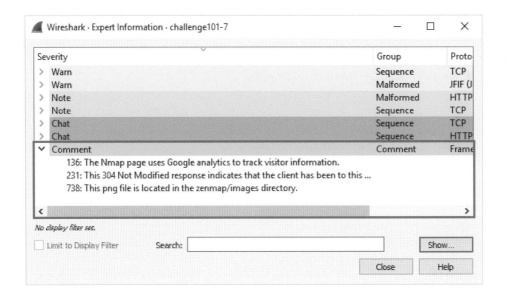

해답 7-3　　　http.request.method contains "POST" 필터를 적용해서 POST 패킷 (938)을 찾았다. 그런 다음 메시지를 입력하기 전에 그 패킷을 오른쪽 클릭했고 Packet Comment를 선택했다.

http.request.method=="POST" 필터나 http.request.method matches "POST" 필터까지도 잘 적용됐다.

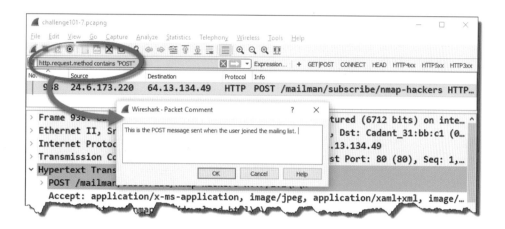

8장 도전 과제 해답

해답 8-1   매개변수 -D를 이용해서 와이어샤크 시스템 위의 활성화된 인터페이스
를 목록화했다.

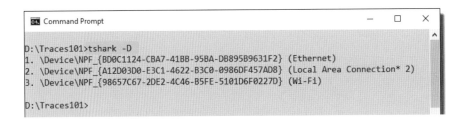

해답 8-2   tshark -r challenge101-8.pcapng -qz io,phs를 이용하면 challenge101-8.
pcapng 안에 62개의 UDP 프레임이 있다는 것을 알 수 있었다.

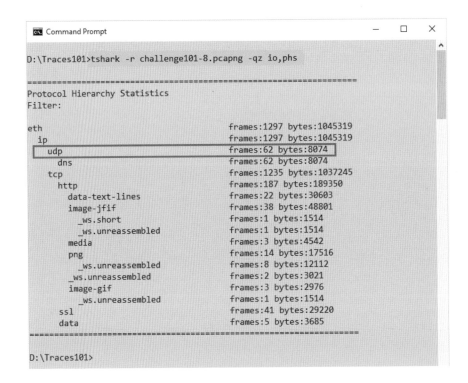

해답 8-3   명령어 tshark -r challenge101-8.pcapng -R "dns" -w ch8dns.pcapng
를 이용해서 DNS 트래픽을 내보냈고, 62개의 DNS 패킷을 발견했다.
분명히 모든 UDP 트래픽은 DNS다.

패킷 수를 알아보기 위해 capinfos ch8dns.pcapng를 사용할 수도
있다.

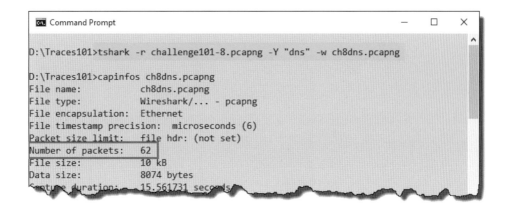

추적 파일 설명

프로토콜 분석은 애플리케이션이나 네트워크가 어떻게 동작하는지를 알 수 있는 유일한 방법이다. 그렇지만 도구에 대한 지식이 있고 훈련을 해야만 잘 쓸 수 있다.

더 많은 연습 = 더 많은 지식

토니 포튜나토(Tony Fortunato)/Technology Firm의 수석 네트워크 성능 전문가

실습용 추적 파일 소개

웹사이트(www.wiresharkbook.com)에는 이 책에서 다루고 있는 모든 추적 파일이 들어있다. 이 책의 추적 파일을 사용하기 위한 라이선스에 주의하기 바란다.

사용자는 프로토콜 분석 연구소^{Protocol Analysis Institute}, 부설기관, 제휴사, 공무원, 에이전트, 직원, 파트너와 인가자에게 손해 배상이나 요구를 하지 않겠다고 동의하라. 포함된 추적 파일을 사용할 때 발생하는 문제나 TOS^{서비스 약관} 위반, 또는 타인의 권리 침해로 인한 3자에 의한 소송이나 요구에 대해 이 책은 아무런 책임이 없다. 변호사 비용도 요구하면 안 된다.

상업적 재사용 금지

어떠한 경우에든 www.wiresharkbook.com에 있는 추적 파일을 상업적인 목적으로 재생산, 복제, 복사, 판매, 거래, 소매, 또는 오용해서는 안 된다.

a.pcapng

이 추적 파일에는 다운로드 세션이 들어 있다. 클라이언트가 OpenOffice 애플리케이션을 받고 있다. 클라이언트에 대한 첫 번째 응답에서 서버 속도가 약간 느리다. 성능에 문제가 있는가?(8장)

dhcp-serverdiscovery101.pcapng

이 추적 파일은 DHCP 트래픽만 포함한다. DHCP 트래픽을 보기 위해 필요한 디스플레이 필터는 단순히 **bootp**다(3장).

dns-nmap101.pcapng

www.nmap.org와 www.insecure.org(엔맵 창시자인 표도르^{Fyodor}가 관리)뿐만 아니라 google.com과 dropbox.com에 접근하기 위한 시도를 포함하는 브라우징 세션에서 DNS 트래픽을 저장했다. 약간의 DNS 문제가 있어서 우리를 표도르의 사이트에 접근 하지 못하게 한다(4장).

ftp-bounce.pcapng

이 추적 파일은 실패한 FTP 업로드 프로세스를 나타낸다. FTP 클라이언트는 FTP 서 버에 연결하고, 파일 이름과 함께 **STOR** 명령을 보내며, 심지어 데이터 전송 채널에 대한 TCP 연결을 설정할 수도 있다. 그러나 클라이언트가 서버로 데이터를 보내기 시작하면 서버는 FTP bounced 공격에 대한 두려움으로 TCP 재설정을 무의미하게 보낸다(4장).

ftp-clientside101.pcapng

와이어샤크는 클라이언트에서 동작하면서 추적 파일에 있는 FTP 명령어와 데이터 채 널 트래픽을 수집한다. 사용자 이름과 패스워드는 평문 상태로 볼 수 있다. Follow TCP Stream을 이용해 이 추적 파일에서 전송된 파일을 재조립할 수 있다(3장, 6장).

ftp-crack101.pcapng

패스워드 크래킹 시도 중에 수집을 시작했다. 주제어 필터링 연습으로 아주 좋은 추적 파일이다. 패스워드 크래킹 시도가 성공적이었는가?(3장, 4장)

ftp-download101.pcapng

FTP 배너는 이 추적 파일의 패킷 목록 창에서 아주 명확히 나타난다. 명령어 채널 스트림을 따라가면서 클라이언트가 서버에게 무엇을 요구하는지 알아보라. 바이트에 기반을 둔 가장 활성화된 통신을 찾는 연습과 트래픽에 필터를 적용하는 연습을 해보라(6장).

general101.pcapng

네트워크 그림을 구성하기 위해 따라간 추적 파일이다. 추적 파일에 포함된 MAC 주소와 IP 주소를 확인했다(0장).

general101b.pcapng

하나의 외부 호스트(121.125.72.180)와 하나의 내부 호스트(24.6.169.43)가 로컬 호스트에 연결하려고 한다. 연결 시도와 응답을 탐지하기 위해 모든 TCP SYN 패킷을 찾기 위한 디스플레이 필터의 구성을 생각해보라(3장, 5장).

general101c.pcapng

이 추적 파일을 이용해서 네트워크상의 의심스런 트래픽을 탐지한다. Protocol Hierarchy를 관찰해서 IRC 트래픽을 식별하고, Follow TCP Stream을 이용해서 트래픽을 재조립하고 명령어를 식별하라. IRC 서버의 이름은 무엇인가?(5장)

general101d.pcapng

이 추적 파일에는 다양한 TCP 문제가 들어 있다. Expert Information 창을 열어 이 네트워크에 대한 문제점을 파악하라(5장).

gen-startupchatty101.pcapng

이 추적 파일을 사용해서 통신상 통계 자료를 검사했다. 추적 파일은 15개의 IPv4 대화와 12개의 IPv6 대화를 포함하고 있다. 오직 6개의 TCP 대화뿐이지만,52개의 UDP 대화가 있다(3장).

http-au101b.pcapng

이 추적 파일을 이용해 웹 브라우징 세션을 추적하고 HTTP Host 필드 값을 내보냈다. 패킷 목록 창의 열을 추가로 처리하기 위해 CSV 파일로 내보냈다(4장).

http-browse101.pcapng

이 추적 파일에는 하나의 웹 브라우징 세션이 포함돼 있다. 열을 추가하는 연습이나 웹사이트 종속성을 규명하기 위한 DNS 트래픽을 필터링하기에 좋은 추적 파일이다 (3장, 4장, 6장).

http-browse101b.pcapng

이 추적 파일에는 IPv4와 IPv6 트래픽이 들어 있다. 이 추적 파일을 이용해서 Protocol Hierarchy 창을 검사했다(5장).

http-browse101c.pcapng

이 추적 파일에는 미국의 한 호스트와 중국의 호스트 사이의 트래픽이 들어있다. 이것은 GeoIP 매핑을 연습할 때 사용할 좋은 추적 파일이다(5장).

http-browse101d.pcapng

이 추적 파일에는 다양한 내부적으로 얽혀있는 대화가 들어있다. 임시 컬러링 규칙을 적용해서 대화를 분리하기 위해 대화를 구별하는 연습을 해보라(4장).

http-chappellu101.pcapng

이 추적 파일에는 하나의 매우 단순한 웹 브라우징 세션이 들어 있다. 이 파일을 이용해서 웹 객체를 재조립하는 연습을 해보라(1장).

http-chappellu101b.pcapng

이 브라우징 세션에서 사용자는 웹사이트에 위치한 PDF 파일을 열었다. 추적 파일을 자세히 살펴보면 브라우저가 외부 PDF 읽기 소프트웨어를 사용한다는 걸 알 수 있다. 해당 뷰어 사이트를 점검하기 위해 404 오류를 탐지했다(3장).

http-chappellu101c.pcapng

이 클라이언트는 두 개의 개별 DNS 서버에 대한 DNS 조회를 작성한 후 www.chappellu.com을 브라우징한다. 추적 파일의 끝에서는 클라이언트가 메인 페이지의 링크에 포함된 모든 도메인 이름에 대해 일련의 DNS 조회를 수행한다(1장).

http-cheez101.pcapng

이 추적 파일은 악명의 cheezburber.com 사이트 브라우징 세션을 설명한다. 이 추적 파일을 열어 TCP Allow subdissector to reassemble TCP streams 기본 설정을 사용하거나 사용하지 않게 재구성하라. 프레임 10에서 차이점을 볼 수 있다(7장).

http-college101.pcapng

이 파일도 하나의 웹사이트를 브라우징하기 위해 많은 수의 연결을 포함하고 있는 또 다른 훌륭한 추적 파일이다. GET 요청을 차분히 읽어보고 흥미 있는 .jpg 파일 이름을 살펴보라(6장).

http-disney101.pcapng

거기에 갈 수 있다면 그곳은 '지구에서 가장 행복한 곳'… 이 추적 파일은 브라우징 세션을 느리게 만드는 DNS 오류를 잘 나타내고 있다(1장, 3장, 8장).

http-download-c.pcapng

이 파일은 다른 OpenOffice 패키지 다운로드를 보여주는 멋진 큰 추적 파일이다. 이 추적 파일에는 몇 가지 문제점이 있으며, 처음에는 서버 속도가 느려진다. 마치 a.pcapng처럼…(8장)

http-download101.pcapng

이 추적 파일은 몇 가지 매우 심각한 TCP 문제를 포함하고 있다. Expert Information 창을 이용해서 오류를 식별하라. 패킷 시간 정보에 주의를 기울여서 이 오류가 성능에 얼마나 큰 영향을 주었는지 파악해보라(5장, 8장).

http-download101c.pcapng

GET 요청을 필터링해 이 추적 파일에서 클라이언트가 무엇을 다운로드했는지 알아보라. 발견한 내용을 토대로 컬러링 규칙을 만들어보라(8장).

http-download101d.pcapng

이 추적 파일에는 다양한 문제가 있다. 모든 트래픽을 TCP 분석 플래그된 패킷과 비교하는 IO Graph를 생성하라(3장).

http-download101e.pcapng

추적 파일 안에는 속도에 영향을 주는 오류가 있다. TCP 분석 플래그된 패킷을 갖고 또 다른 IO Graph를 만들어라. Y축 눈금을 로그함수로 변경하면 TCP 오류 사이의 관계를 보고 속도가 떨어지는 걸 볼 수 있을 것이다(5장).

http-errors101.pcapng

이 추적 파일에서는 한 사용자가 존재하지 않는 페이지를 로드하려고 한다. 이 추적 파일을 이용해서 HTTP 오류 반응 코드에 대한 컬러링 규칙을 설정하는 연습을 해보라(3장).

http-espn101.pcapng

www.espn.com을 브라우징할 때 거기에는 아무것도 없다는 걸 알게 될 것이다. 이 추적 파일은 웹사이트 간의 내부적 종속성을 보여준다. 실제로는 다수의 사이트에 연결하고 있을 때 사용자가 단일 사이트에 연결하고 있다고 생각할 수도 있다(1장, 3장, 5장, 6장, 8장).

http-google101.pcapng

이 추적 파일에서는 DNS 조회에 대한 응답에서 IPv4와 IPv6 주소를 수신했다. 우리 통신 중 어느 것이라도 IPv6로 통신된 것이 있는가?(0장)

http-jezebel101.pcapng

이 추적 파일에 있는 Frame 섹션을 살펴보라. 이것은 허리케인 샌디가 미국의 동부해안을 강타한 다음 수집한 것이다. 동부 해안의 많은 서버가 홍수에 파괴됐다. 침수된 지하실에 있었던 Datagram 서버에서 호스팅되고 있던 사이트는 jezebel.com이다. 트래픽이 지정된 임시 서버로부터 응답을 명확하게 읽기 위한 TCP 스트림을 재조립해보라(4장).

http-misctraffic101.pcapng

이 웹 브라우징 세션 동안 전송된 실행 파일을 재조립해보라. 이 실행 파일 기능이 완전히 동작하기는 하지만 가장 최신 버전이 아닐 수도 있다(4장, 5장).

http-nonstandard101.pcapng

이 추적 파일에서는 표준이 아닌 포트 번호로 전송된 HTTP 트래픽을 나타내고 있다. HTTP preference 설정을 조정해서 이 트래픽을 적절하게 해석할 수 있다(1장).

http-openoffice101a.pcapng

이 추적 파일은 속도가 느린 서버 응답을 보여준다. Time 열과 TCP Calculate conversation timestamps 기능을 사용해서 지연된 시간이 얼마나 되는지 파악해보라.

http-openoffice101b.pcapng

OpenOffice 다운로드 과정에서 클라이언트는 서버로의 연결을 종료한다. 서버는 TCP Resets를 수신하는 데 시간이 걸린다. 하지만 추적 파일의 끝은 여러 개의 확인 응답되지 않은 데이터 패킷이 들어 있다(1장).

http-pcaprnet101.pcapng

pcapr.net 정보에 접근할 때 지연이 일어나는 걸 감지할 수 있다. Time 열과 TCP 대화 타임스탬프 상세 정보를 사용해서 이 브라우징 세션의 성능을 분석해보라(1장).

http-pictures101.pcapng

istockphoto.com에서 이미지를 브라우징하고 있다. 이 파일을 이용해서 HTTP 객체를 내보내는 연습을 해보라. 사이트 iStockphoto에서 사용한 검색어가 무엇인지 말해보라(3장).

http-sfgate101.pcapng

이 추적 파일은 Hearst Corporation이 소유한 온라인 신문인 sfgate.com에 대한 브라우징 세션을 포함하고 있다. HTTP 필터링 기능을 이용해서 POST 메시지를 탐지해보라(3장, 4장).

http-slow101.pcapng

이 추적 파일은 HTTP 클라이언트와 서버 사이의 매우 속도가 느린 통신을 보여준다. 이는 'high latency' 컬러링 규칙과 디스플레이 필터를 연습해볼 수 있는 아주 훌륭한 추적 파일이다(1장).

http-winpcap101.cap

마이크로소프트의 Network Monitor로 수집한 파일이다. 와이어샤크는 와이어샤크의 Wiretap 라이브러리를 이용해서 쉽게 추적 파일을 열어볼 수 있다(0장).

http-wiresharkdownload101.pcapng

이 추적 파일을 이용해서 http 필터와 tcp.port==80 필터의 결과를 비교해보라. 이들 필터를 적용할 때 Protocol 열 값에 주의하라(3장, 6장).

mybackground101.pcapng

이 추적 파일은 실습 시스템에서 어떤 백그라운드 트래픽이 있는지 파악하기 위해 수집한 것이다. 뷰에서 'normal' 트래픽을 삭제할 때 외부 호스트로부터 들어오는 연결 시도를 탐지했다(0장, 3장).

net-lost-route.pcapng

네트워크에 주요 '결함'이 있을 때 어떤 일이 일어나는지 살펴보라. 지능형 스크롤바를 사용하면 이 추적 파일에서 문제를 신속하게 발견하는 데 도움이 될 수 있다(4장).

sec-concern101.pcapng

이 추적 파일에는 몇 개의 매우 안정적이지 않은 트래픽이 들어있다. Protocol Hierarchy 창을 열고 의심스런 트래픽을 내보내서 무슨 일이 벌어지는지 확실히 알아보라(5장).

sec-nessus101.pcapng

이 추적 파일은 Nessus 스캔을 설명한다. 패킷에 다양한 색이 적용됐고 매우 흥미로운 Protocol Hierarchy 뷰라는 걸 알 수 있다(4장).

sec-suspicous101.pcapng

이 브라우징 세션은 사이트 cz.cc로의 재지정을 나타내고 있다. 2011년에 구글은 cz.cc 도메인 아래에 있는 모든 사이트를 블랙리스트에 올렸다. 그러면서 다음과 같이 선언했다. "지난 90일 동안, cz.cc는 uniform-net.jp/, nuxi-navi.com/, flashracingonline.com/를 포함한 13788개의 사이트를 감염시킨 매개체로서 기능을 한 것으로 보인다."(7장)

smb-join101.pcapng

이 추적 파일에는 도메인을 합친 윈도우 호스트로부터의 SMB 트래픽이 들어 있다. 이 추적 파일을 이용해서 자신의 컬러링 규칙과 SMB 오류를 위한 디스플레이 필터를 점검해보라(3장).

split250*.pcapng

이 추적 파일 집합은 '파일 집합'으로 함께 링크된다. 2장의 설명서를 사용해 이 파일 집합을 열고 사용할 수 있다(2장).

tcp-decodeas.pcapng

이 트래픽은 비표준 포트 번호를 통해 전송되고 있다. 사실 와이어샤크는 사용된 포트에 대한 해석기를 갖고 있지 않다. 스트림을 따라 트래픽이 무엇인지 알아보고, 그다음에 Decode As를 오른쪽 클릭해서 해석기를 강제로 실행해보라(1장).

tr-twohosts.pcapng

이것은 FTP 세션을 수행하고 있다. 이 추적을 사용해 두 개의 개별 대화에 대한 파일 전송 성능을 비교해 기술을 테스트한다. 누가 이겼는가?(5장)

wlan-ipadstartstop101.pcapng

이 추적 파일에는 시작과 종료 프로시저 과정 동안 iPad로부터의 802.11 트래픽이 들어 있다. 이 추적 파일은 AirPcap 어댑터를 사용했고 Radiotab 헤더를 포함하고 있다. 트래픽은 암호화돼 있기 때문에 볼 수는 없다(3장).

네트워크 분석 용어 사전

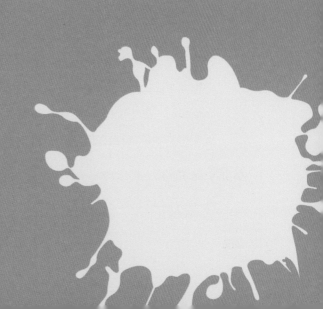

주의 이 용어 사전에서는 네트워크 분석 및 와이어샤크 기능과 연관된 용어를 정의했다.

6to4 traffic 6to4 트래픽은 IPv4 헤더에 내장된 IPv6 패킷을 포함하고 있다. 이 패킷은 IPv4 네트워크를 통해 목적지 IPv6 호스트로 경로 지정될 수 있다. 두 가지 프로토콜을 포함하고 있는 트래픽을 탐지하려면 **ip and ipv6** 디스플레이 필터를 적용하라.

ACK Acknowledgement의 약자로, 이 용어는 TCP 연결 시 어떤 패킷을 수신했다고 확인 응답할 때 보내는 패킷을 말할 때 사용한다. 예를 들어 초기 순서 번호를 포함하는 핸드셰이크 패킷(SYN)은 SYN/ACK로 확인 응답된다. 데이터 패킷도 확인 응답된다.

AirPcap 이 특별한 무선 어댑터는 원래 CACE 테크놀로지 사(현재는 리버베드 사가 소유)에서 무선 네트워크 트래픽을 수집하기 위해 개발했다. 윈도우 호스트에 맞춰 설계됐기 때문에 이 어댑터는 감청 모드로 트래픽을 수집(지역 하드웨어 주소로 보낸 것뿐만 아니라 모든 목적 하드웨어 주소로 보낸 트래픽을 수집한다)할 수 있고 모니터 모드에서도 수집(어떤 무선 네트워크에 연결하지 않으면서 모든 무선 네트워크상 트래픽을 수집)한다. 자세히 알아보려면 www.riverbed.com을 방문해보라.

Annotations 와이어샤크 1.8 버전 이후에서는 추적 파일 전체나 개별적인 패킷에 주석과 설명을 추가할 수 있다. 추적 파일 주석을 보려면 상태 바의 Annotation 버튼을 클릭하거나 Statistics ＞ Summary를 선택하면 된다. 패킷 주석은 패킷 상세 창 안에 있는 패킷의 프레임 섹션 윗부분에서 볼 수 있거나 Expert Infos 창을 연 다음에 Packet Comments 탭을 선택하면 볼 수 있다. 이 디스플레이 필터 **comment**는 주석이 포함된 모든 패킷을 보여준다. 패킷 목록 창의 모든 설명을 보려면 이것을 칼럼으로 추가하면 된다.

Apply as Filter 필드, 대화, 종단, 또는 프로토콜/애플리케이션을 오른쪽 클릭한 후 이 옵션을 이용해 즉시 디스플레이 필터를 적용할 수 있다.

ARP(Address Resolution Protocol)   ARP 패킷은 네트워크에서 어떤 사람이 특정
IP 주소를 사용하고 있는지 아닌지를(무상 ARP) 판단하거나 호스트의 하드웨어 주
소의 위치를 알고자 할 때(ARP 요청/응답) 보낸다. ARP에 대한 수집 필터와 디스플
레이 필터는 둘 다 단순히 **arp**다.

ASCII(American Standard Code for Information Interchange)   ASCII는 패킷 바이
트 창에서 관찰할 수 있는 문자 부호화 수단이다. 패킷 상세 창에서 텍스트 필드
를 하이라이트할 때 해당 필드의 hex와 ASCII 위치가 패킷 바이트 창에서 하이라
이트된다.

background traffic   이 트래픽 유형은 사용자 간섭 없이 발생한다. 전형적인 백그라
운드 트래픽으로는 네트워크상 다른 장치로부터 오는 바이러스 탐지 도구 업데이
트, OS 업데이트, 브로드캐스트 또는 멀티캐스트 등이다. 자신의 컴퓨터에서 트
래픽을 수집한 후 그냥 놔둬라. 컴퓨터 백그라운드 트래픽의 베이스라인에 도달
할 때까지 수집을 계속하게 잠시 동안 놔둔다.

BPF(Berkeley Packet Filtering) Syntax 와이어샤크 수집 필터에서 사용하는 구문이
다. 이 필터링 형식은 원래 커맨드라인 수집 도구인 tcpdump용으로 정의됐다. 와이
어샤크 수집 필터 구문에 대해 더 자세히 알아보려면 wiki.wireshark.org/
CaptureFilters를 참조하라.

Bootstrap Protocol   BOOTP를 참조하라.

BOOTP(Bootstrap Protocol)   정적 주소 지정을 제공하는 이 프로토콜은 DHCP^Dynamic
^Host Configuration Protocol의 전신이다. BOOTP는 동적 주소 지정을 제공한다. IPv4
DHCP 패킷은 BOOTP 헤더를 포함하고 있으며, DHCPv4용 **bootp**와 DHCPv6용
dhcpv6 디스플레이 필터를 이용해 필터링할 수 있다. DHCP를 참조하라.

broadcast   브로드캐스트는 네트워크상의 '모든'을 나타내는 주소 유형이다. 이더넷
^Ethernet MAC 계층 브로드캐스트 주소는 0xFF:FF:FF:FF:FF:FF다. IPv4 브로드캐스

트 주소는 255.255.255.255이고, 네트워크 10.2.0.0에서의 서브넷 브로드캐스트는 10.2.255.255다. 255.255.255.255 주소로의 브로드캐스트는 라우터에 의해 전송되지 않지만, 모든 스위치 포트로는 전달된다. 서브넷 브로드캐스트에서는 라우터를 전달하게 구성하면 라우터에 의해 전달될 수 있다.

Capinfos 이 커맨드라인 도구는 와이어샤크 다운로드에 포함돼 있고 추적 파일에 대한 파일 크기, 수집 지속 시간, 검사합 값 같은 기본적인 정보를 획득하는 데 사용할 수 있다. 보안 침해의 증거로 추적 파일을 사용할 목적이라면 추적 파일이 오염되지 않았다는 것을 증명하기 위해 추적 파일을 저장한 직후에 파일 검사합 값을 획득하게 하라. 명령어 `capinfos -H <filename>`은 SHA1, RMD160과 MD5 검사합 값만 생성하지만, `capinfos <filename>`은 검사합 값을 생성할 뿐만 아이라 모든 다른 파일 정보도 생성한다.

Capture Engine 수집 엔진Capture Engine은 패킷 수집 시 링크 계층 인터페이스와 공동으로 작업을 담당한다. 와이어샤크는 실제로 수집 과정에서 dumpcap.exe를 사용한다.

capture filter 이것은 수집 과정에서만 적용하는 필터다. 이 필터는 추적 파일 저장에는 사용할 수 없다. 검색할 수 없을 때만 이 필터 유형을 사용하고 수집 필터로 잡아내지 못한 트래픽을 분석하라. 매개변수 `-f`를 사용해 티샤크Tshark와 덤프캡dumpcap에 수집 필터를 적용하라.

capture interface 수집 인터페이스는 하드웨어 장비로, 그 위에서 트래픽을 수집할 수 있다. 사용할 수 있는 수집 인터페이스를 살펴보려면 메인 툴바에서 Interfaces 버튼을 클릭하라. 와이어샤크가 어떤 인터페이스도 찾지 못하면 트래픽을 수집하지 못한다. 대체로 링크 계층 드라이버(libpcap, WinPap, AirPcap)가 적절히 로드되지 않았을 때 이런 일이 일어난다.

checksum errors 프로토콜 선호 설정preferences 영역에서 IP, UDP, TCP에 대한 검사합 확인 기능을 활성화하면 와이어샤크는 이들의 각 헤더 안의 검사합 값을 계산한다. 검사합 값이 부정확하면 와이어샤크는 해당 패킷에 검사합 오류라고 표시한다. 상당히 많은 컴퓨터에서 검사합 분할 실행을 지원하기 때문에 검사합이 아직 적용되기 이전에 밖으로 나가는 패킷이 틀린 검사합을 달고 나가는 것이 특별한 일은 아니다. 이런 긍정 오류를 제거하려면 검사합 점검을 끄고 Bad Checksum 컬러링 규칙을 비활성화시켜라. 또한 task offloading을 살펴보라.

CIDR(Classless Interdomain Routing) Notation 비트 수 값을 붙여 IP 주소의 네트워크 부분을 나타내는 방법이다. 이 값은 주소의 네트워크 부분에 속하는 비트의 수를 나타낸다. 예를 들어 130.57.3.0/24에서 네트워크 부분이 24비트 길이를 갖는다는 걸 의미한다(130.57.3).

Classless Interdomain Routing CIDR Notation을 참조하라.

Comma-Separated Value format CSV format을 참조하라.

comparison operators 필드에서 값을 찾아볼 때 사용하는 비교 연산자다. 예를 들면 `ip.addr==10.2.2.2`는 'equal' 비교 연산자를 사용하고 있다. 다른 비교 연산자로는 >, >=, <, <=, !=가 있다.

core engine 와이어샤크 애플리케이션의 이 영역은 와이어샤크의 핵심(work horse)으로 간주된다. 프레임은 와이어탭 라이브러리Wiretap Library에서 수집 엔진으로, 또는 수집 엔진으로부터 들어온다. 패킷 분석기, 디스플레이 필터, 플러그인은 모두 핵심 엔진의 일부로 함께 동작한다.

CSV format 패킷 해석을 내보낼 때 CSV 형식으로 저장할 수 있다. 이 형식을 이용하면 와이어샤크는 모든 패킷 목록 창 칼럼 정보를 내보내 스프레드시트 프로그램 같은 다른 프로그램에서 평가할 수 있다.

delta time(general) 이 시간 값은 하나의 패킷 끝부터 다음 패킷 끝까지 경과된 시간을 나타낸다. View > Time Display Format > Seconds since previous packet을 이용해 Time 칼럼을 이 측정에 설정하라. 이 필드는 패킷 상세 창의

프레임 섹션 안에 있다(이를 Time delta from previous displayed frame이라고 부른다).

delta time(TCP) 이 시간 값은 TCP 선호 설정(Calculate conversation timestamps)에서 활성화할 수 있고 하나의 스트림 안에 있는 한 TCP 패킷 끝부터 동일한 스트림 안의 다음 TCP 패킷 끝까지 측정된 시간을 제공한다. [Timestamps] 섹션 안의 TCP 헤더 끝에 이 필드를 추가한다. 높은 TCP 델타 시간을 필터링하려면 tcp.time_delta > x를 사용한다. 여기서 x는 초를 나타낸다(x.xxxxxx 형식도 지원된다).

DHCP(Dynamic Host Configuration Protocol) 이 프로토콜은 IP 클라이언트에 IP 주소와 기타 특성을 동적으로 할당할 때 사용된다. IPv4 DHCP 트래픽 수집 필터는 port 67이다(port 68로 대체할 수도 있다). IPv4 DHCP 트래픽 디스플레이 필터는 bootp다. DHCPv6 트래픽용 수집 필터는 port 546이다(port 547로 대체할 수도 있다). DHCPv6 트래픽용 디스플레이 필터는 dhcpv6이다.

Dynamic Host Configuration Protocol DHCP를 참조하라.

Differentiated Services Code Point DSCP를 참조하라.

display filter 이 필터는 실시간 수집 시나 저장된 추적 파일에 적용할 수 있다. 디스플레이 필터를 사용해 특정 유형의 트래픽에 집중할 수 있다. 와이어샤크의 디스플레이 필터는 등록된 형식을 사용한다. 디스플레이 필터는 dfilters라는 텍스트 파일에 저장돼 있다. 매개변수 -R을 사용해 티샤크를 사용할 때 디스플레이 필터에 적용하라. 덤프캡dumpcap은 디스플레이 필터를 지원하지 않는다.

dissectors 해석기는 애플리케이션과 필드 이름과 해석된 값을 나타내기 위한 프로토콜을 분리하는 와이어샤크 소프트웨어 요소다. 와이어샤크 해석기의 마스터 목록을 보려면 anonsvn.wireshark.org/viewvc/를 방문해 와이어샤크 버전을 선택하고, epan/dissectors 디렉터리를 살펴보라.

DNS(Domain Name System) DNS를 이용하면 이름을 IP 주소로 변환할 수 있고, 그 외에도 할 수 있는 일이 많다. 브라우저의 URL 필드에 입력된 호스트 이름에 대한 IP 주소를 얻기 위해 DNS를 사용하는 호스트에 가장 익숙할 것이다. 하지만 DNS는 메일 교환 서버나 특정 이름^{alias} 정보 같은 추가적인 정보를 제공한다. 대부분의 경우는 UDP 위에서 구동하지만, DNS는 요청/응답을 위한 TCP 위에서 작동할 수 있고 항상 DNS 영역 전송(DNS 서버 사이의 정보 전송)을 위해 TCP 위에서 구동된다. DNS 트래픽 수집 필터 구문은 port 53이다. 디스플레이 필터 구문은 단순히 dns다.

Domain Name System DNS를 참조하라.

DSCP(Differentiated Services Code Point) 이 기능은 IP 헤더에 들어 있는 DSCP 필드를 이용해 트래픽에 우선순위를 추가한다. DSCP가 사용되는지 아닌지 판단하려면 디스플레이 필터 ip.dsfield.dscp != 0를 적용하라.

dumpcap 이 커맨드라인 도구는 '순수 패킷 수집 애플리케이션'이라고 알려졌고 와이어샤크에 포함돼 있다. 와이어샤크와 티샤크로 덤프캡을 이용해서 패킷을 수집한다. 커맨드라인에 dumpcap -h를 입력해 덤프캡을 단독으로 구동할 때 어떤 옵션이 가능한지 알아볼 수 있다.

Editcap 이 커맨드라인 도구는 와이어샤크에 포함돼 있고 추적 파일을 파일 세트로 분리하고, 복제본을 제거하고, 추적 파일 타임스탬프를 변경할 때 사용한다. Editcap에서 사용할 수 있는 옵션을 보기 위해 명령어 프롬프트에 editcap -h를 입력하라.

Ethereal 이더리얼은 와이어샤크 프로젝트의 이전 이름이다. 2006년 6월 7일에 제랄드 콤즈^{Gerald Combs}와 개발 팀 전체가 이더리얼에서 새 와이어샤크 홈으로 옮겼다. 이름 변경을 하게 된 이유는 이더리얼 개발자인 제랄드 콤즈가 새 직장인 CACE 테크놀로지 사로 이직하자 상표권 문제가 불거졌기 때문이다.

Ethernet   제록스^{Xerox} PARC 사가 1973~1974년에 개발했고, 이더넷은 공유된 매체(선)에 물리적 연결과 비트 전송 메커니즘과 프레임 구조에 관련된 네트워킹 기술을 정의하고 있다.

Ethernet header   이 헤더는 네트워크 계층 헤더(IP 같은) 앞에 위치해 근거리 통신망에 있는 한 컴퓨터에서 다른 컴퓨터로 가는 패킷을 얻는다. 일단 이더넷 헤더가 패킷에 위치하면 이를 프레임이라고 한다. 일반적 이더넷 헤더 형식은 Ethernet II이고, 목적지 하드웨어 주소(6바이트), 발신지 하드웨어 주소(6바이트)와 유형 필드(2바이트)를 포함하고 있다. 와이어샤크는 유형 필드를 관찰해 어느 해석기가 다음에 패킷을 수신해야 하는지를 결정한다. 이더넷 트레일러도 있는데, 이는 4바이트 프레임 확인 순서 필드로 구성돼 있다. 또한 이더넷 트레일러^{Ethernet trailer}를 살펴보라.

Ethernet trailer   이 4바이트 트레일러는 패킷 뒤에 붙이는데, 프레임 확인 순서 필드(검사합 필드)로 구성돼 있다. 프레임을 받으면 각 장치는 이더넷 헤더와 트레일러를 떼어내고 패킷 내용에 대해 검사합 계산을 수행한다. 수신 장치는 검사합 결과를 검사합 필드에 들어있는 값과 비교해 해당 패킷이 변경됐는지 아닌지를 판단한다. 대부분의 NIC는 프레임이 컴퓨터/운영체제/와이어샤크로 전달되기 전에 이더넷 트레일러를 벗겨낸다.

exclusion filter   이 유형의 필터는 수집 과정에서 프레임을 놓치거나(exclusion 수집 필터) 제거해서 못 보게 된다(exclusion 디스플레이 필터). exclusion 수집 필터의 한 예는 `not port 80`이다. exclusion 디스플레이 필터는 `!ip.addr==10.2.2.2`다.

Expert Information   이 와이어샤크 창은 추적 파일에서 탐지한 다양한 오류, 경고, 주의, 그리고 추가적 정보를 디스플레이하고 연결한다. 이 화면은 또한 패킷 설명도 디스플레이한다. 상태 바^{Status Bar}의 Expert Infos 버튼을 클릭해 Expert Infos 창을 열 수 있다.

File Transfer Protocol   FTP를 참조하라.

FIN(Finish) 이 비트를 TCP 호스트가 설정해 연결에서 데이터 보내기가 완료됐다는 걸 나타낸다. 일단 TCP 연결의 양쪽이 FIN 비트를 가진 패킷을 보내면 양쪽은 연결 끝내기를 시작한다.

frame 통신의 단위를 정의하는 데 사용하는 용어로, MAC 계층 헤더와 트레일러로 경계되는 패킷으로 구성된다. 와이어샤크는 프레임이 수집되거나 열리게(저장된 추적 파일의 경우) 되면 각 프레임에 번호를 붙인다. 하지만 이 시점에서 와이어샤크는 종종 이 프레임을 '패킷'이라고 간주한다(예를 들면 File › Export Specified Packets).

FTP(File Transfer Protocol) FTP는 장치 사이에 데이터를 전송하는 잘 알려진 애플리케이션이다. FTP는 명령어 채널에서 포트 21번을 디폴트로 이용해 TCP에서 구동된다. 반면 동적 포트 번호를 데이터 채널에 할당하게 한다. 디폴트 포트상 FTP 명령어 채널 트래픽을 위한 수집 필터는 **port 21**이다. 디스플레이 필터 구문은 **tcp.port==21**이다. 와이어샤크가 필터 **ftp**를 인식하기는 하지만, 이 필터는 TCP 연결 설정, 유지, 종료 과정을 디스플레이하지는 않는다.

GIMP(GNU Image Manipulation Program) Graphical Toolkit(GTK) 그래픽 인터페이스인 창, 대화상자, 버튼, 칼럼 등을 나타내는 데 사용하는 툴킷이다.

heuristic dissector 체험적 과정을 '시행착오'라고 할 수 있다. 와이어샤크는 패킷을 사용 중인 포트에 매치되는 해석기로 넘긴다(정상 해석기). 와이어샤크가 정상 해석기를 갖고 있지 않으면, 와이어샤크는 그 패킷을 휴리스틱 해석기로 넘긴다. 휴리스틱 해석기는 수신된 정보를 시행착오 방법으로 살펴볼 것이고, 특정 프로토콜이나 애플리케이션의 해석기 정의에 맞아 떨어지는지 아닌지를 보려고 시도한다. 맞지 않으면 와이어샤크에 오류를 전달하고 와이어샤크는 패킷을 다음 휴리스틱 해석기로 보낸다.

hex hexadecimal의 약자로, hex가 의미하는 것은 16진법을 의미한다. 여기서 숫자는 0~9, 그리고 A~F다. 패킷 바이트 창은 프레임 내용을 왼쪽에 hex 유형으로,

오른쪽에는 ASCII 유형으로 디스플레이한다.

hosts file   와이어샤크는 네트워크 이름 변환이 활성화됐을 때 자신의 hosts 파일이 이름을 변환하게 한다. 이 파일은 와이어샤크 프로그램 파일 디렉터리에 있다. 와이어샤크 1.9.0 버전은 파일을 자신의 프로파일 디렉터리에 가져다 놓을 수 있고, 이름을 변환할 때 해당 파일을 보기 위해 와이어샤크의 변환 해석 프로세스를 구성할 수 있다.

HTTP(Hypertext Transfer Protocol)   파일 전송 프로토콜로, 웹사이트를 브라우징할 때 사용한다. 일반적으로 TCP 포트 80번에서 볼 수 있다. **tcp port 80**을 이용하는 수집 필터나 **tcp.port==80**을 이용하는 디스플레이 필터를 생성할 수 있다. **http** 디스플레이 필터를 사용할 수도 있지만, 해당 필터는 TCP 연결 설정, 유지, 종료 과정 패킷을 디스플레이하지 않는다.

HTTPS(Hypertext Transfer Protocol Secure)   HTTP의 안전 버전이 HTTPS이다. 간단히 말해 HTTPS는 단순히 SSL/TLS[Secure Socket Layer/Transport Layer Security] 위에서 구동되는 HTTP로, 암호 프로토콜이다. HTTPS 트래픽에 대한 수집 필터는 **port 443**이고, 반면에 디스플레이 필터는 **ssl**이다.

Hypertext Transfer Protocol   HTTP를 참조하라.

Hypertext Transfer Protocol Secure   HTTPS를 참조하라.

IANA(Internet Assigned Numbers Authority)   캘리포니아의 마리나 델 레이[Marina del Rey]에 근거해 IANA는 "DNS Root, IP 주소 할당, 기타 인터넷 프로토콜 자원에 대한 글로벌 협조를 책임진다." 네트워크 분석을 할 때 www.iana.org에서 필드 값, 할당된 멀티캐스트 주소, 할당된 포트 번호 등의 가치 있는 자원을 얻을 수 있다.

ICMP(Internet Control Message Protocol)   네트워크상 메시징 서비스로서 사용되는 프로토콜이다. 대부분의 사람들이 ICMP 기반 핑 동작을 잘 알고 있다. 네트워크 성능 문제를 해결하고자 한다면 항상 ICMP 통신을 고려해야만 한다. ICMP에 대한 수집 필터와 디스플레이 필터 구문은 단순히 icmp다.

Initial Round Trip Time(iRTT) TCP 핸드셰이크 프로세스에서 TCP 피어 간의 왕복 이동 시간이다. 이 값은 빠른 재전송과 잘못된^{Out-of-Order} 패킷을 구분하는 데 사용된다.

Internet Assigned Numbers Authority IANA를 참조하라.

Internet Control Message Protocol ICMP를 참조하라.

Internet Protocol(IPv4/v6) 인터네트워크상에서 패킷이 전송되게 하는 경로 지정(라우팅 프로토콜이 아님) 프로토콜이 IP다. IPv4와 IPv6에 대한 수집 필터는 각각 ip와 ip6다. IPv4와 IPv6에 대한 디스플레이 필터는 각각 ip와 ipv6다.

Internet Storm Center(ISC) SANS가 만든 기관으로, ISC는 보안 위험과 취약성에 대해 매일 정보를 제공한다. 더 자세히 알아보려면 isc.sans.edu를 방문해보라.

IP 주소 단일 호스트, 호스트 집단, 네트워크상의 모든 호스트를 인식하기 위한 주소다. IPv4 주소에 기반을 둔 수집 필터를 생성하려면 구문은 host x.x.x.x다. IPv4 디스플레이 필터의 구문은 ip.addr==x.x.x.x다. IPv6 주소에 기반을 둔 수집 필터를 생성하려면 host xxxx:xxxx:xxxx:xxxx:xxxx:xxxx:xxxx: xxxx를 사용하라. IPv6에 대해서는 ipv6.addr==xxxx:xxxx:xxxx:xxxx:xxxx: xxxx:xxxx:xxxx를 사용하라.

ISATAP(Intra-Site Automatic Tunnel Addressing Protocol) traffic ISATAP는 IPv4 네트워크를 통해 전송하기 위해 IPv4 헤더 안의 IPv6 패킷을 캡슐화하는 방법이다.

key hosts 6to4 네트워크에서 매우 중요한 장치를 가리킬 때 'key host'라는 용어를 사용한다. 키 호스트는 고객 데이터베이스를 유지하고 있는 서버나 CEO의 노트북 등이 여기에 해당된다. 어떤 호스트가 키 호스트로서 추적되고 분석돼야 하는지 정의하라.

libpcap 이것은 와이어샤크처럼 패킷 수집 도구로 사용되는 링크 계층 드라이버다. 패킷 수집에 libpcap을 사용하는 다양한 도구가 있다. 더 자세히 알아보려면 sourceforge.net/projects/libpcap/을 살펴보라.

link-layer 드라이버 프레임을 와이어샤크에 올리는 드라이버다. WinPcap, libpcap, AirPcap은 와이어샤크에서 사용하는 3가지 링크 계층 드라이버다.

logical 연산자 이들 연산을 이용해 특정 형태에 값이 매치되는지 아닌지를 판단하기 위해 필터를 확장한다. 논리적 연산의 예로는 `&&`, `and`, `||`, `or`, `!`, `not`이 있다. 논리적 연산이 사용되는 예로는 `tcp.analysis.flags && ip.addr ==10.2.2.2`를 들 수 있다.

MAC(Media Access Control) 주소 6to4 네트워크 인터페이스 카드나 칩셋과 연관된 주소다. 이더넷 네트워크에서 MAC 주소 길이는 6바이트다. 스위치는 MAC 주소를 이용해 스위치 포트에 연결된 장치를 구별하고 인식한다. 이 주소를 이용해 전달 결정을 한다. MAC 주소에 기반을 두고 수집 필터를 만들려면 `ether host 00:08:15:00:08:15` 구문 같은 예를 이용하라. MAC 주소에 기반을 둔 디스플레이 필터를 만들려면 `eth.addr==00:08:15:00:08:15` 같은 예를 사용하라.

manuf 파일 이 와이어샤크 파일은 IEEE[Institute of Electrical and Electronics Engineers]가 정의한 제조사 OUI[Organizational Unit Identifiers] 목록을 포함하고 있다. 이 3바이트 값을 이용해 네트워크 인터페이스 카드나 칩셋 제조사를 구별할 수 있다. 와이어샤크에서 MAC 이름 변환은 디폴트로 On 상태인데, MAC 주소 안의 OUI 값을 볼 수 있다 (예를 들면 Hewlett-_a7:bf:a3). 이 manuf 파일은 와이어샤크 프로그램 파일 디렉터리 안에 있다.

Maximum Segment Size MSS를 살펴보라.

Media Access Control 주소 MAC address를 살펴보라.

Mergecap 이 커맨드라인 도구를 이용하면 추적 파일을 합치거나 붙일 수 있다. 추적 파일이 여러 개 있지만, 이들 추적 파일에서 이뤄진 모든 통신을 하나의 IO 그래프로만 생성하고자 한다면 IO 그래프를 열기 전에 Mergecap을 사용해서 파일을 단일 파일로 만들어라. Mergecap에서 사용할 수 있는 옵션을 알아보기 위해 `mergecap -h`을 입력하라.

metadata 이것은 기본적으로 '추가 데이터'라는 의미다. 와이어샤크에서 패킷 상세 창의 맨 꼭대기에 있는 프레임 섹션 안의 메타데이터를 볼 수 있다. .pcapng 형식을 이용하면 추적 파일 주석과 패킷 주석을 통해 자신의 메타데이터를 추가할 수도 있다.

MSS(Maximum Segment Size) 이 값으로 얼마나 많은 바이트가 하나의 패킷 안에 있는 TCP 헤더 뒤에 붙여질 수 있는지를 정의한다. TCP 핸드셰이크 과정에서 통신의 양쪽은 자신의 MSS 값을 상대방에게 제공한다. 이더넷 네트워크의 공통 MSS 값은 1,460이다.

multicast 호스트 집단을 목표로 하는 주소의 유형이다. MAC 계층에서 대부분의 멀티캐스트 주소는 01:00:5e로 시작한다. 반면 IPv6 멀티캐스트 주소는 첫 번째 IP 주소 바이트 위치에 224에서 239 사이의 숫자로 시작된다. IPv4 멀티캐스트의 한 예는 224.0.0.2인데, 모든 지역 라우터를 목적지로 한 것이다. IPv6 멀티캐스트는 맨 앞에 ff00::/8을 갖는다(처음 8비트가 우리가 관심을 갖는 비트 수라는 것을 나타낸다).

name resolution 이 기능을 이용하면 장치, 네트워크, 인터페이스 카드/칩, 또는 포트에 이름을 붙일 수 있다. 와이어샤크는 3가지 유형의 이름 변환 기능을 지원한다. MAC 이름 변환, 전송 이름 변환, 네트워크 이름 변환이다. MAC 이름 변환은 디폴트로 On 상태이고 하드웨어 주소의 처음 3바이트를 제조사(Apple_70:66:f5 같은) 이름으로 변경한다. 전송 이름 변환은 디폴트로 On 상태이고, 포트 번호를 포트(port 80을 http로 변경하는 것처럼) 이름으로 변경한다. 네트워크 이름 변환은 디폴트로 Off 상태이고 IP 주소를 호스트 이름(74.125.19.106을 www.google.com로)으로 바꾼다. 와이어샤크에서 네트워크 이름 변환을 활성화시켜놓으면 와이어샤크는 연쇄로 DNS 포인터^{Pointer} 조회를 생성해 호스트 이름을 얻는다. 버전 1.9.0 이후로 와이어샤크는 네트워크 이름 변환을 위해 DNS 포인터 조회를 생성하는 대신 호스트 파일을 살펴볼 수 있게 구성할 수 있다. 심지어 프로파일별로 별개의 호스트 파일을 가질 수도 있다.

NAT(Network Address Translation) NAT 장치는 모든 발신지 IP 주소의 마스터 목록과 정확한 주소로 트래픽을 전송하기 위해 새 주소 목록을 유지하면서 호스트의 IP 주소를 변경한다. NAT는 외부 세계로부터 내부 주소를 감추거나 조직이 10.2.0.1 같은 단순한 사설 IP 주소를 사용할 때 쓰이곤 한다.

NetBIOS(Network Basic Input/Output System) 세션 수준의 프로토콜로, SMB 같은 애플리케이션이 네트워크상의 호스트들과 통신할 때 사용한다. 보통 마이크로소프트 제품 네트워크에서 사용된다. 와이어샤크에서 디스플레이 필터로 nbss$^{NetBIOS\ Session\ Service}$를 적용하거나 nbns$^{NetBIOS\ Name\ Service}$를 적용할 수 있다.

Network Address Translation NAT를 살펴보라.

Network Basic Input/Output System NetBIOS를 살펴보라.

network interface card(NIC) 보통 칩셋이라고도 하는 이 카드는 네트워크에 물리적인 접속을 제공한다. NIC는 현재 단순히 패킷에 MAC 헤더를 적용하는 것보다도 더 많은 기능을 제공한다. 어떤 호스트는 현재 작업 경감을 지원한다. TCP 데이터 단편화와 IP, UDP, TCP 검사합 값을 적용하는 것 같은 다양한 기능이 NIC에 종속된다. Task offload를 참조하라.

Nmap 이 네트워크 매핑 도구는 고든 라이언(표도르)$^{Gordon\ Lyons(Fyodor)}$가 만들었는데, 네트워크 호스트를 찾고 특성화하는 데 사용된다. 더 알아보려면 nmap.org 사이트를 방문해보라.

Packet Bytes 창 이것은 와이어샤크에 디폴트로 디스플레이된 아래쪽^{bottom} 창이다.

패킷 바이트 창은 프레임의 내용을 16진수와 ASCII 형식으로 나타낸다. 패킷 상세 창 안의 필드를 클릭하면 와이어샤크는 이들 바이트와 패킷 바이트 창 안의 연관된 ASCII 문자를 하이라이트시킨다. 이 창을 감추거나 나타내려면 View ﹥ Packet Bytes를 선택하라.

packet comments(aka packet annotations) 와이어샤크 1.8 버전에서는 패킷 목록 창의 패킷을 오른쪽 클릭하고 Add or Edit Packet Comments를 선택할 수 있다. 이 기능은 .pcapng 형식으로 저장된 추적 파일에서만 지원된다. 패킷 상세 창 안의 패킷 설명은 프레임 섹션 위에 보인다. 패킷 설명을 보려면 Expert Info 창을 열고 Packet Comments 탭을 클릭하라. 와이어샤크 1.9.0 버전에서 Statistics ﹥ Comments Summary ﹥ Copy를 이용해 모든 추적 파일과 패킷 설명을 내보낼 수 있다.

Packet Details 창 와이어샤크에서 디폴트로 디스플레이된 가운데 창이다. 이 창은 와이어샤크가 제공하는 개별 필드와 필드 설명을 보여준다. 패킷 목록 창 안의 프레임을 선택하면 와이어샤크는 해당 프레임 정보를 패킷 상세 창에 디스플레이 한다. 창을 감추거나 나타나게 토글하려면 View ﹥ Packet Details를 선택하라. 와이어샤크에서 매우 자주 이 창을 사용하게 된다. 그 이유는 필드를 오른쪽 클릭 하고 재빨리 디스플레이 필터를 적용하거나 해당 필드에 기반을 둔 컬러링 규칙 을 적용할 때가 많기 때문이다.

Packet List 창 와이어샤크가 디폴트로 제공하는 맨 꼭대기 창이다. 이 창은 개별 프레임 값의 요약을 보여준다. 패킷 목록 창의 프레임을 선택하면 와이어샤크는 해당 프레임 정보를 패킷 상세 창에 디스플레이한다. 창을 숨기거나 나타내려면 View ﹥ Packet List를 선택하면 된다. 와이어샤크에서는 자주 이 창을 사용한다. 그 이유는 프레임을 오른쪽 클릭하고 재빨리 conversation 필터를 적용하거나 Follow TCP stream, Follow UDP stream, Follow SSL stream을 이용한 재조립 통신을 적용할 때가 많기 때문이다.

packet   MAC 프레임 내부 요소를 묘사할 때 사용되는 용어다. 일단 프레임을 벗겨내면 패킷을 볼 수 있다. 분석할 때 이 용어를 명확한 이름대로 사용하지는 않는다. 와이어샤크가 프레임을 디스플레이하기는 하지만 이들을 '패킷^{packet}'이라고 간주한다.

.pcap(Packet Capture)   이 추적 파일 형식은 초기 버전(와이어샤크 1.8 이전) 와이어샤크의 디폴트 형식이다. 이 형식은 tcpdump나 libpcap 추적 파일 형식이라고도 알려져 있다.

.pcapng, .pcap-ng(.pcap Next Generation)   이 추적 파일 형식은 .pcap 형식의 후속으로 나온 것이다. 이 새 형식은 추적 파일의 패킷과 추적 파일 설명 같은 메타데이터, 지역 인터페이스 세부 정보, 그리고 지역 IP 주소를 저장하는 기능을 갖추고 있다. .pcapng 형식에 관한 정보에 대해 더 자세히 알고 싶으면 wiki.wireshark.org/Development/PcapNg를 확인해보라.

PCRE(Perl-Compatible Regular Expressions)   정규 표현식$^{Regular\ expression}$은 검색 패턴 언어로, 문자열, 숫자, 기호를 매치할 때 사용한다. 'Perl-Compatible'은 와이어샤크가 지원하는 정규 표현식의 특성을 정의한다. Regular expressions (regex)를 참조하라.

Perl-Compatible Regular Expressions   PCRE를 살펴보라.

Per-Packet Interface   PPI를 살펴보라.

Pilot   Cascade Pilot를 살펴보라.

port spanning   하나의 스위치가 하나 또는 다수의 스위치 포트상의 트래픽을 복사해 와이어샤크가 연결된 포트로 보내게 설정할 때 사용되는 절차를 말한다. 모든 스위치가 이 기능을 지원하지는 않는다. 어떤 사람들은 이것을 포트 미러링이라고도 한다. 포트 확장된 스위치는 오염된 패킷을 와이어샤크로 전달할 수 없다. Tap을 추가로 참조하라.

PPI(Per-Packet Interface) PPI는 802.11 헤더 규정이다. 이는 802.11 헤더 앞에 붙는 의사 헤더 안에 대역 외의 정보를 제공한다. AirPcap 어댑터가 사용하는데, PPI 의사 헤더는 채널 주파수 정보, 신호 세기, 잡음 수준 등을 포함하고 있다.

preferences 파일 이 파일은 프로토콜 선호[preference] 설정, 이름 변환 설정, 칼럼 설정 등을 포함하고 있다. 각 프로파일은 자체적 선호 설정 파일을 갖고 있는데, 이것은 개인 설정 폴더 안에 포함돼 있다.

Prepare a Filter 패킷 목록 창 안의 패킷에 오른쪽 클릭을 해서 이 작업을 수행한다. Prepare a Filter는 선택된 요소에 기반을 두고 디스플레이 필터를 생성하기는 하지만 적용하지는 않는다. Apply as Filter를 참조하라.

profiles 프로파일은 맞춤화된 와이어샤크 구성이다. 새 와이어샤크 시스템에서는 오직 하나의 프로파일만 사용할 수 있는데, 그것은 기본 지정 프로파일이다. 현재 사용 중인 프로파일은 상태 바의 오른쪽에 나타나 있다. 프로파일을 다른 것으로 바꾸려면 상태 바 안의 Profile 영역을 클릭하라. 새 프로파일을 생성하려면 Profile 영역을 오른쪽 클릭하라.

Protocol Data Unit(PDU) 이것은 호스트 사이에 전송되는 데이터 집합이다. 와이어샤크에서 TCP subdissector로 TCP 스트림을 재조립하면 [재조립된 PDU의 TCP 세그먼트]를 볼 수 있다. 간략히 말해 이 패킷은 전송되는 파일의 세그먼트를 포함하고 있다.

Protocol Hierarchy 창 이 창은 사용 중인 프로토콜에 따라 트래픽을 분리하고 패킷 비율과 바이트 비율에 따라 세부 내용을 제공한다. Statistics 메뉴 옵션 아래에서 이 창을 찾아볼 수 있다. 비정상적인 프로토콜이나 애플리케이션 또는 TCP, UDP, IP하의 우려되는 'data'를 눈여겨보라. 이렇게 지정하는 이유는 와이어샤크가 트래픽을 인식하지 못하기 때문이고, 와이어샤크에 포함된 여러 개의 해석기를 고려해보면 좀 특별해 보인다.

protocol preferences 선호 설정preferences은 와이어샤크가 어떻게 다양한 프로토콜과 애플리케이션을 취급하는지를 정의한다. 프로토콜 선호 설정은 패킷 상세 창 안의 프로토콜을 오른쪽 클릭하고 메뉴에서 Edit 〉 Preferences를 선택하거나 메인 툴바의 Edit Preferences 버튼을 클릭해서 설정한다.

QoS(Quality of Service) 패킷이 네트워크상으로 전달될 때 트래픽의 우선순위를 지정하는 방법을 나타낼 때 사용되는 용어다. QoS 설정은 내부 연결 장치 위에 정의되거나(예를 들면 이메일 트래픽 이전에 웹브라우징 트래픽을 전달한다) 애플리케이션이 정의한다. 애플리케이션이 정의할 경우 DSCP 비트를 설정해서 다른 트래픽보다 해당 트래픽에 우선권을 부여한다. DSCP를 참조하라.

Quality of Service QoS를 살펴보라.

Regular Expressions(Regex) Regex는 검색 패턴 언어로, 문자열과 문자, 숫자, 기호를 매치할 때 사용한다. 와이어샤크는 디스플레이 필터의 연산이 매치될 때 PCREPerl-Compatible Regular Expressions를 사용한다. 정규 표현식에 대해 더 알고 싶으면 www.regular-expressions.info를 살펴보라. 또한 PCRE도 살펴보라.

relative start(Rel.Start) 이 값은 대화Conversation 창에서 볼 수 있고 이 대화가 추적파일에서 최초로 나타났을 때를 나타낸다. 대화 창을 확장해 이 칼럼을 볼 수 있다. 이 시간은 추적 파일 안의 첫 번째 패킷 이후의 초수에 근거한다.

remote capture 원격 수집은 한 장소에서 트래픽을 수집하고 다른 곳에서 분석을 하는 과정을 나타내는 용어다. WinPcap은 원격 수집 도구(rpcapd.exe)를 갖고 있어 와이어샤크가 Capture Operation 창(Manage Interfaces)을 통해 접근할 수 있다.

RST(Reset) 호스트가 TCP 연결을 종료할 때 설정하는 비트다. 일단 밖으로 나가는 패킷에 이 비트가 설정되면 송신자는 해당 연결에서 더 이상의 데이터를 보낼 수 없게 된다. 일반적 TCP 연결 종료 과정에서 연결하고 있는 양측은 RST 비트를 설정한 패킷을 보내며, 해당 연결은 즉시 종료된다.

Server Message Block   SMB를 살펴보라.

services 파일   이 파일에는 포트 번호와 서비스 이름 목록이 들어 있다. 모든 TCP/IP 호스트는 services 파일을 갖고 있으며, 와이어샤크도 자체적으로 services 파일을 갖고 있다. 이 파일은 와이어샤크 프로그램 파일 디렉터리 안에 있다. 전송 이름 변환 기능이 활성화돼 있으면 와이어샤크는 포트 번호를 서비스 이름으로 변경한다. 예를 들어 포트 80번은 'http'로 대체된다. 표시된 서비스 이름이 마음에 들지 않으면 이 파일을 편집할 수 있다.

Simple Network Management Protocol   SNMP를 살펴보라.

SMB(Server Message Block)   공통 인터넷 파일 시스템[Common Internet File System]이라고도 한다. SMB는 마이크로소프트 기반 네트워크상에서 네트워크 접근, 파일 전송, 프린팅, 기타 기능을 제공하는 데 사용되는 응용 계층 프로토콜이다.

SNMP(Simple Network Management Protocol)   이 장치 관리 프로토콜은 관리 대상 장치가 관리해야 할 항목 데이터베이스를 유지하고 있다. 관리 호스트는 해당 데이터베이스를 관찰하고 편집한다. 네트워크 호스트나 네트워크 프린터 사이에 전송되는 SNMP 트래픽을 볼 수 있을 텐데, 종종 링크 수준, 페이퍼 수준 등과 같은 정보를 추적하기 위해 SNMP를 활성화해 놓는다. SNMP 트래픽을 필터링하려면 수집 필터 `port 161`이나 `port 162`를 이용하거나 `snmp`를 이용하라.

Snort   스노트[Snort]는 네트워크 침입 탐지 시스템[NIDS, Network Intrusion Detection System]으로, 1998년에 Martin Roesch가 개발했다. 현재는 Sourcefire 사에서 관리하고 있다. 스노트는 규칙 세트에 근거해 네트워크 스캔과 공격 트래픽을 구별하고, 이에 대한 경고를 한다. 더 많은 정보를 알고 싶으면 snort.org를 살펴보라.

SteelCentral™Packet Analyzer   Loris Degioanni가 개발했으며 리버베드에서 제공되는 트래픽 시각화 도구다. SteelCentral™ Packet Analyzer는 매우 큰 추적 파일을 쉽게 열고, 분석하고, 시각적으로 표현할 수 있다. 또한 SteelCentral™ Packet

Analyzer는 차트와 그래프를 기반으로 보고서를 작성하고, 주요 트래픽 요소를 추가 분석하기 위해 와이어샤크로 내보낼 수 있다. SteelCentral™ Packet Analyzer에 대한 자세한 내용은 www.riverbed.com을 참조하라.

Stream index number 이 번호는 추적 파일에서 관찰되는 모든 TCP 통신에 적용된다. 첫 번째 Stream 목록 번호는 0으로 설정된다. 패킷 목록 창의 TCP 통신을 오른쪽 클릭하고 Follow TCP stream을 선택하면 와이어샤크는 이 Stream 목록 번호에 기반을 두고 디스플레이 필터를 적용한다(예를 들면 `tcp.stream==3`).

stream reassembly 통신 중 요청과 응답을 명확하게 읽을 수 있게 하는 전송 계층 헤더(TCP나 UDP) 뒤의 모든 걸 재조립하는 절차다. 관찰된 첫 번째 호스트로부터의 통신은 붉은색으로 표시되고, 관찰된 두 번째 호스트로부터의 통신은 파란색으로 표시된다.

subdissector 한 해석기가 다른 해석기를 부를 때 쓰는 용어다. TCP 선호 설정(subdissector가 TCP 스트림을 재조립하게 허가한다)을 관찰할 때 볼 수 있다. 웹 브라우징 트래픽의 경우 HTTP 해석기가 TCP 해석기의 subdissector이다.

subnet 네트워크의 부분집합을 정의하는 용어로, 네트워크 마스크를 늘려서 적용한다. 예를 들어 하나의 네트워크 10.2.0.0/16을 두 개의 서브넷으로 구성하려고 한다면 서브넷을 /24(24비트)로 늘리고 10.2.1.0/24를 어떤 호스트들에 할당하고 10.2.2.0/24를 다른 호스트들에 할당한다. 네트워크 마스크는 우리가 두 개의 네트워크를 갖게 된 것을 나타낸다.

SYN(Synchronize Sequence Numbers) 각 TCP 피어의 초기 순서 번호[ISN]를 동기화하기 위해 TCP 핸드셰이크의 처음 두 패킷 안에 이 비트를 지정한다. 이 비트에 근거해서 디스플레이 필터를 사용해 각 핸드셰이크(`tcp.flags.syn==1`)의 처음 두 패킷을 볼 수 있다. 이 두 개의 패킷으로 두 호스트 사이의 왕복 시간을 결정한다.

TAP, aka tap(Test Access Port) 이 장치를 이용해 네트워크 통신을 가로채고 트래픽을 모니터 포트로 복사한다. 기본적인 탭은 트래픽에 어떤 전달 결정도 하지 않고 네트워크 통신을 투명하게 볼 수 있게 한다. NetOptics 사는 네트워크 탭을 만드는 회사다(www.netoptics.com을 살펴보라). 또한 port spanning도 살펴보라.

task offload 이 프로세스는 다양한 프로세스를 네트워크 인터페이스 카드로 넘겨서 호스트의 CPU가 다른 일을 할 수 있게 만든다. 와이어샤크를 구동하게 돼 호스트에 있는 네트워크 인터페이스 카드가 검사합을 계산할 때 태스크 오프로딩[task offload]으로 인해 분석 세션이 영향을 받을 수 있다. 검사합 값이 아직 계산되지 않았기 때문에 수집 순간에는 그 값에 오류가 있다. IP, UDP, TCP 검사합 점검을 활성화하거나 Checksum Errors 컬러링 규칙을 활성화하면 검사합 계산의 작업 경감으로 인한 상당히 많은 긍정 오류를 보게 된다.

TCP/IP(Transmission Control Protocol/Internet Protocol) 전 세계의 컴퓨터 시스템 사이의 연결을 제공하는 모든 프로토콜과 애플리케이션 전체를 말한다. 'TCP/IP'라는 용어는 TCP와 IP 단일 프로토콜보다 더 큰 의미로 UDP, ICMP, ARP 등 모든 프로토콜을 포함한다.

Teredo IPv6 traffic Teredo는 UDP 패킷 안의 IPv6 헤더를 캡슐화하는 터널링 수단이다. 이 기술은 Network Address Translation[NAT]을 통과하는 것을 지원하기 위해 개발됐다. RFC 4380 문서(Teredo: Tunneling IPv6 over UDP through Network Address Translations)에서 Teredo를 다루고 있다.

TFTP(Trivial File Transfer Protocol) 이 파일 전송 프로토콜은 최소한 파일 전송 기능을 제공하면서 UDP상에서 작동한다. 가장 보편적으로 TFTP는 포트 69번을 사용하지만, 많은 애플리케이션은 비표준 포트 번호 위에서 동작하게 구성할 수 있다는 점을 명심하라. 돌발적 TFTP 트래픽이 발견되면 네트워크에 보안 침해 증상일 수 있다.

Time to Live TTL을 살펴보라.

Trivial File Transfer Protocol TFTP를 살펴보라.

trace file 이 일반적인 용어는 파일의 형식 유형에 무관하게 네트워크 트래픽을 포함하는 모든 파일에 적용된다. 와이어샤크는 현재 .pcapng 추적 파일 형식을 사용하기는 하지만, 대부분의 다른 일반 추적 파일 형식도 이해하고 있다. 추적 파일은 일반적으로 파일 헤더(사용 중인 추적 파일 유형을 나타내는 것을 포함해서 추적 파일 전체에 관한 정보를 가지고 있다)와 개별 패킷에 대한 메타데이터(설명 같은)를 포함하는 패킷 헤더를 포함하고 있다.

Transport Layer Security TLS를 살펴보라.

TLS(Transport Layer Security) TLS는 SSL^{Secure Socket Layer}에 근거한 암호화된 프로토콜이다. TLS 트래픽을 분석할 때 초기 TLS 핸드셰이크 패킷을 살펴보고 연결 설정 문제를 규명할 수 있다. 해당 트래픽을 복호화하려면 적합한 복호화 키를 반드시 갖고 있어야 한다. TLS 선호 설정은 와이어샤크의 SSL 선호 설정 영역하에서 설정된다. TLS/SSL 기반 트래픽을 수집하려면 **port 443** 같은 포트 기반 수집 필터를 사용하라. TLS/SSL 기반 트래픽에 대한 디스플레이 필터 구문은 **SSL**이다.

Tshark 이 커맨드라인 도구를 이용해 실시간 트래픽이나 저장된 추적 파일상의 기본적 통계 자료를 수집, 디스플레이, 획득할 수 있다. 티샤크는 실제로 덤프캡^{dumpcap}을 이용해 트래픽을 수집한다. 현재까지 티샤크가 커맨드라인 수집 도구로는 가장 기능이 풍부한 버전으로 알려져 있다. 사용 가능한 티샤크 매개변수 목록에 대해 알아보려면 **tshark -h**를 입력하라.

Time to Live(TTL) 이 IP 헤더 필드는 네트워크 경로를 따라 전달되는 라우터에서 1씩 감소된다. TTL 값이 1인 상태에서 라우터에 도착하면 TTL을 0으로 내릴 수 없기 때문에 그 패킷은 더 이상 전달되지 않는다. 해당 패킷을 제거한다.

UDP(User Datagram Protocol) 이 비연결 전송 프로토콜은 모든 브로드캐스트, 모든 멀티캐스트, DHCP, DNS 요청 등의 많은 기본 네트워크 통신에 사용된다. UDP

를 수집하기 위한 수집 필터와 디스플레이 필터 구문은 udp다.

Uniform Resource Indicator URI를 살펴보라.

URI(Uniform Resource Indicator) HTTP 통신에서 요청되는 실제 요소를 정의하는 용어다. 예를 들면 웹 브라우징 세션을 분석할 때 '/' URI 에 대한 요청을 볼 수 있다. 이 '/'은 디폴트 페이지(예를 들면 index.html)에 대한 요청이다. URI를 포함하고 있는 모든 패킷을 보여주기 위한 디스플레이 필터를 구성하려면 http.request.uri를 사용하라.

User Datagram Protocol UDP를 살펴보라.

WinPcap(Windows Packet Capture) 윈도우 운영체제에서만 사용하는 링크 계층 드라이버로, 와이어샤크가 유선 네트워크상에서 트래픽을 수집할 때 사용한다. 원래 로리스 데지오아니[Loris Degioanni]가 만들었다. WinPcap은 산업체에서 가장 많이 사용되는 네트워크 도구다. www.winpcap.org를 살펴보라.

Wiretap Library 이 라이브러리는 추적 파일의 raw 패킷 데이터를 제공해준다. 와이어샤크의 와이어탭 라이브러리[Wiretap Library]는 여러 추적 파일 형식을 이해하고 File > Open을 선택해 Files of Type 다음의 드롭다운 화살표를 클릭하면 볼 수 있다.

WLAN(Wireless Local Area Network) 호스트 사이에 통신을 할 때 무선 주파수[RF, radio frequency] 매체에 의존하는 네트워크를 의미한다. 와이어샤크는 다양한 WLAN 트래픽 요소를 위한 해석기를 갖고 있다. AirPcap 어댑터는 WLAN 트래픽을 수집하는 훌륭한 어댑터다.

찾아보기

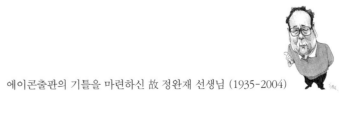
에이콘출판의 기틀을 마련하신 故 정완재 선생님 (1935-2004)

와이어샤크 개론 2/e

네트워크 분석 핵심 기술

발 행 | 2018년 2월 28일

옮긴이 | 이재광
지은이 | 로라 채플

펴낸이 | 권 성 준
편집장 | 황 영 주
편 집 | 김 진 아
　　　　임 지 원
디자인 | 윤 서 빈

에이콘출판주식회사
서울특별시 양천구 국회대로 287 (목동)
전화 02-2653-7600, 팩스 02-2653-0433
www.acornpub.co.kr / editor@acornpub.co.kr

한국어판 ⓒ 에이콘출판주식회사, 2018, Printed in Korea.
ISBN 979-11-6175-122-1
ISBN 978-89-6077-499-0 (세트)
http://www.acornpub.co.kr/book/wireshark101-2e

이 도서의 국립중앙도서관 출판시도서목록(CIP)은 서지정보유통지원시스템 홈페이지(http://seoji.nl.go.kr)와
국가자료공동목록시스템(http://www.nl.go.kr/kolisnet)에서 이용하실 수 있습니다.(CIP제어번호: CIP2018005586)

책값은 뒤표지에 있습니다.